I・ウォーラーステイン

新版

アフター・リベラリズム

近代世界システムを支えた
イデオロギーの終焉

松岡利道訳

藤原書店

Immanuel Wallerstein

After Liberalism

Japanese translation published by arrangement
with Professor Immanuel Wallerstein
through The English Agency (Japan) Ltd.

新版 アフター・リベラリズム　目次

新版

アフター・リベラリズム

近代世界システムを支えたイデオロギーの終焉

凡例

一　本書は、Immanuel Wallerstein, *After Liberalism*, 1995, New Press, New York の全訳である。

一　邦訳にあたっては、強調をあらわすイタリック体には、傍点を付したが、英語以外の外国語のイタリック体は必要と判断した場合のみ、原語を訳語の後に残した。

一　必要と判断した語については、原語を訳語の後に残した。

一　慣用語となっている英語の略語には、初出の場合に訳語を（　）で付し、その後は、英語で表記した。

一　邦訳文中〔　〕で表示されているのは、訳者による注記であるが、ウォーラーステイン自身の注は〔　〕内に著者と明記した。

一　第四章と第一二章の参考文献は、原書どおり章末に残したが、注は、各章名を明記したうえ一括して、巻末にまとめた。

序　「アフター・リベラリズム」とは何か？

ベルリンの壁の崩壊とその後に起こったソヴィエト連邦〔以下、ソ連と略記〕の解体は、共産主義が没落したものとして、また近代におけるイデオロギー的な力としてのマルクス＝レーニン主義が崩壊したものとして賞賛されてきた。このことは疑いなく正しい。これらの出来事は、またイデオロギーとしてのリベラリズムの最終的な勝利としても賞賛されてきた。これは現実についての完全な誤解である。事態はまったく逆である。つまりこれらの同じ出来事はむしろリベラリズムの崩壊と、私たちが「アフター・リベラリズム」の世界に決定的な第一歩を踏み出したことを刻印したのである。

この本は以上のテーゼについて詳しく論じることを目的にしている。その内容は一九九〇年から九三年の間に執筆した論文を構成したものである。それらの論文を書いたのは大きなイデオロギー的混乱の時期であったが、その混乱の間に初期の広く行き渡っていた素朴な楽観主義は、世界的な混乱に直面してはなはだしく広がった恐怖と狼狽に道を譲り始めたのであった。

一九八九年は、一九四五年から八九年までの時代の終わりであり、それは冷戦におけるソ連の敗北を示す年であるという分析が広くなされてきた。本書では、一九八九年を、一七八九年から一九八九年に至る時代の終わりとして見なす方がより有益である、ということを論じるつもりである。一七八九年から一九八九年に至る時代は近代世界システムの地球的規模におけるイデオロギー――わたしのいう地政文化 geoculture――であるリベラリズムが、勝利しかつ崩壊した時代であり、興隆し最後には消滅した時代である。このように考えれば、一九八九年という年は、フランス革命のスローガンが不可避的な歴史的真実を反映しており、現在あるいは近い将来において実現されるようになると多くの人々によって考えられていた政治的・文化的時代――目を見張るような科学技術的成果のあった時代――の終わりをなす年であるといえるだろう。

リベラリズムは決して左翼の原則ではなかった。それはいつでも典型的な中道主義の原則であった。その主張者は自分たちの穏健さと賢明さと博愛とを確信していた。彼らは、(保守主義的イデオロギーによって代表されると考えた)不公正な特権をもった旧態依然とした過去に対しても、(社会主義的あるいは急進主義的イデオロギーによって代表されると考えた)美徳または長所のいずれをも考慮しない無謀な平等化にも、同時に対抗したのであった。リベラリズムはいつでも、政治舞台の他の勢力は二つの極端からなり、自分たちはその間にいると定義づけるように努めてきた。彼らは一八一五年から四八年までは、反動主義者にも共和主義者(あるいは民主主義者)にも反対し、一九一九年から三九年までは、ファシストと共産主義者にともに反対し、一九四五年から六〇年までは、帝国主義者と急進的民族主義者に同じように反対して、一九八〇年代には人種主義者と逆の人種主義者の両者に反対した。

リベラルはいつも、リベラルな国家――つまり改革主義者であり、法律尊重主義者であり、いくぶんは自由意志論者である国家――が自由を保障できる唯一の国家であると主張してきた。そして国家によって自由が保護された比較的小さな集団にとっては、そのことは多分正しかったといえるだろう。しかし不幸なことに、この集団は全員に広がることなくいつも少数派にとどまった。リベラルはいつも、リベラルな国家だけが抑圧のない秩序を保障できると主張していた。右翼の批評家は、リベラルな国家は抑圧的と見えることがいやなので、混乱を許すか実際には助長していると述べた。他方左翼の批評家は、権力にあるリベラルの主な関心は実際には秩序を保つことであり、彼らはまさしく実際には抑圧に関わっているのに、それが部分的に隠されているだけだと常に主張していたのだった。

ここでの目的は、望ましい社会の基礎としてのリベラリズムの長所と欠陥とを再度論じることではない。むしろわたしたちは、リベラリズムの歴史社会学的分析に取りかかる必要がある。わたしたちはフランス革命直後の時期に、リベラリズムが歴史的に出現したこと、それが支配的イデオロギーとして、初めはほんの二、三の国で（それが最も強力な国々であったとしても）、ついで世界システムとしての近代世界システムの中で勝利するという流星のような華々しい興隆をみせ、そして最近になってその登場のときと同様に、突然その地位から引きずり降ろされたことの意味をはっきりと分析する必要がある。

フランス革命によってはじまった政治的大変動の中におけるリベラリズムの起源については、学問的に幅広く論じられている。リベラリズムが世界システムの地政文化において中心的な信条になったという見解については、いくぶんはそれ以上に論議の的になっている。大多数の分析家はリベラリズムが一九一四年の時点でヨーロッパで勝利したと論じ、そのときに衰退がはじまったと論じる人も何人かはいるのだが、しかしわたしは、リベラリズムの絶頂はポスト一九四五年の時代（一九六八年まで）、つまり世界システムにおけるアメリカの覇権の時代であると考える。さらにどのようにしてリベラリズムが勝利したのか――それが人種主義やヨーロッパ中心主義との結合を不可欠とすること――に関するわたしの見解は、多くの人によって論争されるようになるだろう。

しかしわたしが予期するところ、最も挑発的な議論は、共産主義の崩壊がイデオロギーとしてのリベラリズムの最終的な勝利を示すのではなく、リベラル・イデオロギーがその歴史的役割を果たす能力を決定的に掘り崩してしまったことを示すのだという議論であろう。たしかにこのテーゼの一ヴァージョンは世界の右翼の世事に疎い人々によって論じられている。しかし彼らの多くは、スローガンを弄ぶ皮肉屋か、決して歴史的に存在したことのない家族中心のユートピアを持つ希望のない空想家である。その他の多くの人々は、世界秩序が今にも崩壊しそうなことにただ驚いているだけであるが、それでも彼らはそのことに正しく気づいているのである。

こんにちアメリカ合衆国では、アメリカとの契約 Contract With America〔一九九四年の中間選挙の共和党による保守的選挙綱領。それは、妊娠中絶や差別修正措置に反対した〕という名のもとでリベラルな改良主義が拒否されている。それは同時に、IMF（国際通貨基金）の職務を介して世界中の国々に力づくで押しつけられている。こうした明らかに反動的な政策は、すでに東欧諸国においてみられたように、おそらく合衆国においても政治的逆転を鼓舞するだろう。というのもこれらの政策は、大多数の人々の直接的な経済状態を改良するどころか、悪化させるからである。しかしこの逆転は、リベラルな改良主義に対する信頼を取り戻すことを意味するものではないだろう。今日生き返った反動たちによって騒ぎ立てられているような市場へのまやかしの追従と弱者や外国人に不利な法律とを結び合わせたような原則は、失敗した改良主義の約束に対する実行可能な代替物とはなりえないのである。いずれにしてもわたしの意見は彼らとは違っている。わたしの意見は、まさしくわたしが小論のひとつで「解放 liberation の近代性」といっているものを支持する人たちと同意見である。わたしの意見では、リベラリズムは世界に破滅や困難な状況を遺したが、同時に大きな希望をも遺した。この破滅から何を救い出せるのか。また困難な状況の下で、その遺産でもある大きな希望をもって、私たちはいかに闘いうるのか。これらのことを知るためにもわたしたちはリベラリズムの歴史を冷静に観察する必要があると思う。

わたしはこの先見通しがないということを描こうとしているのではない。しかしわたしは、バラ色の陳腐な考えを説こうとするつもりもない。アフター・リベラリズムの時代は、過去五〇〇年のいずれよりも重要な大政治闘争の時代であるとわたしは信じる。わたしには、特権的勢力が「何も変えないために、すべてを変えなければならない」ということをよく知っており、そのことを成し遂げようと上手に頭を使って働いているのがわかる。わたしは解放勢力が文字どおり息切れしてしまったと思う。彼らには一五〇年間の闘争においてその力を注いできた政治的計画――国家権力を獲得して一国一国と社会的転換をするという計画――の歴史的な無益さがわかっている。そして彼らはオールタナティヴな計画があるのかないのかについてはまったく確信がない。しかし以前の計画つまり世界の左翼の計画は、それがレーニン主義のように、最も反リベラルを目指したといわれる「革命的な」変種の場合にでさえも、主としてリベラル・イデオロギーによって浸透をうけ、覆われたせいで失敗したのだった。一七八九年と一九八九年の間に何が起こったかがはっきりするまでは、解放についての妥当な計画は二十一世紀になっても現れないだろう。

しかし、たとえ一七八九年と一九八九年の間に何が起こったかがはっきりして、来る二五年から五〇年の変化がシステムの混乱と崩壊の時代となり、どのような種類の新しいシステムを創るかをめぐる鋭い政治闘争の時代になることに同意したとしても、ほとんどの人に関わる問題は、今何をなすべきかということである。人々は今や混乱し、怒り、恐れているが――ときには絶望的にさえなるが――、しかし少しも受動的ではない。政治的に行動すべきだという感覚は、「伝統的な」タイプの政治行動がたぶん無益であるという感情が同様に強いにも拘わらず、まだ世界の至るところで強く残っている。

もはや「改良か革命か」という形の選択は提起できない。多くの場合、改良主義者はせいぜいが不承不承に改良主義者となったのであり、革命家は少しばかりより戦闘的な改良主義者にすぎず、実行された諸改革によって得たものは概して、その弁護者が意図したよりは少なく、その敵が恐れたよりも少なかったということがわかるようになった。そのためだけに、わたしたちは、一世紀以上もの間、オールタナティヴだと考えられてきたものをめぐって議論してきたのだった。このことは、実際には、支配的なリベラリズムに同意することによって、わたしたちが負うことになった構造上の束縛に伴う必然的な結果であった。

しかし、今何が起ころうとしているにしても、それに対する適当な名前が革命より崩壊であるとすれば、わたしたちの政治的構えはどんなものになるのだろうか。わたしはなすべきことはたった二つのことだけだと思う。そしてこの二つは同時に実行される必要がある。一方では、ほとんどすべての人の直接的な関心事は緊急の、現在進行中の生活問題――物質的問題、社会的かつ文化的問題、道徳的あるいは精神的な問題――にどう対処するかという問題である。他方では、少数の、しかしそれでも多くの人々が、――転換戦略という――長期的な関心事に夢中になっている。改良主義者も革命家も、過去の世紀には失敗したが、それはどちらも、短期的な関心事と長期的な関心事とはどの程度に、同時的でしかもたいへんに異なった（分裂すらした）種類の行動を必要とするのかということを、理解しなかったせいである。

近代国家は、とりわけ、人々が問題を処理するのを手助けする改良主義者の道具となってきた。それは国家の唯一の機能などではまったくなく、おそらくその主要な機能ですらない。国家権力を利用する行動が唯一の対処方法だったのでもない。しかし実際には、国家の行動は問題の対処過程の不可欠の構成要素であり、普通の人々が問題を処理する試みは、正当かつ聡明にも国家を独特の方法で行動するようにしむけるという結果を生んだ。混乱や無秩序、進行中の崩壊にも拘わらず、このことは依然として本当である。国家は資金の配当や権利保護の程度、異なった集団の間における社会関係への干渉を通じて、苦痛を増大させたり減少させたりできるのである。国家が何をするかについてもはや誰も思い悩むべきではないと提案するのは、愚かなことである。そしてわたしは、多くの人々が国家の行動への積極的な関心から、すすんで完全に顔をそむけようとしているとは思わない。

国家は誰に対しても、事態を少しだけ良く(あるいは少しだけ悪く)できる。国家は普通の人々がもっとうまく対処するための手助けをするか、上流階層がさらに一層繁栄するのを許すかの選択をすることができる。しかしこれが国家のできるすべてのことである。これらのことは短期的には大きな問題であるが、より長期的にはまったく問題にならない。もしわたしたちが、自分たちの生きている世界システム全体の大規模な転換に、意味のある方法で影響を与えて、その結果としてその変化が別の方向ではなく、むしろある方向に進むことを望むならば、国家は行動のための主要な手段ではない。実際には国家はむしろ主要な障害物である。

国家組織が（「革命的」勢力であると主張している）改良主義勢力によって管理されているときでさえも（あるいはたぶんそういうときには特に）国家組織が世界システムの転換の主要な障害になる（常に障害であった？）という感覚が、第三世界や旧社会主義諸国や経済協力開発機構（OECD）の「福祉国家」においてすら、国家に対する大規模な反抗の背後に、みられる。国家の挫折のなかで、「市場」というスローガンが（欧米の）保守的専門家や政治家の攻撃的な陣形によって広められて、一時的に人々の口にのぼることになった。しかしながら、「市場」というスローガンと結びついた国家の政策は、問題に対処することをより容易にするどころかより難しくするので、市場優先の政府に反抗しての揺り戻しが、すでに多くの国で始まっているのである。しかしこの揺り戻しは、世界を転換する国家の能力に対する信頼を回復するものではない。この揺り戻しは、それが起こる程度には、人々の問題処理を支援するためにまだ国家を使う必要があるという冷静な判断を、反映しているにすぎない。それゆえに同じ人々が、今日、（問題への対処を支援する）国家に回帰すると同時に、（進む方向の期待できる世界の再構築に関しては）国家と政策一般とを、無益で不正ですらあるとして非難することは、矛盾することではない。

それでは、変化の方向に影響を与えるかもしれないそのような人々は何をなし、何ができるのか。もう一つの惑わせるようなスローガンがここで現れる。それは「市民社会」を構築し、拡張し、再建することへの呼びかけである。このことも同じく無益なことである。「市民社会」は、国家が存在し、それが「市民社会」と呼ばれる何かを強化するほどに十分強い限りで、存在できるのである。「市民社会」とは基本的には、国家によって正統化された行為に従事し、国家に向かい合って間接的な（つまり非党派的な）政治に参画するような、国家の枠内にある市民の組織を意味する。市民社会の発展は、リベラルな国家、すなわち国内秩序と世界システムの秩序の支柱を建設する際の不可欠の道具であった。市民社会はまた、まだ存在していなかったところにリベラルな国家組織を据え付けるための再結集のシンボルとしても用いられた。しかしなかんずく市民社会は、歴史的には、国家の、そして国家による潜在的に破壊的な暴力を抑制し、同様に危険な諸階級を飼い慣らす一つの方法であった。

市民社会を構築するのは十九世紀の西欧や北アメリカでは国家の仕事であった。国家建設が二十世紀の初めから三分の二の期間において、依然として世界システムの大目標 agenda であった限りでは、わたしたちはなおも、もっと多くの国で市民社会を構築することについて語ることができた。しかし国家が衰退するにつれて、市民社会も必然的に崩壊し始めた。まさにこの崩壊に対し現在のリベラルは嘆き、保守主義者が内心拍手喝采しているのは明らかなことである。

わたしたちは「集団主義」の時代に生きている――防衛的集団が構築され、それぞれがアイデンティティを主張し、他の集団と並んで、または対抗して、そのアイデンティティを中心にして連帯し、生き残るための闘いをしている。そうした集団の政治的問題は、それらが単に人々の問題への対処を支援するもうひとつの代理人にはならないことであり（それは国家の崩壊によって生み出されている空白を満たすことによって秩序を保つので、政治的にはあいまいなのであるが）、そのことで真に転換の代理人になることができるようにすることである。しかし転換の代理人になるためには、それらの集団は、その平等主義的目標をはっきりさせなければならない。平等のための闘争の一段階として集団の権利のために闘うのは、「キャッチアップ」したりラインの先頭に出ようとして（いずれにせよそれはほとんどの集団にとって信じがたい目標になってしまったが）闘うのとは、まったく違うことである。

現在の世界的な過渡期においては、地域的レベルと世界的レベルの両方で作用を及ぼすことが効果的である。しかし今では国民的国家 national state のレベルで作用を及ぼすことは部分的に役立つだけである。目標をごく短期的にかあるいは長期的に追求するのは有益であるが、中期的に追求することの効果はなくなってきた。なぜかといえば、中期的であるということは進行中のよく機能する史的システムを想定しているからである。前途にある時代が非常に混乱するように思えるのは、そのような戦略を実行するのが容易ではないからであるが、それはそのような戦略に基づく戦術が必然的にその場限りで不確かであるせいなのである。しかしながらもしわたしたちが今や、リベラリズムの価値がもはや影響力を持たず、現存の史的システムが自ら（その正統化はいうまでもなく）を受容させるに必要な最低限の人的、物質的な安全を保障することができないような世界に生きていることを認めるのであれば、わたしたちは明らかに道理にかなった程度の希望と確信とを持って前進することができる。しかしそれにはもちろんなんの保障もないのであるが。

傲慢なほどに自信にあふれたリベラル・イデオローグの時代は去った。保守主義者は一五〇年間謙遜した後に、イデオロギー的代替物として、敬虔や神秘というみせかけで、注目されていない他人にはいっさいかまわない自己利害を提起するために再登場した。それはまったく納得のできないことである。保守主義者は、支配的なときには独善的になり、危険にさらされるか、あるいは単に真剣に威嚇されるだけでさえも、強く怒り執念深くなる傾向がある。それが現在の世界システムから排除されてきたすべての人々を全戦線で前進させることになるのである。彼らはもはや国家権力をとることに集中するという安易な目標をもたない。彼らははるかにより複雑なことをなすように求められている。それはまったく同時に、まさしく地域的に、そしてまたまさしくグローバルに行動して、新しい史的システムの創造を確実にすることである。それは困難ではあるが、しかし不可能ではない。

I

一九九〇年代とその後——再構築可能か

1

冷戦と第三世界
——古き良き時代なのか——

わたしたちは、そんなにもすばやくノスタルジックになるものだろうか。わたしはそうなることを恐れる。わたしたちは、世界システムにおけるアメリカ合衆国〔以下、アメリカと記す〕の覇権の時代（一九四五年から九〇年）から出て、覇権後の時代に入った。以前の第三世界の立場が、その当時どれほど困難であったとしても、これからは更に困難な時代に突入することは必至だと思われる。まさにこれまでの時代は、希望の時代だった。希望への信頼はしばしば裏切られたが、それでも希望の時代だった。これから先の時代は、まさしく困難と闘争の時代となるだろうが、それは確信からよりはむしろ絶望から生まれるものである。古い西洋の象徴主義にならえば——この場合不適切かもしれないが——、煉獄のとき来るも結果は常に不確実なりき、ということになる。

以下では、わたしの見解のあらましを二部に分けて記述する。一つは、わたしたちが去ってきた時代の簡潔な描写であり、他の一つは、わたしたちが予期しうると思われることを明らかにして、さらにわたしたちの直面する歴史的オールタナティヴに関する議論を扱うものである。

I

わたしは、一九四五年から九〇年の時期の本質的な特徴は、次の四つに要約できると思う。

一 アメリカは一極集中の世界システムにおいて覇権を持った強国であった。その力は一九四五年現在において、圧倒的な優勢を誇る経済的生産性と西欧および日本との同盟に基づいており、およそ一九四五年から七三年頃にその最高点に到達した。

二 アメリカとソ連は、高度に構造化され、また注意深く抑制された表面上の（しかし実体のない）抗争を続けていた。その際、ソ連はアメリカの補完的な帝国主義的代理人として行動した。

三 第三世界は、北側の諸国が予期し望む以上に、完全で早期の諸権利獲得を要求したので、アメリカ、ソ連および西欧は不承不承ながらも第三世界にその注意をむけざるをえなくなった。第三世界が政治的には強さとともに究極的には弱さを持っていたのは、彼らが自決と国民的発展national development という一対の目標を信じ、かつそれについて楽観的だったことによる。

四 一九七〇年代と八〇年代は、グローバルな経済停滞と、アメリカが自己の差し迫った衰退に抵抗した時代であり、かつ第三世界が自らの戦略に絶望した時代でもあった。

以下では、以上の叙述について詳しく述べる。

一　一九四五年時点でのアメリカの生産と生産性における圧倒的な経済的優位は、三つの要因が結合した結果であった。一つは、一八六五年〔南北戦争の終結〕以来、生産と技術革新の能力増進にむけてアメリカの国民的エネルギーが着実に凝集したこと。二つめは、少なくとも一九四一年〔太平洋戦争〕まで、アメリカが重大な軍事支出を免れたことであり、四一年から四五年までは効果的な軍事動員がなされ、かつ戦時におけるインフラストラクチュアの破壊から無縁であったことである。三つめは一九三九年から四五年にわたる全ユーラシアにおけるインフラストラクチュアと人命の膨大な破壊である。

アメリカは非常に急速にこの利点を制度化することができた。つまりアメリカは、世界の政治・経済の舞台において、約二〇年間にわたって、重大な決定をコントロールし支配することを可能にする覇権を手にしたのである。それはイデオロギー的覇権であり、そのうえ文化的覇権でさえもあった。

この覇権を強固にした二つの重要な柱のうち、一方は、世界の重要なしかもすでに工業化した諸国との同盟体制であり、他方は、国内における国民統合に寄与した福祉国家であった。どちらの場合も、その取り決めは経済的、イデオロギー的なものであって、政治的なものは名目的であった。

西欧と日本にとっての経済的報酬は経済復興であったが、それはアメリカの中間階層と熟練した労働者階級の実質賃金の相当な上昇を伴った。こうして政治的安定と合衆国の生産的諸企業のための重要な市場が保障された。

こうした状況のイデオロギー的装いとなったのは、二世紀も前から政治的リベラリズムが約束してきたこと——普通選挙と機能的議会制度——を、初めて完全に実行しようとする姿勢を示したことである。これは共産主義的「全体主義」との闘いという枠内で生じたことだったので、従って事実上、共産主義者を政治的権利から排除することを意味していた。

名目的な政治的約束とは、国としては西欧と日本が、また層としては労働者階級が、共同の決定の場に参画するということだった。しかし実際には、約二五年間にわたって、世界システムにおけるすべての主要な政治的決定は、アメリカの少数のエリートによってなされたのである。これはアメリカのリーダーシップと呼ばれた。西欧と日本は保護国であった。労働者階級の運動は大部分が従属的運動であった。

二　アメリカとソ連は、水面下では異なっているが、表面は同一物であるような関係であった。表面上、アメリカとソ連はイデオロギー的な敵であり、一九四五年以来のみならず、一九一七年からずっと冷戦に縛り付けられていた。両者は歴史的現実をまったく異なって読解し、社会的な善についてはオールタナティヴなヴィジョンを代表していた。二国の構造はまったく違い、ある側面では根本的に異なっていた。さらに両者は、このイデオロギー的断絶の深さを大変声高に宣言し、あらゆる国やグループにどちらか一方を選ぶように呼びかけた。「中立主義は不道徳である」といったジョン・フォスター・ダレスの有名な宣言を思い出して欲しい。ソ連のリーダーも同様の声明を発したのである。

それにもかかわらず、事実はまったく異なっていた。ヨーロッパでは、多かれ少なかれ、第二次世界大戦の終わりにソ連とアメリカの軍隊が出会ったところで、一本の線が引かれた。この線の東側はソ連の政治支配が予定された地域であった。アメリカとソ連の協定は、有名で非常に簡単なものだった。ソ連は、東欧地域内では思い通り振る舞うことができた（つまり衛星国家を造ることができたのである）。二つの実行条件、第一に、両地域はヨーロッパにおける絶対的な国家間平和を遵守し、他地域の政府を変えたり転覆したりする試みを控えること、第二に、ソ連は経済的再建に際して合衆国の援助を期待しないし獲得もしないことが決められていた。ソ連は可能なものはなんなりと東欧から獲得することができたし、アメリカはその財源を（莫大ではあったが無制限というわけではなく）西欧と日本につぎ込んだ。

この協定はよく知られているように、信じられないくらいうまく機能した。ヨーロッパの平和は完全なものだった。西欧における共産主義反乱の恐れはまったくなかった（ギリシャは例外だったが、ソ連はギリシャの共産主義者の足下をすくい、彼らを捨て去った）。そしてアメリカはソ連の支配から抜け出しそれを終わらせようとする東欧諸国の多くの努力（一九五三年、五六年、六八年、八〇年から八八年）を決して支持しなかった。マーシャル・プランは西欧のために準備された。他方ソ連はコメコン（経済相互援助会議）と呼ばれる保護領域を構築した。

ソ連は事実上、世界的覇権を維持するアメリカの能力を強化するような条件で、その縄張り内での秩序と安定とを保障するという機能を果たしたので、アメリカの補完的帝国主義国とみなされうる。結局のところは、それほど意味のないイデオロギー闘争の持っている狂暴性が、アメリカにとっては大きな政治的得点となった（それはたしかにアメリカのリーダーシップにとってそうだった）。ソ連は第三世界においても同様にアメリカのイデオロギー的な盾として奉仕したといえるだろう。

三　第三世界に対し、アメリカとソ連が共謀して創設した世界秩序について、それが好ましいのかまたはそれを認めるのかという問が発せられたことは、一九四五年にもまたその後にも決してなかった。たしかに第三世界は、この世界秩序ではそれほど好ましい立場というものを許容されなかった。一九四五年の時点で第三世界は、政治舞台ではほとんど何も提供されなかったし、ましてや経済的舞台ではなおさらだった。年を経るにつれてこの状態は幾分改良されはしたが、いつも不承不承にであり、それもただ第三世界が好戦的で無法だという理由づけをした上でのことであった。

一九四五年には、どの国も――アメリカもソ連も西欧の旧植民地保有列強も――、第三世界を世界における政治的行為者としてまじめに考えはしなかった。どのような苦情も驚きをもって迎えられ、どんな不平家も、「トリックル・ダウン trickle down」という仮説〔最も裕福な人たちが獲得する追加的富がすべての人々の生活を改善する〕の世界版を根拠にして、我慢することを求められた。

アメリカが第三世界のためのプログラムを持っていたのは確かである。それは一九一七年にウッドロー・ウィルソン大統領によって一四カ条の平和原則の中で宣言され、民族自決を認めるものであった。それによると、いつか時節が到来すれば各民族 people は集団としての政治的主権を獲得するが、それは各市民が投票のための個々の政治的権利を獲得するようなものだというのである。そのために、これらの政治的諸権利は、一九四五年以後に国民的発展の名の下に獲得したものを、つまり自己改革の機会を与えるものだとみられていた。

イデオロギーとしてのレーニン主義は、おそらくウィルソン主義とは二律背反をなすだろう。実際には、多くの点でレーニン主義はウィルソン主義の化身であった。第三世界のためのウィルソンのプログラムは、レーニンによってマルクス主義用語に翻訳された。そしてそれは反帝国主義と社会主義の建設という姿をとった。このことは明らかに、世界システムの周辺の政治過程を支配している人たちの、客観的な相違を反映するものだった。しかし現実のプログラムは同じ形をとっていた。まず第一に、〔植民地ではこれまでにはじめて、またすでに独立した第三世界でははじめて現実に〕主権を確立するような政治的変化である。次に、有効な国家官僚の創設、生産過程の改良(「工業化」)や社会的(とりわけ教育と健康における)インフラストラクチュアの創設などを含む経済的変化である。ウィルソン主義者とレーニン主義者がともに約束したことは、結論的には、豊かな国と貧しい国のギャップをなくす「キャッチアップ」であった。

第三世界の諸国は、この「ウィルソン＝レーニン主義」印のパッケージを購入した。しかしはっきりいって彼らは性急だった。このパッケージには二つの段階が含まれていたので彼らは大変合理的にまずは第一段階に進んだ。それは植民地における反植民地闘争の道であり、かつてまったく適切にも半植民地と呼ばれていた地域における類似の政治革命の道であった。一九四五年以後、第三世界は、至るところで無理にその進行速度をあげた。中国の共産主義者は上海に入場した。インドシナとインドネシアの人々 people は旧宗主国の植民地監督官復帰の受け入れを拒否した。インド亜大陸は直ちに独立を宣言した。エジプト人は君主制を追放し、スエズ運河を国有化した。アルジェリアはフランスの一部になるという考えを受容しなかった。一九五〇年代に始まるアフリカ解放の「急降下 downward sweep」が生じた。ラテンアメリカでは政治革命が進行中だった。それは五八年のキューバにおける七月二十六日運動の勝利によってめざましく進行した。そしてもちろん、五五年にはバンドン会議が開かれた。

これらの政治的な動きのすべてにおいて観察される基本的な要因は、それがはじめから完全に地域に固有の起源を持ち、かつ北側に敵対的だったということである。植民地列強はこの性急な動きに強く反対し、動きを止めるか遅延させるために、できることは何でも実行した。もちろん彼らの戦術は多様だった。イギリスは他の国よりは柔軟さが目立っていた。ポルトガルはしぶしぶ、しんがりを務めた。アメリカは、理論的にはウィルソンの反植民地主義に立っていたにも拘わらず、できる限りヨーロッパの望む解放の遅延を支持しようとした。しかし結局は、節度を持った「穏健な」指導者に脱植民地化を呼びかけた。ソ連の姿勢もそれほど異ならなかった。レーニン主義は、ウィルソン主義よりは激しい闘争的な反植民地主義の形を代表するものだったといえるだろう。もちろんソ連は、多くの反植民地運動を物的・政治的に支援した。しかし非常に決定的な運動の場合には、ソ連もまたその速度を抑えるか制止するかしようとした。ソ連のギリシャにおける役割や毛沢東への勧告は有名である。しかし世界中で地域闘争に参画してきた人なら誰でもよく知っていることだが、ソ連の援助は率先してなされなかったし、獲得されたとしてもしばしば困難を伴ったのである。しばしばソ連は援助の拡大にはまったく応じなかった。

だが周知のように、基本的な政治闘争では、もちろん第三世界が勝利した。一九六〇年代末までには、脱植民地化(すでに独立した国の場合にはそれと同等のこと)は、ほとんど至るところで達成されていた。国民的発展という第二段階に進むべきときが来ていた。しかし実際には、第二段階にさしかかったまさしくそのときに、世界システムがコンドラチェフ波のB局面〔四七―八ページ参照〕に入ったのである。このため第二段階は、ほとんどのところで、決して達成されることはなかった。

四 一九七〇年までにアメリカは、権力の頂点と限界に到達した。アメリカは金保有量の減退によって、固定的な金＝ドル平価をやめざるをえなくなった。ちょうどコンドラチェフ波のB局面が始まるときには、西欧と日本は経済成長を達成して、まさに生産力水準においてアメリカに並びかつ追い越し始めるほどにまでなった。というよりはむしろ生産のグローバルな拡大自体が下降の主要な原因であったといえるだろう。ヴェトナム戦争が明らかにしたことは、アメリカは〔脱植民地化を〕要求するグループを認めないときでさえ自らのウィルソン的信条〔民族自決〕に従わねばならなかったということであり、それだけではなくアメリカがそれを認めなかったので、その代償は国内におけるアメリカ政府の正統性を弱めていったということであった。そして一九六八年の世界革命は、アメリカが構築してきたすべてのイデオロギー的合意――その中には防護盾としてのソ連 The Soviet shield という予備カードを含むが――を掘り崩してしまった。

それからの二〇年は、アメリカのつぎはぎ細工の時期だった。つぎはぎはそれぞれ摩損のペースを遅らせるのには有効だったが、結局は、枠組み全体がずたずたにされたように思えるのである。ニクソンは中国に行って――これは輝かしいヒットであったが――中国を世界秩序の配置内に引き戻そうとした。彼はヴェトナムでの敗北を受容してアメリカの損失を削減した。そしてもうひとつの輝かしいヒットは、アメリカがOPEC（石油輸出国機構）の石油価格値上げを黙認した（多分調整しさえした）ことである。第三世界の闘志を誇示することで、OPECは主導して、利用可能な世界の余剰の多くを（そして第三世界が有しているものは確実に）、産油諸国（これらの諸国は疑いもなくその実入りを減らした）を経由して、西側（大部分はアメリカ）の銀行に送り込もうとした。そしてその金は国家への借款の形でまっすぐに第三世界（そしてソ連圏の諸国）に送り返された。こうしてこれらの諸国はつかの間、収支を均衡させ西側から工業製品を輸入し続けることができた。その手形は一九八〇年代に期限を迎えることになっていた。

アメリカは一九七〇年代を通じて、誰にも文句を言わせないようにした。アメリカは西欧と日本に三辺主義 trilateralism に加わるように提案した――つまり世界の政策形成に際して、より一層協議に参加させるという約束をした。ソ連に対してはデタントを――つまりイデオロギー争いの音量を引き下げようという提案をした。それは一九六八年の衝撃波に洗われたブレジネフ派官僚にとって、鎮痛剤の役割を果たした。そのうえに、アメリカ国民には冷戦に付随した緊張からの解放をもたらした。つまり、よりリベラルな慣習とアファーマティヴ・アクション〔道徳規範と差別是正のための積極的な活動〕を内容とする一種の文化的消費主義をもたらした。そして第三世界に対しては、ポスト・ヴェトナム症候群ともいうべき行動を示した。具体的にはCIA〔アメリカ中央情報局〕に対するチャーチ委員会報告〔アイダホ出身の上院議員チャーチの名を冠した委員会の報告で、国民に衝撃を与えるようなCIAの活動内容を明らかにした〕や、アンゴラに対するクラーク修正案〔アイオワ出身の上院議員クラークの名を冠した委員会は、アンゴラ内の集団に資金提供を続けることを妨げる法案修正を提出した〕、それにソモサ〔一八九六―一九五六年。ニカラグアの独裁者〕とシャー〔イラン国王〕に対する援助の撤回であった。

わたしが思うには、ニクソン、フォード、カーターの政府はいわゆる「低姿勢」と言えるような単純な政策をとったのであった。カーター大統領はアメリカの権力の制限を受容するという趣旨のアメリカ国民にあてた有名な教書において、そのことを詳細に述べた。これらの政策は、第三世界が再びプラグを引き抜くまでは適度にうまく作用しているように見えた。この「低姿勢」はアヤトラ・ホメイニの予期せぬ石につまずいてしまった。彼はだまされなかった。低姿勢であろうとなかろうとそれでもまだアメリカはナンバー・ワンのサタンだった（そしてソ連はナンバー・ツーだった）。

ホメイニの戦略はまったく単純なものだった。彼はゲームのルールの受容を拒んだのである。そのルールとは一九四五年以後のアメリカによる世界秩序のルールと、五世紀にわたってうまく機能した国家間システム〔インターステイト・システム〕のルールであった。最終的な結果も同様に単純だった。アメリカは大いに面目を失いカーターは追い出された。そしてレーガンがあらゆる可能な方法で、「低姿勢」を拒否するという公約を持って権力の座に就いた。レーガン（およびブッシュ）戦略は、同盟国やソ連と厳しく渡り合い、国内でも、そしてもちろん第三世界でも厳しい姿勢を示して、まやかしの男の誇りをもって、低姿勢に置き換えるものだった。

経済的には、世界は一九七〇年代のつぎはぎ細工のつけに直面しなければならなかった。債務危機は、まず一九八〇年にポーランドで表面化し、八二年にはメキシコで公式に確認された。この結果、第三世界とソ連圏諸国を巻き込む経済的下降の螺旋状態が現れた。例外は、東アジアのNICs（新興工業諸国）であり、低利益率のせいで中核から半周辺へと移った企業を抱え込むことに成功した。衰えた世界経済の呼び水となるはずだったOPECのポンプの可能性を枯渇させてしまった今となっては、レーガンが頼りにするのはアメリカの軍事的ケインズ主義と、これまでの同盟者で今は経済的ライヴァルである、日本と西欧からの莫大な借款である。一九七〇年代の第三世界の負債がそうだったように、この手形がすぐに満期になるだろうことは、八〇年代の半ばまでには明らかになっていた。

まだつぎをあてることができただろうか。多分その可能性がないことを決定した第一番目の人物は、ゴルバチョフだった。ソ連が超大国であり得たのは、何よりも冷戦と呼ばれたアメリカとの特別の協調のゆえであった。もしアメリカがもはや覇権国の役割を受けもたないならば、冷戦は何の機能も果たさないし、ソ連は資本主義世界経済においてまさにもう一つの半周辺国家として扱われるというリスクをおかすことになるだろう。ゴルバチョフは三重のプログラムによって、ロシアの可能性を救おうと務めた。つまりソ連が世界強国として、またはせめて強力な半周辺国家としてでも留まろうと努力した。この三重のプログラムとは、まず冷戦の一方的な清算である（これは非常によく成功した）。次には、いまでは不適切で耐え難い負担となった東欧における準帝国から、ソ連の重荷を取り除くことであった（これにも非常によく成功した）。こうしてソヴィエト国家を再編し、ポスト覇権の時代に有効に機能できるようにしようと試みた（これは不成功だった）。

アメリカは最初、この戦略的展開に茫然自失した。そしてそれからは、勝利したと叫ぶことによって、アメリカによる世界秩序が、このように意識的に武装解除されていることを覆い隠そうと決定した。第三世界が――今度はサダム・フセインという人物を通してだが――再び行く手を妨げなかったならば、この最後の自己主張は、五年以上もの間アメリカを支えたかもしれない。サダム・フセインは、特にソ連圏の共産主義体制の崩壊および冷戦の清算の一部といえる（インドシナ、南アフリカ、中央アメリカや中東における）地域的安定の措置をイスラエルに強制できなかったことに、アメリカの弱さが現れているものと見た。フセインは、今こそ大胆に振る舞うときだと決意した。彼はクウェートに侵攻し、できる限りさらに南進する準備をした。

わたしは彼の計算には、四つの変数が入っていたと思う。一つは、世界の債務危機であった。サダム・フセインは、第三世界が債務危機から本気で救済されることはあり得ないということを知っていた。彼は少なくとも解決策を持っていた。それは、クウェートから蓄積された賃貸料を奪うことだった。第二の変数は、イスラエルがPLO（パレスチナ解放機構）との平和交渉を終わらせるということだった。もし交渉が続くならば、侵入は今なおアラブの大衆的感情の中心的問題であるパレスチナの大義を傷つけたということになるだろう。いったん交渉が挫折すれば、フセインは彼がそうしたいと思った通りに、パレスチナ人の最後の希望として現れ、アラブの大衆的感情を活用するだろう。しかしこの二つの変数は結局のところ重要なものではない。

第三の変数である共産主義の崩壊はそれよりはるかに重要であった。これは第三世界の視点からは二重の意味を持っていた。第一に、サダム・フセインはソ連が彼を助けないだろうということを知っていた。そのことは、核のエスカレーションのおそれをはらむあらゆる紛争を、アメリカとソ連の間で調停してしまうことによって、自動的に生じる束縛から彼を解放した。そして第二には、共産主義の崩壊は国民的発展のイデオロギーの最終的な崩壊であった。ソ連でさえ、思いのままに使える完全なレーニン主義的モデルをもってしてもその発展を実現できなかったとすれば、ましてやイラクもその他の第三世界の諸国も、現存の世界システムの枠内で共同的な自助のプログラムによってキャッチアップできるとは思えなかった。ウィルソン主義者は、ついにレーニン主義の盾を失ったが、その結果は第三世界がひとつの戦略を切望することに道を開いた。その盾は第三世界のいらだちをひとつの戦略へと、つまり世界システムの有力な勢力の観点からすれば、第三世界がシステムを脅かすことの最も少ない戦略へと導いてきたものだった。

あらゆるオールタナティヴについての迷いから解放され、アメリカの弱さを確信したサダム・フセインは、次のような第四番目の変数を考慮にいれた。もし彼が侵入すれば、その成功の可能性は五分五分だが、アメリカは一〇〇パーセント失敗することになるだろう。アメリカに残された選択肢はない。もしアメリカが要求に同意すれば、アメリカは張り子の虎だったということになるだろう。そしてもしアメリカが拒否すれば、殺戮の政治的影響は中東、ヨーロッパおよびアメリカ国内において、そして結局は至るところで、アメリカの立場にとって否定的なものとなるに違いない。

II

わたしたちは、今どこに向かおうとしているのだろうか。わたしは世界システムがこれまでにもまして大きく南北の両極化へと突き進んでいると考えるので、まずわたしの信じていることが北側の再構築であり、それが南側に対して影響するということを示したい。ついで、わたしの信じていることが、南の政治的選択肢となるだろうことを示したい。最後にわたしは、この問題を、資本主義世界経済それ自体の将来に関するコンテクストのなかで取り上げたい。

わたしたちは現在、一九六七―七三年以来進行中のコンドラチェフ波B局面の最終場面にいる。わたしたちは最終的な、たぶん最もドラスティックな落ち込みをむかえつつある。それは一八七三年から九六年に起こったコンドラチェフ波B局面の落ち込みに似ている。その影響は北側の場所によって異なるだろうが、南側の大部分では多分非常に大きなものになるだろう。しかし世界経済は、いったんよけいなものを十分に振り落とした後には、そこから脱出するだろう。そしてわたしたちは、もう一つの大きなA局面に入ってゆくだろう。それは永らく予言されてきたように、はじめに新しいリーディング産業(マイクロチップやバイオ遺伝研究等)の新製品サイクルによって燃料に点火されるだろう。そのような生産の強力な三つの場所は日本とEEC(ヨーロッパ経済共同体)とアメリカだろう。この三者は、その独自の技術ヴァージョンのために世界市場を準独占的に支配しようとして、鋭い競争を繰りひろげるだろう。そして彼らがそれを全面的に達成できるわけではない。

世界市場の三極化について今日多くの話がされている。わたしはそれを信じない。というのもこの種の鋭い競争においては、三つの組み合わせは二つの分裂に道を譲るものだからである。賭け金は高くて、三つの競争者のうち最も弱いものは、はじき出されることを恐れて他の二者の一方と手を組もうとするだろう。今日においても、そしてきっと今から一〇年後にも、この三者の内で最も弱いのは、生産効率や国民的な金融の安定という意味では、アメリカであろう。その当然の同盟者は日本である。この両者がトレード・オフ〔妥協のための取引〕の関係にあるのは明らかである。日本は今や生産過程と資本剰余金において強力である。アメリカは研究・開発の力量と能力において、またサーヴィス部門全般と軍事力、消費のための蓄積された富において強力である。再統一された朝鮮半島は、同様にカナダも、日米の協定に参加するだろう。日米はその協定に、ラテンアメリカと東南アジアにおける両国のつながりを持ち込むだろう。さらに両国は、適切な場所に中国を引き入れようとねらうだろう。

ヨーロッパは長い間、こうした事態の到来を予測してきた。ドイツが再統一され、サッチャーが去った今、一九九二年の協定〔マーストリヒト条約〕が決して失敗させられないだけでなく確実にその意味を増大させてゆくと思われるのは、以上のような事態があるからである。ヨーロッパはEC（ヨーロッパ共同体）の漸次的な拡大化をめざすか、それとも広範囲の連邦化をとるかについて詳細な戦略を練らねばならない。鍵になるのはロシアである。ヨーロッパが日米協定に対抗した強さを持つつもりならば、ロシアを包含しなければならない。ヨーロッパはソ連の解体に反対するために熱心に働くだろう。そして日本、中国、アメリカもまた、他の理由から同様の過程を恐れているので、ソ連は多分どうにかこうにか難局を乗り切るだろう。

北側の二つの勢力それぞれにとっての第二段階は、彼らの主要な半周辺を（一方にとっては中国であり、他方にとってはロシアであるが）開発し、そうしてそれらを付属的生産者、主要な市場、移民労働の提供者にすることであろう。今や中核地域はロシアと中国の人口流出の予想に恐れおののいている。しかし二〇〇五年には、経済的ブームと持続的な人口低減のために、ガストアルバイター〔ドイツ語で移民労働者の意味〕は、もしそれが「秩序的な」過程を伴うものであれば、大いに望ましいと思われることだろう。

かつての第三世界では何が起こるだろうか。良くなるということはまずないだろう。もちろん二つの北側のうちの一方と結び付いた多くの飛び地があるだろう。しかし世界生産と世界の富における南側全体の比率は減少するだろう。（教育や健康の）指標曲線で見れば、一九四五年から九〇年の間には、南側は適度に順調であったのだが、この社会的指標曲線が実際には、反転するのを見ることになるだろう。さらに言えば、南側は民族解放運動という一九四五年から九〇年の期間の主要な政治的道具を奪われてしまうであろう。南アフリカのＡＮＣ（アフリカ国民会議）は権力に到達した最後の偉大な運動となるだろう。これらの運動はすべてひとつの歴史的目的つまり自決権の獲得に役立った。そして別の歴史的目的つまり国民的発展を達成することにはすべて失敗した。国家に依拠した工業化が達成できなかったものを「市場」が与えるだろうという現在進行中の幻想は、次の五年間の激しい下降を乗り切れないだろう。マゾヴィエツキ〔ポーランド「連帯」運動の指導者の一人、政権獲得後にワレサと対立した。厳しい経済政策を実施して批判を受けた〕の没落は、諸国の政府が感じるであろう広範な無力感を予言している。

それではどのような選択が役に立つのか。実際にはほんのわずかの選択肢しかないだろう。しかもそのいずれもがウィルソン＝レーニン時代に世界を支配した世界観に適合しないだろう。北側がまさしくなんの対処方法をも考えられないために、わたしたちは北側にとって悪夢であるような選択をしなくてはならない。それは選択肢としてホメイニを選ぶことである。これは普通イスラム原理主義の脅しとして表現されるが、それはまったく誤って強調されていることである。それは特別にイスラム的現象なのではない。そしてもしそのことによって古代の宗教的実践へのなんらかの復帰ということが考えられるとしても、それは特別に原理主義的現象なのではない。

ホメイニという第一の選択肢は、もともと近代世界システムの持つぞっとするようなひどさに対する怒りの頂点を示すものである。それはその怒りを主要な受益者であり、扇動者である資本主義世界経済の西側の中核に向けている。それはとりわけ啓蒙思想の価値を含めて、悪の化身として西側を告発するものである。もしこのことが単なる戦術であり、大衆動員の手法であるのなら、交渉は可能だろう。それらが本当の選択肢を示しているだけに、コミュニケーションや解決の道は閉ざされている。

このような爆発はどれほどの期間続くものなのか。それはどれほど遠くまで進むものなのか。そのことに答えるのは困難である。ホメイニのイランは、激情がおさまり、世界システムの文化的軌道に再びのる途上にあるように見える。しかしながら、もし明日になってその他の南側諸国で運動が噴出して、その多くが不安定な世界システム内で同時に起こるとしたら、それらはより長く持続しないとか、さらに先に進まないといえるだろうか。それらの運動は、それ自体が現存の世界システムの解体過程の中でのその帰結なのであるが、それらは事実上、現存の世界システムの解体を進めることにならないだろうか。

第二の選択肢は、サダム・フセインを選択することである。ここで再びわたしたちは、それが何を意味するのかを明確にしなければならない。それは近代世界システムのトータルな否定ではない。バース党の運動は典型的な民族解放運動であり、徹底して現世的な運動であった。わたしはサダム・フセインという選択は、ビスマルクという選択となんら異ならないと思う。それは、経済的不公平が政治的力関係 rapports de forces の結果であるために、経済的変化のためには軍事力を必要とするという意味においてである。イラクとアメリカの対決は、最初の正真正銘の北側と南側の戦争である。民族解放戦争は（たとえばヴェトナムの場合も）すべて、自決権という、限定されたまったく明確な目標を持っていた。南側の観点からすれば、これらの戦争はすべて北側によって始められ、北側が南側に干渉しなくなることで終わることができたといえよう。ペルシャ湾岸危機の場合は、戦争は南側によって始められたのであり、それも自決権の獲得という意図によってではなく、世界の力関係を変えようという意図によってであった。実際これは、これまでとは全く違っている。

サダム・フセインは戦闘に敗北し、破滅させられたといってもいいだろう。しかし彼は新しい選択への道を示した。つまり、より大きな国家の創設、これらの諸国の軍備が二流ではなくトップレヴェルにあるということ、そして本当の戦争に賭ける意志があるということである。もしこれが出番のきた選択肢であるとするならば、その結果はどうなるのだろうか。もちろん恐ろしい殺戮である。それは疑いもなく核戦争の利用を含んでおり、化学・生物戦争も当然あり得るだろう。南北両側の観点から見れば、サダム・フセインという選択肢は、ホメイニという選択肢より恐ろしい。たぶん、これは近代世界システムの領域の歴史上の拡大に構造的に組み込まれた、北側と南側の間の昔の戦争と、それほど違っていないといぶかる人もいることだろう。その答えは道徳的な観点からすれば、同じ現象だということである。しかし政治的・軍事的観点からすればまったく異なったものである。昔の植民地戦争は、軍事的には一方のみが優勢であり、北側の侵略者は自信を持っていた。新しい戦争は、軍事的には一方だけが優勢ではないし、今や北側には自信が欠けている。一九四五年から九〇年の期間は、おそらくは、ヴェトナムやアルジェリア、そして多くの反植民地抗争があったにも拘わらず、ヨーロッパ拡張戦争の波と二十一世紀の南北戦争の波との間に位置する、相対的な南北平和の時代として記憶されることになるだろう。

第三の選択肢は、いわゆる身体移動による個々人の抵抗という選択である。北側の人口減少と南側の人口増加を伴って南北両極化が増大する世界で、南側から北側への大量の無許可の移民を阻止することは、政治的にはいかにして可能だろうか。そのような方法はないだろうし、ロシアと中国の公認・非公認の移民に加えて、この南から北への移民が生じるだろうと思う。もちろんこうしたことは既に生じてきていることである。それでも、その規模が顕著に拡大して、結果として北の社会生活の構造が変化するだろうとわたしは考えている。そのことについては、二つのことを記すだけで十分である。北側内の南側人口は、二〇二五年までには、三〇―五〇パーセントの数字に到達するに違いない。そして彼らの政治的権利を否定しようとする試みが生じうるだろう。そのことは、北側で労働者階級を社会的に統合した二〇〇年間が終わり、十九世紀初頭の状勢に戻ることを、つまり大部分の低職業階層からの権利剝奪を意味する。これは明らかに社会的平和のための処方箋などではない。

この南側にとっての三重のシナリオからなる選択肢は、世界システムの支配的エリートに対しては疑いもなく政治的ジレンマをもたらしている。それでも彼らは、自分たちがしたいようにするだろうが。しかしそれは、南北両側における反システム勢力である世界の左翼にも、同様に根本的なジレンマをもたらしているのである。

わたしたちは、まさしく北側の左翼運動の中に混乱を見ることができる。彼らはホメイニに対して反応する方法を知らなかった。彼らはサダム・フセインに対して反応する方法を知らない。彼らは未公認の移民について明確な立場を持ったことなどなかった。いずれにせよ、彼らは、全面的な援助を提供したいと思ったのではなくて、北側による鎮圧を無条件に支持したくなかったのである。その結果として、北側の左翼は沈黙し、時代遅れになったのである。かれらは民族解放運動と連帯して大変気分が良かった。一九六八年には彼らは「ホー、ホー、ホーチミン」と讃えることができた。しかしそれはヴェトミンとNFL（ヴェトナム民族解放戦線）がウィルソン＝レーニン的価値を表明していたからであった。いったんウィルソン主義とレーニン主義とが共に死滅してしまうと、いったん国民的発展が幻想である（有害な幻想ですらある）ことがわかると、またいったんわたしたちが、過去一五〇年の間追求された基本的な転換戦略をあきらめてしまうと、北側の左翼にとって、つぎはぎ細工以外の何が残されているのだろうか。

南側の左翼にとって、事態は少しは容易なのだろうか。彼らはホメイニまたはサダム・フセインの隊列に加わり、移民という選択肢に彼らのエネルギーを投入する用意があるだろうか。それは疑わしい。彼らは北側の左翼同様に躊躇している。彼らもまた世界システムを揺るがしたいと思い、上記の選択肢のすべてが、世界システムを揺るがすということを認めている。しかし彼らはまた、これらの選択肢が、南側の左翼が、北側の左翼とまったく同様に獲得しようとしている平等と民主主義の世界に繋がるということに疑いを持っているのである。

わたしたちが二十一世紀の前半に入って行くとき（そのとき資本主義世界経済は、完全な激しい危機に陥るだろう）に、わたしたちの前にある重大でまったく未解決の問題は、新しい戦略と大きな目標 agenda をもった新しい転換運動が、実際に現れるかどうかということである。それはたしかに可能だが、しかしはるかに不確実である。その理由は、今では死滅した第三世界のためのウィルソン＝レーニン主義戦略――それは社会主義運動と民族主義 nationalist 運動の両者によって採用された国家権力を獲得するという戦略であり、それ自体が十九世紀戦略の単なる延長部分にすぎない——に取って代わる新しい戦略や大目標を誰も提起してこなかったからである。
しかしこれは、世界の左翼に対するたいへん具体的な挑戦である。もし彼らが真剣にかつ即座に反応しないのならば、次の五〇年間における資本主義世界経済の崩壊は、たんに前と同様の悪い別物に置き換えられるだけであろう。いずれにせよ、南北の抗争は、これからは世界の政治闘争の中心に位置することになるだろう。したがってそのことが、歴史的社会科学者と政治活動家の両者による分析の中心に置かれなければならないのである。

2 平和、安定、正統性
――一九九〇年から二〇二五／五〇年まで――

一九九〇年から二〇二五／五〇年の期間は、平和、安定、正統性がかなりおびやかされそうである。これには世界システムの覇権的強国としてのアメリカの停滞が、いくらかは原因となっている。しかしより大きな原因ともいえるのは、この〔近代〕世界システムの一つの世界システムとしての危機である。

この世界システムにおける覇権とは、権力の社会的配分の安定した連鎖網を押しつける、地政学上の一権力が存在することだと定義できる。これは「平和」の一期間を意味するものであり、もともとは軍事的衝突のないことを、それもすべての軍事的衝突のないことではなく、列強間の軍事的衝突のないことを意味するものである。そのような覇権の期間は、「正統性」を必要とし、同時にそれを生み出すものであるが、それは、正統性ということの意味するものが、主要な政治的行為者（その中にはさまざまな諸国の「民族 populations」のような無定型の集団をも含むが）による次のような感情を、つまり社会秩序が彼らの認めるものであるか、あるいは世界（または「歴史」）が彼らの認めるであろう方向に動いて行くという感情を意味する場合のことである。

覇権的強国が、重大な挑戦なしにその意志と「秩序」を他の主要な強国に押しつける能力をもっている真の覇権の時代は、近代世界システムの歴史では相対的に短かった。わたしの見解では、三つの例があったにすぎない。十七世紀半ばのオランダ連合州、十九世紀半ばの連合王国、二十世紀半ばのアメリカがそうである。上記のように定義付けされた覇権はそれぞれに約二五年から五〇年続いた(1)。

その時期が終わると、つまり、それまでの覇権国が多くのなかの単に一つの強国にもう一度もどると（たとえそれがしばらくは他の諸国の中で軍事的に最強であっても）、そこではきわめて明白に不安定さが生じたし、さらに、それに応じてその正統性が減じていったのである。このことは、平和が脅かされることをも意味している。この意味で、アメリカの覇権に続く現在の時期は、十九世紀半ばのイギリスの覇権、および十七世紀半ばのオランダの覇権に続く時期と本質的に同じである。

しかし、もしこれが一九九〇年から二〇二五年もしくは一九九〇年から二〇五〇年、あるいは一九九〇年から?年という期間について叙述されることのすべてであるとすれば、そのときには、このことを不安定な世界秩序の技術的処理の問題として論じる以外の価値はまったくないだろう（そしてこれこそが、あまりにも多くの政治家、外交官、学者、ジャーナリストが、実際それを論じてきた方法である)。

しかしながら、来るべき半世紀の力学つまり大きな世界的無秩序の力学については、叙述すべき多くの、たぶんずっと多くのことがあるだろう。国家間システムの地政学上の現実は、もっぱら、いわゆる列強といわれる特権的な独立諸国の集団——それらの諸国は重大な軍事的能力を発展させるのに必要な収入的基礎を持つに十分な大きさと富とを持っている——の間の軍事的力関係にのみ依拠しているわけではなく、また主としてそれに依拠しているということでさえない。

とりわけ、そのような税的基礎を持つほどに裕福であるのは、ほんの数ヵ国にすぎないし、その富は軍事的強さの結果であるというよりは、その源泉であり、それはもちろん循環的な強化過程をたどるのである。他の諸国の富と比べたこれら諸国の富の大きさは、国の大きさと資本主義世界経済における垂直的分業の両者に関わる一関数である。

資本主義世界経済は、ある特定された地域における特定の種類の生産(相対的に独占的でそれゆえ高利潤の生産)の集中に基礎をおいた、階層的な分配の不平等を伴うシステムであり、それゆえにまたそれによって、資本の最大の蓄積の場所となるのである。この集中は国家組織の強化を可能にし、その結果として相対的な独占の存続を保障しようとする。しかし独占は本来壊れやすいために、不断に不連続で、限定的だが重要な集中センターの再配置が、近代世界システムの全史を通じて生じた。

変化のメカニズムは循環的なリズムを持っており、その内で二つのものが最も重要である。コンドラチェフ波循環は、ほぼ五〇年から六〇年の長さを持っている。そのA局面は、基本的には特定の重要な経済的独占が保護されうる時間の長さを反映している。B局面は、独占の利益が汲み尽くされてしまった生産を、地理的に再配置する期間であり、将来の新しい独占の支配をめぐる闘争の期間でもある。より長期的な覇権循環の内には、資本蓄積の拠点となることによって、それ以前の覇権強国の後継者になろうとする二つの主要な国家の闘争も含まれている。それは結局は、いわゆる三十年戦争に勝つほどの軍事力を持つことも含む長い過程である。いったん新しい覇権が設定されると、その維持のために大きな財力が必要であり、結局それは不可避的に現存の覇権強国の相対的な停滞と後継者争いにつながるのである。

この緩やかだが確実に繰り返される、資本主義世界経済の再構築と中心部の再設定の仕方は、非常に効果的であった。この大強国の興隆と停滞は、多かれ少なかれ、企業の興隆と停滞と同じ種類の過程であった。つまり独占は長期に持続する。しかしそれは自らを維持するまさにその手段によって究極的に掘り崩される。それに続く「破産」は、メカニズムの清掃をして、ダイナミックな力が枯渇したこれら諸列強によるシステムを除去して、新しい血を持ったシステムに置き換えてきた。それらのすべてを通して、システムの基本構造は同じままに留まったのである。権力の個々の独占はしばらく持続するが、しかしちょうど経済的独占と同じように、それを維持するための手段そのものによって掘り崩されるのである。

システムは（それが物理的、生物学的、社会的システムであれ）、すべてそのような最小の均衡を回復する循環的リズムに依存している。資本主義世界経済は強固な種類の史的システムであることを示してきた。それは今までにおよそ五〇〇年という、史的システムとしては長い期間、かなり元気よく繁栄してきた。しかしシステムは、循環的リズムのような一世紀に及ぶ趨勢を持っている。そしてこの趨勢は常に（あらゆるシステムが含んでいる）諸矛盾を激化させるものである。諸矛盾が先鋭化し、次第により大きな盛衰につながる地点というものがある。新しい科学の言葉では、このことは混沌（カオス）の始まりを意味し（それは決定論的方程式で説明可能なことが、急激に縮小することである）、それは次には、発生は確実であるが、しかしその形成を本質的に予測できないような分岐点〔バイファケーション〕に到達する。ここから新たなシステムの秩序が現れる。

問題は、わたしたちの生きている史的システム、つまり資本主義世界経済が、そのような「混沌」のときに入ってしまったのか、それとも入りつつあるのかということである。わたしはこの論議について熟考することを提案する。そしてそのような「混沌」がとりうる諸形態について、幾つかの考えを提起し、どのような行動方針がわたしたちの前に開けているのかを論じたい。

わたしはコンドラチェフ波B局面、あるいは覇権のB局面の「通常」の反映であると考えられる諸要因についてはくどくどと議論しないことにしたい。そしてそれらについては、ごくかいつまんで要約するにとどめるつもりである。(2) しかしながらわたしが明らかにしたいことは、覇権の循環はコンドラチェフ波循環よりはずっと長いけれども、覇権循環の屈曲点はコンドラチェフ波循環の屈曲点（しかし、もちろんそのすべてとではないにしても）と一致するということである。この場合、その屈曲点は一九六七年から七三年頃である。

コンドラチェフ波B局面の通常の兆候といえる現象は、生産における成長の減速、たぶん一人当たりの世界生産の減退、活動中の賃金労働者の失業率の上昇、利潤の現場が生産的行為から金融操作による利得に相対的に移動したこと、国家債務の上昇、「より古い」産業の低賃金地帯への置き換え、軍事支出の上昇——その正当化は、現実にはまったく軍事的なものではなくて、むしろ循環に反作用する需要を創造するという意味でなされる——、フォーマルな経済における実質賃金の下落、インフォーマル経済の拡大、低コスト食料生産の減退、地域間移民の「非合法化」の拡大である。

覇権の凋落が始まる兆候といえる現象は、主要な「同盟」列強の経済力の増大、通貨の不安定化、新しい意思決定現場の興隆に伴う世界金融市場における権威の低下、覇権国の財政危機、世界の政治的両極化や緊張（この場合は冷戦）の組織化（安定化）の衰退、覇権権力維持に命を懸けようとする民衆の意志の衰弱である。

これら上述したことのすべてが、わたしには「通常のこと」であり歴史的に予期可能になっていると思える。「通常」の循環過程において現在生じていることは、入れ替え構造の生成である。わたしたちは五年から一〇年以内に新たなコンドラチェフ波のA局面に入るだろう。それは新たな、独占的な一流の生産物に基盤をもち、新たな立地に集中したものである。日本が最も明白な位置を占めている。第二は西欧であり、アメリカは第三番目である（しかしそれは貧弱な第三番目であることがわかるだろう)。

わたしたちは、今や再び、新たな覇権争いが始まるのをみることになるだろう。アメリカの地位が、ゆっくりと、しかし、明らかに崩れるにつれて二つの後継候補がその力を示すだろう。現在の状勢では日本とEC(ヨーロッパ共同体)〔現EU〕だけがその後継候補であろう。オランダの跡を継ぐイングランド対フランスの対抗と、イギリスの跡を継ぐアメリカとドイツの対抗というこれまでの二つの継承パターンを手本とすれば、理論的には、それも今すぐにではなく、今後五〇年から七五年以上後には、海と空の強国日本が、これまでの覇権強国であるアメリカをジュニア・パートナーとして、陸に基盤を持つヨーロッパ共同体と闘い始めるだろうことが予想される。その闘いはついには「三十年の(世界)戦争」となり、日本の勝利が推定されるだろう。

ここで直ちに言わなければならないことは、わたしはこうしたことが起こるとは思わないし、あるいは、そのことを必ずしも期待していないということである。生産の世界的なシステムの再組織と国家権力の世界的分配の再組織という二つの再組織過程がすでに、それも「伝統的な」(あるいは「通常の」または「従来の」)パターンにそって、始まっているようである。しかしわたしは、この過程は新しい諸過程ないしはベクトル状況に入るために、中断され変形されると思う。

このことをはっきりと分析するためには、次の数年間、さらに続く二五年から三〇年間、その後の期間という三つの異なった時間枠が必要である。

一九九〇年代の今日、わたしたちが直面している状勢はまったく「通常のこと」である。それはまだ「混沌とした」と呼べるようなものではない。それはむしろ、一九三二年から三九年、あるいは一八九三年から九七年、または一七八六年から九二年などの局面に比較できる、現在のコンドラチェフ波B局面の中の、最終的な激しい副次的局面（あるいは絶頂の瞬間）である。世界的な失業率は高く、利潤率は低い。短期的な変動をめぐる金融市場の激しくそして当然の神経質な動きを反映して、金融的な不安定が顕著である。増大する社会的不安は、政府が短期の妥当な解決策を政治的に与えられないことや、そのことのせいで安定感を再現できないことを反映している。通常の調整的救済策が、痛みを即座に緩和できないように思える状勢では、国家間でスケープ・ゴートを生みだし、同時に一国家が、他の諸国の持ち札を全部とってしまうことが、政治的にはより魅力的なことになる。

この過程の進行中に、多くの個人企業がその行動を縮小し、制限されるか破産して、多くの場合再開できない。特定の労働者集団や特定の企業家たちは、それによって永遠に失敗する。すべての国が被害を受けるとしても、その被害の程度は大きく異なるだろう。この過程の終わりには、経済力を比較すれば、いくつかの国が上昇し、その他の国は没落するだろう。

そのようなときには、国内の政治的不安定と財政的困難（したがって軍事費を支えることに気が進まなくなる）、さらに直接的な経済的ジレンマへの直面（この結果は安易な孤立主義につながる）が結び付いて、列強は軍事的にはしばしば無力化される。ユーゴスラヴィアが崩壊したときに生じた交戦状態への世界の反応は、そのような無力さの典型的な例である。そしてこのことは、わたしはそう主張したいのだが、「通常のこと」である。つまり資本主義世界経済の作用のうちの予期しうるパターンの一部である。

通常では、それから回復期に入るだろう。浪費（贅沢な消費主義とエコロジー的に無頓着であることの両方）と非能率（八百長か、または水増し雇用要求か、または官僚的硬直性かを問わず）から抜け出した後は、新しい独占的なリーディング産業と全体の有効需要を増大させる世界的購買者の新しく生まれた部分との、新たな力学的動きが、ささやかでわずかだが、始まることになる――それは要するに、新たな「繁栄」の時代にむかう世界経済の拡張の再開である。

先に本書で示唆し、しかも広範に認められている、三つの中心点 nodes は、アメリカ、西欧、日本である。最初の一〇年あるいはこの次のコンドラチェフ波A局面の一〇年は、疑いもなく三つのセンターが、特別の生産上の変動に対する優位を争う激しい競争となるだろう。ブライアン・アーサー Brian Arthur がその著書で示したように、どの特別な変種が勝ち抜くかは、技術的な能率とほとんどなんの関係もなく、すべては権力と関係しているのである。[3] 権力とともに信念をつけ加えてもいいだろう。もっともこの状況では、信念は大部分権力の一機能なのではあるが。

わたしたちがここでいう権力とは、もともと経済的権力であるが、しかしそれは国家権力によって支援されているものである。もちろんそれは、自己補強の循環を持っている――権力が増せば、説得力が増し、それはさらに大きな権力を生み出す、等々。それは一国が優勢になるように努力して、その優勢さをもって競争するという問題である。ある点では、争いは始まってしまっている。「ベータ」規格の〔ビデオの〕製品は敗北して、「VHS」が独占している。わたしの賭けは単純である。日本はECより多くの「VHS」を持つだろう。そしてアメリカの企業家は、パイの一片を手に入れるために、日本の企業家と取引するだろう。

アメリカの企業家たちが、仮に二〇〇〇年から二〇一〇年の数年間に、そうした取り決めに完全に係わって、そこから得るものは、非常にはっきりしている。それは完全に除外されることはないということである。日本がそこから得るものも、同様に明白であるが、特にそれには以下のような三つのものがある。(1) アメリカはパートナーではあっても、競争相手ではない。(2) アメリカはなお最強の軍事強国にとどまるだろう。そして日本は、多くの理由（最近の歴史、国内政治と地域外交への影響、それに加えて軍事経費の少なさゆえの経済的有利さ）から、今しばらくは、アメリカの軍事的な傘に依存することを選ぶだろう。(3) アメリカは、たとえその優位が研究開発分野でも結局は消え去るとしても、いまなお世界経済では、最良の研究開発組織を持っている。日本企業はこの組織を利用してコストを引き下げるだろう。

この雄大な経済同盟に直面して、ECメンバーはずっと永らく、そのようにしなかったにもかかわらず、小異を捨てるだろう。ECはEFTA（ヨーロッパ自由貿易連合諸国）を統合しつつあるが、東・中欧の諸国を統合する意志はない（多分、NAFTA〔北大西洋自由貿易地域〕におけるアメリカとメキシコの関係に類似の一部自由貿易地域を除いて）。

ヨーロッパ（つまりEC）は、第二の経済的に強固なまとまりをつくり、日米共同統治 condominium に対する油断のならない競争者になろうとしている。世界のその他の部分は、この二極化した世界の二つの地域に、多様な方法で関係しようとするだろう。経済的な権力中枢の視点からみれば、これら他の諸国の重要性を決定する際に、考慮すべき決定的な要因が三つあるだろう。まず、基本的な商品連鎖の作用にとって、当該国の諸産業がどの程度重要になるか、あるいは最適であるかということである。次にもっとも利潤のあがる生産部門に対する十分に有効な需要の維持にとって、特定の諸国がどの程度重要になるか、あるいは最適であるかということである。さらに、特定の諸国がどの程度戦略的な必要物（地球上の軍事的位置と／あるいは権力、基本的な原料など）を提供できるのかということである。

形成中の二つのネットワークに、まだ意味を持つほどにはつまり十分は統合されていないが、しかし上述した三つの理由すべてからみて、統合することの必要な二つの国とは、日米共同統治にとっては中国であり、ECにとってはロシアであろう。これら二国がうまく統合されるためには、一定水準の国内的安定と正統性を維持（ロシアの場合にはまず達成）しなければならないだろう。この二国がそのようにできるかどうか、そしてことによると、利害関係者によってそのようにするための助けを受けられるかどうかは、まだ未解決の問題である。しかしその見込みは、ほどほどにあるとわたしは思う。

この情況が正しいと仮定するならば、日米の極の一部に中国があり、ヨーロッパの極の一部にロシアがあるような、二極化した世界経済が出現する。さらに新たに独占化された指導的諸産業を基礎に、二〇〇〇年から二〇二五年、またはそれ以降にわたる世界経済の、新たなそれもかなり大きな拡張があるということを仮定しよう。そのときにわたしたちは何を予期できるだろうか。わたしたちは、事実上、一九四五年から一九六七／七三年の時期を、つまり世界的繁栄、相対的安定、とりわけ未来に対する非常な楽観主義という、「栄光の三十年 trente glorieusses」を繰り返すのだろうか。わたしはそうなるとは思わない。

明らかに幾つかの相違点がありうる。第一の、もっとも明白だと思われることは、一極的世界システムというよりは、むしろ二極的世界システムが到来するだろうということである。一九四五年から一九九〇年の世界システムを、一極的構造と特徴づけるのは広く同意された見解ではない。それは世界を二つの超大国の間の「冷戦」の世界であると自ら規定したことと矛盾する。この冷戦は、地政学上の均衡を基本的に凍結することに同意して作った、二つの対立者のあいだの協定に基礎をおいているので、また（まったくの公然たる闘争の宣言にもかかわらず）地政学上の凍結が一方から著しく侵害されることが決してなかったので、わたしはこの冷戦をバレーのように振り付けられた（それゆえ極端に限定された）闘争だと考えるほうを選ぶ。実際に制御したのはアメリカの意思決定者であったし、ソ連の対抗者は何度も繰り返しこの現実の重みを感じなければならなかった。

それと比べて、二〇〇〇年から二〇二五年にかけて、日米協同統治かＥＣのどちらか一方が、

「支配権を持つ」と言えるようには思えない。両者の経済上、地政学上の現実の力はあまりにも均衡がとれすぎているということになろう。国家間にまたがる機構において決議するような初歩的で重要ではない問題において、自動的に、つまりより容易に、多数が成立することはないであろう。確実に言えることは、この競争にはイデオロギー的要素はまったくないだろうということである。基礎をなすのはほとんどもっぱら、物質的自己利益の要素であろう。このことが必ずしも争いを先鋭にしないということにはならないだろう。実際単なるシンボルでそれを取り繕うことは、より困難となるだろう。争いが形の上であまり政治的でなくなるにつれて、それは形の上では、マフィアの争いにより近いものになるのかもしれない。

第二の主要な相違点は、一九四五年から一九六七/七三年にかけて西欧と日本に投資が集中したのと比べられる程度に、二〇〇〇年から二〇二五年にかけての世界の投資努力が、中国とロシアに集中するかもしれないという事実から生じる。しかしこのことは、世界の残余のために残されている量が、一九四五年から六七/七三年の間と二〇〇〇年から二〇二五年の間とでは、異なるかもしれないということを意味するだろう。一九四五年から六七/七三年にかけて、持続的な投資が行なわれた事実上唯一の「古い」地域はアメリカだった。二〇〇〇年から二〇二五年にかけて持続的な投資は、アメリカ、西欧、日本を(実際には、韓国やカナダのようなその他の数カ国を含めて)カヴァーしなければならないだろう。それゆえ問題は「古い」地域に加えて「新しい」地域に投資した後で、残余の世界のために、(それがほんの少量だとしても)どれほど残るだろうかということである。その答えは、きっと一九四五年から六七/七三年の期間よりもずっと少ないだろうということである。

このことは、その結果として、「南側」(いかに定義されようとも)の諸国にとっては、まったく異なった状勢を生み出すだろう。一九四五年から六七/七三年には、南側は世界経済の拡張から、すくなくともその断片から利益を得たが、二〇〇〇年から二〇二五年にかけては、その断片をすら得られないというリスクを負っている。実際、現在(コンドラチェフ波B局面)の負の投資(投資の引き揚げ)は南側の「大」部分においては、続くA局面において逆転するよりはむしろ持続するかもしれない。しかも南側の経済的需要は、減少するというよりはむしろ増大するだろう。一つには、中核地域における繁栄と南北格差の程度の認識は、過去五〇年よりは今日の方がはるかに深まっているからである。

第三の相違点は、人口動態に関係している。世界の人口はしばらくは、この二世紀の間にとってきた基本的パターンを追いつづけるだろう。一方では、世界的な人口の増大がある。そのことはなによりもまず、世界の人口の六分の五を占めるより貧しい人たちにとって、死亡率は(技術的理由から)低下してきたが、他方で出生率は(十分な社会経済的誘因の欠如のために)低下しないか、あるいは同じようには低下してこなかったという事実によって油を注がれている。他方では、世界の富裕な地域の世界人口に占める割合は低下しつづけている。というのも、その地域の死亡率の低下が、あまり豊かでない地域のそれよりもはるかに激しいという事実にもかかわらず、その出生率が（もともと中産階級家族の社会経済的立場をもっとも効果的にする方法として）より大きく低下しているためである。

この結びつきは、南北の経済格差に平行する（多分越える）人口動態上の格差を生みだした。なるほど、この格差はすでに一九四五年から六七／七三年にも存在していた。しかしそれは出生率を制限することに対して北側になお存在していた文化的な障壁のために、それほど大きくなかった。これらの障壁は今や、正確にいうと一九四五年から六七／七三年の間に、大部分無視されるようになった。二〇〇〇年から二〇二五年の世界の人口動態上の数字は、この社会的な実勢におけるはるかにより鋭い不均衡を反映することになるだろう。

わたしたちが予期しうる反応は、南側から北側への移民という真に重大な圧力である。その圧力はあきらかに、都会の低賃金雇用に喜んで応じようとしている人々からだけでなく、なお一層南における教育を受けた人の数の顕著な増大からもくるといえよう。また、明らかに中核地域における二極分裂のために、これまでよりも大きな誘因とならんで結果的な鋭い圧力が生じるだろう。それは雇い主に対し移民を雇用して（熟練度の低い人員としてのみならず、中間幹部としても）労働コストを下げるようにさせるだろう。

もちろん、北側内にも鋭い社会的反作用があるだろう（すでにある）。それは移民の参入を制限し、参入してくる人たちの社会政治的権利を制限するような、より抑圧的立法を制定させようとする要求である。その結果は、すべての事実上の妥協のうちでも、最悪のものになるかもしれない。つまり、移民の参入を有効に防止できないで、移民に二級の政治的地位を保障する可能性があるということである。このことが意味するのは、二〇二五年くらいまでに北米、EC、日本（ですら）、社会的に「南側」出身者として定義される人口が、二五から五〇パーセントにまで達し、特定の区域や大きな都心内ではもっと高い率になるということである。しかしこの人たちの多く（多分ほとんど）は選挙権を持たない（多分せいぜいのところ社会福祉の支給物を限定付きで貰えるだけ）だろうから、低賃金の都市労働（都市化はそのときまでには新たな高みに達しているだろう）に従事している人たちと、政治的（社会的）権利を否定されている人たちとの、強い相互関係が生じるだろう。十九世紀の前半にイギリスやフランスで、いわゆる危険な諸階級が国家を破壊するだろうというもっともな恐れを生みだしたのは、この種の状況であった。当時工業化した諸国は下層階級をなだめるために、選挙権を認め福祉国家を提議して、まさにこの危険を克服するためにリベラル国家を案出したのである。二〇三〇年には西欧、北米、日本は、たぶん一八三〇年代のイギリスやフランスと同じ立場に立つだろう。「二度目は喜劇として」だろうか。

第四の相違点、つまり一九四五年から六七／七三年を支配した繁栄と、二〇〇〇年から二〇二五年の間に予期しうることとのあいだに生じる相違点は、中核地域の中間階層 middle strata の状況と関係するだろう。彼らは一九四五年から六七／七三年の期間の大きな受益者であった。その数は絶対的にも相対的にも劇的に増大した。その生活水準もまた、劇的に上昇した。そして「中間階層」として定義される職業の割合もまた急激に上昇した。中間階層は政治システムの安定の支柱となり、実際に非常に大きな柱を形成した。さらに彼らの下の経済的階層である熟練労働者たちは、組合による賃上げ、子どもたちに対するより高度の教育、政府援助による生活条件の改善などによって、中間階層の一員になるという以上の夢を少しも持たなかった。

もちろん、この拡大のための全般的なコストは、生産費の顕著な上昇、長期のインフレ、資本蓄積に対する深刻な締め付けであった。現在のコンドラチェフ波B局面はそれゆえに「競争」と国家の財政負担に対する鋭い苦悩を生み出している。二つの成長の極が鋭く競合するA局面では、この苦悩は消滅するどころか増大するだろう。それゆえ期待できることといえば、生産過程（サーヴィス産業を含む）における中間階層の数の、絶対的かつ相対的な、減少のための持続的努力である。国家予算を減らすための現在の試みもまた続くだろうが、これは最終的にはすべての中間階層の大部分に脅威を与えるだろう。

中間階層に対するこの削減がもたらす政治的結果は、非常に耐え難いものになるだろう。教育があり、安楽に慣れていたので、落伍者になると脅されている中間階層は、このような地位と収入の後退には従順に従わないだろう。すでに一九六八年の世界的な革命の際に、わたしたちは彼らの反抗を見た。彼らをなだめるために、一九七〇年から八五年までは経済的譲歩がなされた。それらの国々はその代価を今も払っている。そしてこのような譲歩が繰り返されることは困難であろう。あるいはもし繰り返されるとすれば、ＥＣと日米共同統治のあいだの闘いに影響するだろう。いずれにせよ、資本主義世界経済は、資本蓄積を制限するか、それともかつての中間階層の政治・経済的反乱にあうかの直接的なジレンマに直面するだろう。それは苦い選択となるだろう。

第五の相違点は、エコロジー的制約に関してである。資本主義的企業家は、この史的システムのはじめから、費用の外部化に寄り掛かってきた。外部化された主な費用は、拡大を続ける地球規模の生産のエコロジー的基盤を回復させる費用だった。企業家がエコロジー的基盤を回復せず、この目的のために十分な課税を進んでしようとする、いかなる（世界）政府もなかったので、世界経済のエコロジー的基盤は着実に弱まってきた。一九四五年から一九六七／七三年の世界経済の最後で最大の拡大は、残っていた余裕部分を使い果たした。それが緑の運動と環境に対する、惑星的視点からの関心を引き起こしたものである。

二〇〇〇年から二〇二五年の拡張は、それゆえ、必要なエコロジー的基盤を欠くことになるだろう。次のような三つのうちの一つの成りゆきがありうる。第一には、その拡張は、世界システムの政治的崩壊をともなって破産するだろう。第二には、エコロジー的基盤は、地球の存続が物理的に可能になる限度を越えて枯渇するだろうし、それにともなって地球温暖化のようなカタストロフィーが生じるだろう。あるいは第三には、環境浄化運動の社会的コストや使用制限、資源再生が真剣に受けとめられるだろう。

もしも三つの成り行きのうちの第三番目、つまり機能的には直接的な損害がもっとも少ないもの、すなわち環境浄化運動が選択された共同の進路であるならば、それは世界システムの機能にすぐにひずみをもたらすだろう。環境浄化運動が南側を犠牲にしておこなわれるか——それはさらにより鋭い南北間不均衡を生みだし、かなりはっきりと焦点をもった南北間の緊張の源泉になる——、あるいはコストが極端に多く北側によって引き受けられるか——それは必然的に北側の繁栄の水準を切り下げることを意味するだろう——のいずれかの道がとられるだろう。その上にどちらの道がとられようと、環境に関する真剣な行動は不可避的に地球規模の利潤の余地を減少させるだろう（環境浄化運動はそれ自体が資本蓄積の源泉となるであろうにも拘わらずである）。この北側がコストを引き受けるという考えを仮定して、また日米共同統治とECの鋭い競争という脈絡を仮定した場合、わたしたちは再生過程におけるかなりのごまかしとそれゆえ効果のなさを予期することになろう。いずれにせよわたしたちは、第一か第二の成り行きに戻ることになる。

第六の相違点は、世界システムの一世紀を越える長期的傾向のなかで、地理的拡張と脱田園化という二つの漸近線が伸びていくことに関係する。資本主義世界経済は、理論上は、すでに一九〇〇年までに全地球を包含するまでに拡張した。しかしながら、全地球を包含するまでに国家間システムが到達したというのが本来正しかったのである。商品連鎖の生産ネットワークがそこに到達したのは、一九四五年から六七／七三年の期間になってはじめてだというのがあたっている。しかし今では、両方とも正しい。資本主義世界経済は四〇〇年にわたって、等しく脱田園化の過程を経験してきた（ときにそれは、正確ではないが、プロレタリア化と呼ばれる）。そして最後の二〇〇年間、その過程は加速してきた。一九四五年から六七／七三年の間にこの過程は素晴らしい飛躍をみた――西欧、北米、日本は完全に、そして南側は部分的だが顕著に脱田園化した。おそらく二〇〇〇年から二〇二五年の間に、この過程は完成するだろう。

資本主義世界経済が新しい地理的領域へ拡張する能力は、歴史的には利潤率を維持し、したがって資本蓄積を維持する決定的要因となってきた。これは、労働者階級が職場と政治の両面で、結合して成長したことから引き起こされた、忍び寄る労働コストの上昇に対して、本質的な対立物となってきた。もしも今、剰余価値の保有部分を増大させる政治権力か職場権力のどちらかをまだ獲得していないような、補充可能な新しい労働者層がもはや存在しないならば、その結果として、エコロジー的枯渇によって引き起こされる資本蓄積の締め付けと同種のことが起こるだろう。いったん地理的制限に達して人口が脱田園化すると、コスト削減の政治的過程に必然的に伴う困難が非常に大きくなり、貯蓄は実際には達成されなくなる。生産の実際のコストは地球的規模で上昇し、それゆえに利潤は低下するにちがいない。

第七番目の相違点は、次のコンドラチェフ波A局面と、この前のコンドラチェフ波A局面との間にある。それは南側の社会構造と政治的風土とに関係している。一九四五年以来、南側における中間階層の比率が顕著に増大した。それまでは法外に小さかったのでこのような比率の増大は困難ではなかった。たとえ人口のうちほんの五パーセントから一〇パーセントに達したとしても、そのときには比率では二倍になり、人口増加があるとすれば絶対数では四倍から六倍になるといえよう。これが世界人口の五〇パーセントから七五パーセントであるならば、わたしたちは非常に大きな集団について話していることになる。この人たちが、最小限の権利を与えられていると感じるほどの消費水準を保障する費用は、目をみはるほどに高くなるだろう。

つけ加えて、これらの中間階層あるいは地方幹部は全般的に、一九四五年から六七／七三年の時代の脱植民地化の活動のために非常に忙しかった。このことは、一九四五年の時点で植民地だった南側の地域（ほとんど全アフリカ、南および東南アジア、カリブ海地域、そして雑多な他の地域）に住んでいたすべての人々にとって明らかにあてはまることだった。それはまた、心理的な色合いで言えば、脱植民地化に匹敵する多様な形態の「革命的」行動が起こった「半植民地」（中国、中東地域、ラテンアメリカ、東欧）に住む人たちにとっても、ほとんど同様にあてはまることだった。ここで、これらの運動すべての存在する意味、または質を評価する必要はない。これらの運動の二つの特徴を観察すれば十分である。それらは多数の人々の、とりわけ中間階層のエネルギーを消費した。そしてこの人たちは政治的楽観主義でみなぎっていた。それは独自の形をとっていて、次のようなエンクルマ〔一九〇九―七二年。ガーナの政治家で一九六〇年から一九六六年の間は大統領であった〕の簡潔な言葉によく要約されている。「汝ら、まず政治的な王国を築け、そうすればすべてがあなたがたについてくるだろう」。実際には、このことは南側の中間階層（潜在的な中間階層）が、その弱い経済的地位に多少は耐える覚悟があるということを意味した。つまり彼らは、最初の三〇年くらいの間に政治的権力を獲得すれば、彼らまたはその子どもたちが次の三〇年の間に経済的な報いを得るだろうと確信していたのである。

二〇〇〇年から二〇二五年の期間には、これらの幹部の心を占領し、その楽観主義を維持させるようないかなる「脱植民地化」もないのみならず、その経済的状況は上にあげた種々の理由（中国／ロシアへの集中、南の幹部の数の拡大、中間階層を削減しようとする世界的な努力）からほとんど確実にさらに悪くなるだろう。かれらのうちの幾らかは、北側に逃亡（つまり移民）するだろう。このことは、より厳しい状態のままでいる人たちの窮状を生み出すにすぎないだろう。

第八番目の相違点、つまり、前回と次のコンドラチェフ波A局面の間の、最終的でもっとも重大な相違となるのは、純粋に政治的なものであり、それは民主化の伸張とリベラリズムの衰退である。というのも民主主義とリベラリズムとは双子ではなく、たいてい正反対のものだということを忘れてはならないからである。リベラリズムは民主主義に手向かうために案出されたのである。リベラリズムを生んだ問題は、第一に、中核内の、それから世界システム全体内の危険な諸階級を、いかに抑制するかということだった。リベラルな解決とは、無制限の資本蓄積の過程とそれを支える国家システムが脅かされない程度に、政治権力への制限付きの接近と、経済的剰余価値の限定的な分配を保障することであった。

国家レベルでのリベラル国家と世界的レベルでのリベラルな国家間システムの基本的なテーマは、本来、国家による合理的な改良主義であった。十九世紀に中核国家内で発展してきた、リベラル国家の方式である普通選挙権プラス福祉国家は、不思議なくらいによく機能した。それに比較しうる二十世紀の方式は、民族自決権と低開発諸国の経済開発という形で国家間システムに適用された。しかしそれは、(たとえばブラント委員会が唱道したような)世界的レベルの福祉国家を生み出すことができないためにつまずいた。というのもこれは資本による資本蓄積の基礎過程を侵害することなしには、達成できなかったからである。その理由はかなり単純だった。中核国家内で適用された方式が成功するかどうかは、隠された変数、つまり反「南側」的人種主義と結びついた南側の経済搾取に依拠していたからである。世界的レベルではこの変数は存在しなかったし、論理的には存在不可能だった。[4]

そのことが政治的風潮に対してもたらす結果は、はっきりしている。一九四五年から一九六七／七三年は、グローバルなリベラル改良主義の絶頂だった。つまり東西南北至るところにおいて、脱植民地化、経済開発、とりわけ未来に対する楽観主義が優勢になったのである。しかしながら、脱植民地化が完成した続くコンドラチェフ波B局面では、期待された経済開発は大部分の地域でかすかな思い出となり、楽観主義は消滅した。なおそのうえに、すでに議論してきたすべての理由から、わたしたちは、来るべきA局面において、南側で再び経済開発が前面に復帰することを予期してはいない。楽観主義はこのようにして致命的に掘り崩されてしまったといえるだろう。

同時に、民主化へのプレッシャーは着実に増大している。民主主義は基本的には反権威であり、反独裁主義である。それはあらゆるレベルの政治過程における平等な発言権と、社会経済的な報酬システムにおける平等な参加の要求である。この要求を押し通すことに対する最大の抑制力となってきたのは、合理的改革によって着実な改善が必ず達成しうるという約束を持ったリベラリズムなのである。今すぐに平等を実現せよという民主主義の要求に対して、リベラリズムは遅ればせの希望を提供する。これは、単に、世界の支配階級の中の啓発された（より強力な）半数の人たちのテーマであるのみならず、伝統的な反システム運動（「旧左翼」）のテーマでもあった。リベラリズムの柱となるのは、それが提供する希望であった。（「太陽の中の干しぶどう」のように）夢がしぼむに応じて、イデオロギーとしてのリベラリズムは崩壊する。そして危険な諸階級は再び危険になる。

そこで、これが、およそ二〇〇〇年から二〇二五年頃の次のA局面で、わたしたちが進むと思える場所である。それはある点では、すばらしい拡張期として現れるだろうが、他の点では非常に苦々しいものとなるだろう。これが、平和・安定・正統性に欠けるとわたしが予測する理由である。その結果は「混沌」の到来だろうが、それは単に累積効果を持ったシステム内の通常の変動の拡大にすぎない。
わたしは一連の事態が生じると信じるが、それらはなんら新しい現象ではない。異なるかもしれないのは、そうした事態の突出を制限し、そしてシステムをある種の均衡に戻す能力がなくなることだろう。問題は、この突出が一般化するのを制限する能力が、どの程度まで欠けているのかということであろう。

一　国内秩序を維持するという国家の能力は多分低下するだろう。国内秩序の程度は常に変動していて、B局面は周知のように困難な時期である。しかし全体としては、システムにとって、そして四〇〇年から五〇〇年以上にわたって国内秩序は着実に増大してきた。これは「国家の地位 stateness」が上昇した現象と呼んでいいだろう。

もちろん最近一〇〇年の間に、資本主義世界経済内の帝国の構造（イギリス、オーストリア・ハンガリー、ほんの最近ではソ連／ロシア）はすべて崩壊した。しかし注目すべきことは、むしろその境界内にいた人々から市民 citizenry を生みだした国家の歴史的構造である。そうした国家としてイギリス本国 metropolitan Great Britain とフランス、アメリカとフィンランド、ブラジルとインドがあり、そしてまたレバノンとソマリア、ユーゴスラヴィアとチェコスロヴァキアがある。後者の解体または崩壊は、「帝国」の崩壊とはまったく異なるものである。

ひとは周辺地域における国家の地位の没落を予期できるものとして、あるいは地政学上は無意味なものとして片づけてしまうかもしれない。しかしそれは、一世紀にもおよぶ長期の傾向に逆らうものであり、あまりにも多くの国家における秩序の崩壊は、国家間システムの機能に対する重大な負担を生み出すことになる。しかしながらそのことは、中核地域における国家の地位の弱体化を予期するものであり、もっとも脅威となるものである。そして上述したようなリベラルな制度的妥協が無効になっているということは、そのような国家の地位の弱体化が現に起こりつつあることを示唆している。そうした国家には安全と福祉という政治的に合流不可能な二つのものに対する要求が殺到する。その結果、安全と福祉のたえざる民営化が生じて、ある方向へとわたしたちを動かしてゆく。しかしそれは五〇〇年の間にそこからわたしたちが脱出してきた方向である。

二

国家間システムもまた数百年の間に、ウエストファリアからはじまり「諸国家の協調」を経て、国連とそのメンバーを構成するまでに、より構造化され調整されて成長してきた。わたしたちは、機能的な世界政府に向かってゆっくりと進んできていると暗黙に仮定してきた。ブッシュは浮かれた気分で、それが「新世界秩序」としてすぐに実現すると宣言したが、それは皮肉な応援を受けた。それどころか「国家の地位」への脅威と改良主義的楽観主義の消滅は、その基盤がいつも相対的に弱体な国家間システムをぐらつかせた。

現在、核拡散は南北間移民の拡大と同様に不可避であり、南北間移民の拡大と同様に急速に進むだろう。ほんらいそれは破滅的なものではない。中規模の強国は、多分大きな規模の強国と同様に「信頼できる」。実際それらの諸強国は、報復をより多く恐れているがゆえに、かえって慎重になるだろう。それでも国家の地位が低下し技術が進歩する程度に応じて、地域的戦術核戦争にむかって、徐々にエスカレートしていくのを抑制するのは困難だろう。

イデオロギーが国家間抗争の説明としては価値がなくなるにつれて、ゆるやかに連合した国連の「中立性」は一層疑わしくなる。「平和を維持する」という国連の能力は、実際のところ制限されているので、そうした雰囲気ではその能力は増大するよりはむしろ低下する。「人道主義的干渉」への呼びかけは、文明化的な正当化を装った十九世紀の西欧帝国主義の単なる二十一世紀版としてみられるようになるだろう。（北朝鮮がＩＡＥＡ〔国際原子力機関〕に対して示唆した方針に続くような）名ばかりは普遍的な組織からの脱退が、多数の脱退がありうるだろうか。わたしたちは対抗する組織の構築を経験するだろうか。その可能性もないとはいえない。

三

もし、国家（そして国家間システム）が効力を失いつつあると思えるようになってくるとすれば、人々は防御のためにどこに頼るだろうか。すでにその答えは明らかである。人々は「諸集団」に頼るだろう。この集団には、エスニック〔少数民族の〕／宗教／言語集団、ジェンダー〔性差〕あるいは性的嗜好による集団、多様な特性の「マイノリティー」などと多くのラベルを貼ることが可能である。これもまた何ら新しいことではない。新しいのは、そのような集団が、市民権や、（たとえ不平等にランクづけされるとしても）多くの集団を当然のこととして抱えている国家への参加に対する、一つのオールタナティヴとして考えられるようになったその度合いの大きさである。

それは信頼の問題である。無秩序な世界、大きな経済的な不安定と不均衡の世界、未来がまったく保証されていない世界において、誰を信頼したらよいだろうか。過去には多数派は、それは国家だと答えたものだった。これこそが国家の正統性の意味していることである。つまり、たとえそれが現存の国家に関してではなくとも、少なくとも近い将来に(!)創造(あるいは改造)しうる国家の正統性という語の意味することである。国家は拡張的で発展的なイメージを持っていた。それに対し集団は防衛的で恐ろしいイメージを持っている。

同時に(そしてこれは明らかに皮肉だが)、これら同じ集団もまた、民主化という現象の所産である。そして、リベラルな改革が蜃気楼であったがゆえに国家は失敗してきたと認識したことの所産である。なぜならば国家の「普遍主義」は、実際には弱者層の多くを忘れるか、抑圧することを意味していたからである。こうして集団は、強化された恐怖と失望の所産であるのみならず、平等主義的意識昂進の所産でもある。こうして集団は非常に強力な集合点となる。その政治的役割がまもなく消えるだろうと想像することは難しい。しかしその(平等主義的だが、しかし内部中心的な)自己矛盾的構造を考慮すれば、この集団の役割の拡大は、結果としてたいへんな混乱につながるかもしれない。

四

それではどのようにわたしたちは、そのような「集団主義」の一種の派生物である南‐南戦争や北側における少数派間の抗争の拡大をおさえられるのか。そして誰が、道徳的かつ軍事的に、そのような沈静化をはかる立場にいるのか。とりわけ、激しいがほぼ均衡している、北側同士(日米対ＥＣ)の競争という事態が予測されるときに、誰が自らの資源を、そのために投資する用意があるだろうか。あちこちで何らかの努力がなされるだろう。しかしイラン－イラク戦争でそうだったように、また旧ユーゴスラヴィアやコーカサスや、実にアメリカのゲットーにおいてすらそうであるように、世界はそれを傍観するだろう。このことは、同時に起こる南側同士の抗争の数が増大すること以上に間違いないことだろう。

さらに一層深刻なのは、軍事的衝突の長期戦略の一部として、北側によってではなく、南側によって着手され、しかも意図的に着手される南北間の小戦争を、誰が制限できるだろうかということである。湾岸戦争は、この過程の終わりではなく始まりだった。アメリカは戦争に勝ったと言われている。しかしどれほどの大きな代償を払っただろうか。ほんの小さな戦争費用支払いのためにも、他国に財政的に依存していることが暴露されるという代償だろうか。無条件降伏にほど遠い、非常に限定された目的を設定した代償としてだろうか。ペンタゴンに「勝利し、踏みとどまり、勝利する」という将来の世界軍事戦略を議論させる代償としてだろうか。

ブッシュ大統領とアメリカ軍は、多量の生命（あるいはお金）の支出なしに彼らの限定的な勝利が得られるかどうかの賭けをした。賭けは始まったが、しかしペンタゴンにとっては無理な冒険をしないことが賢明であるように思われる。もう一度言えば、アメリカが、いや北側の連合軍ですら、どのようにして同時にいくつかのペルシャ湾岸「危機」を扱いうるかを想像することは難しい。そして世界経済の型と、二〇〇〇年から二〇二五年にかけてわたしが想定した、進展する世界の社会構造の型が仮定されるならば、そのような多様で同時的なペルシャ湾岸「危機」が起こらないなどと大胆に言える者がいるだろうか。

五

過小評価すべきでない混沌に関する最後の要因がある。それは新しい黒死病つまりエイズのことである。エイズが世界的に流行していることの原因究明は、なお大きな論争となっているテーマである。しかしそれは大した問題ではない。なぜならエイズのせいですでに一つの過程が進行してしまったかもしれないのだから。つまりエイズのせいで、今やその流行を止められない新たな死の病である結核結節TBがよみがえってきたからである。次は何が来るのか。この病気の広がりは資本主義世界経済の長期パターンを逆転させる(それは国家の地位の成長と国家間システムの強化のパターンを逆転させることに対応している)のみならず、国家機関に重荷を負わせて、さらに相互不寛容の雰囲気を煽ることによって、将来の国家の地位の一層の衰退をもたらす。この衰退が今度は新しい病気の蔓延をもたらす。

理解の鍵は、世界的な流行病の広がりによって、どの変数がもっとも影響をうけるかについて予測できないということである。それは食料消費者を零落させるが、しかしまた食料生産者をも零落させる。それは潜在的な移民の数を減少させるが、しかし労働不足と移民の必要性を増大させる。あらゆる場合に、どの変数がより多く影響を受けるだろうか。わたしたちはそれが終わるまではわからないだろう。これは単に、分岐〔バイファケーション〕の結果が不確定であることの一例にすぎない。

そして以上が第二の時間枠のイメージである。つまり混沌の時代にはいることである。第三の時間枠のイメージはそこで生み出される結果および新しい秩序である。ここではもっとも簡潔に述べることができる。というのも、それがもっとも不確実なものだからである。混沌とした状勢とは、見たところは逆説的だが、もっとも人間の干渉を考慮しやすい状勢だということである。混沌の時代の間にこそ、相対的な秩序（相対的に決定された秩序）の時代とは違って、人間の干渉が重要な差異を生み出すのである。

体系的で建設的なヴィジョンの潜在的な仲介者は存在するだろうか。わたしは二つ存在すると思う。一つは、復活した階級制度と特権とを持った夢想家、貴族社会への永遠の情熱の保持者である。集団組織を持たないが個々に強力な人たち――「支配階級の行政委員会」は決して会合を開かなかった――は、すべてが管理されていないことに気づいているがゆえに、システム危機の間には、（たとえ連帯してではないとしても、その時には縦並びで）行動する。その点で彼らは「何も変わらないためには、すべてが変わらなければならない」というラーンペドゥーザ原則 the Lampedusan principle〔イタリアの小説家 Tomasi di Lampedusa［一八九六―一九五七年］の言葉からとったもの〕に基づいて進む。彼らが創案し世界に提供するものを知るのは難しい。しかしわたしは、彼らがそうする知性と洞察力を持っていると確信している。いくつかの新たな史的システムが提供されるだろう。彼らは世界をそのシステムの方向に推し進めることができるかもしれない。

二つめは、彼らに反対する民主主義と平等（この二つの概念は切り離せないとわたしは思う）の夢想家たちである。その夢想家たちは一七八九年から一九八九年の期間に、反システム運動（三種類の「旧左翼」）の形で登場した。その組織の歴史は、巨大な戦術的成功と巨大な戦略的失敗の歴史であった。長期的には、これらの運動はシステムを掘り崩すというよりは、持続させることに役立った。

問題は、そこで新たな反システム運動の一群が、新たな戦略をもって現われるかどうかということである。それも二〇〇〇年から二〇二五年の期間にラーンペドゥーザ的な結果をもたらさないような、大きな影響力を持つほどの強さと柔軟さとをもった戦略をもって現われるかどうかということである。彼らは生成することはもちろん、まして生き残り、勝ち抜くほどの柔軟さを持つことに、失敗するかもしれない。

こうしてわたしたちは、分岐の後、たとえば二〇五〇年または二〇七五年の後については二、三のことに確信が持てるだけである。わたしたちはもはや資本主義世界経済の中には生きていないだろう。そのかわりわたしたちはある新しい秩序、または諸秩序のなかに、ある新しい史的システム、または諸システムの中に生きることになるだろう。そしてそれゆえに、わたしたちは多分もう一度、相対的平和、安定、正統性を知ることになるだろう。しかしそれは、これまでわたしたちが知っている平和、安定、正統性より良いものだろうか、それとも悪いものだろうか。そのことについては知り得ないと同時に、それがどうなるかは、わたしたちの力にかかっているのである。

3 アフリカと世界にはどのような希望があるか

「希望が崩れるにつれて、怒りと冷笑癖が（アメリカの）有権者のなかに湧き出ている。」
（『ニューヨーク・タイムズ』一九九四年十月十日）

一九五二年、それはダカールで、わたしが最初にアフリカに足を踏み入れたときであるが、わたしは植民地時代の最後のときを迎えていたアフリカと、そして民族主義的運動が登場し急速に至るところで全盛期を迎えていたアフリカと接触したのである。わたしは全住民が、とりわけ若い人たちが、楽観的で未来が輝いてみえることに確信を持っているアフリカと接触したのだった。彼らは植民地主義の弊害について怒り、植民地列強の、より一般的には、西欧の約束に疑いの目を向けていたが、自分たちの世界を再形成する自らの能力を信じていた。何よりも彼らは、どんな種類の保護からも自由になり、自ら政治的決定をし、公共サーヴィスのために自分たち全員が参加し、諸国民の世界政治組織に完全に参加することを熱望していた。

一九五二年にそうした感情を持ち、そしてまさしく正当な分け前を得るだろうという期待を持っていたのは、アフリカ人だけではなかった。民族自治 national autonomy を回復するという要求は、わたしたちが集合的に第三世界として表すものに共通のものだった。たしかに、同種の感情はヨーロッパの人々にも広がった。そして多分とりわけ、生活がそれまでそれほど良かったとは思えないアメリカにおいてさえ一般的な楽観主義が共有されていた。

この一九九四年にいるわたしたちには、今の世界は、まったく異なって見える。アフリカの年である一九六〇年は、はるか昔のように思える。国連開発の数十年は、つまらない冗談のように思える。そしてアフリカのペシミズムという言葉は、わたしたちの辞書では、新しく、そして乱用される言葉である。一九九四年二月に『アトランティック・マンスリー』は、アフリカに関する記事を掲載して、広範な評判を得た。そのタイトルは「来るべきアナーキー」であり、副題は「どのように飢饉、犯罪、過剰人口、同族意識、病気が急速にわたしたちの惑星の社会組織を破壊しつつあるのか」というものである。

一九九四年五月二十九・三十日の『ル・モンド』は、一面に「ナイジェリアの略奪された博物館」というタイトルの論文を掲載した。通信員はこの論文を際立った比較から始めている。

あつかましい泥棒たちが、デルフォイの「戦車の御者」か、ボッティチェリの「春」を持って逃れることに成功したと想像してみよう。そうした手際は、全世界のテレタイプの音を響かせ、

CNNのゴールデンアワーの少なくとも六〇秒は占拠するだろう。一九九三年四月十八―十九日の夜の間に、何者かがナイジェリアのイーフェにある国立博物館のコレクションから一二の珍しい作品――一〇のテラコッタ製の人間の頭部と二つの青銅の頭部――を盗んだ。それらはアフリカの彫刻の傑作に入るものとして認められている。一年以上たってもそれらは発見されなかった。泥棒たちはまだ自由の身である。そして二、三の専門家は別として、人類のその他の部分は（ナイジェリアの大衆のことをいうのではない）、こうした事が起こったことを知りすらしない。

そして、一九九四年の六月二十三日に『ロンドン・レヴュー・オブ・ブックス』で一人の評論家がバージル・デイヴィッドソン Basil Davidson の最近の著書にコメントを加えた。その評論家がいうには、デイヴィッドソンにとってアフリカは、「希望の大陸」として存続しているという事実があるのに、その彼さえ「独立という失敗だった約束」について陰気な絵を書いている、と。その評論家は、デイヴィッドソンが「希望の兆候のある道を見つけた」かどうかは、「非常にあいまいだ」と付け加えた。そして次のような評価で締めくくっている。デイヴィッドソンの本では「盗みの政治 kleptocracies、独裁、脱線した解放運動のなすがままに――ときにはこれら三つすべてのなすがままに――なっている非常に多くのアフリカ人に対しては、慰めなどとんでもないということになる」と。

さてこれでわたしたちは、一九五七年（ガーナの独立）と一九六〇年（一六のアフリカ諸国が独立したが、しかしまたコンゴ危機の年でもあることを忘れてはいけない）および一九六三年（アフリカ統一機構 OAU の創設）の素晴らしい日々から、一九九四年――それは世界の報道で、アフリカに関して少しでも何かを聞くかぎりでは、わたしたちが新聞から知るのは、ソマリアは、氏族 clan〔擬制的血族集団〕間で反目しあっている将軍の国であり、ルワンダは、フツ族とツチ族が相互に虐殺しあっている国であり、アルジェリア（かつては誇り高く英雄的なアルジェリア）はイスラム集団が知識人を滅ぼす国であるというような時期である――までのことがわかった。たしかに、少しは素晴らしいニュースもあった。南アフリカは、アパルトヘイトから全市民が選挙できる国家へと予期せぬ平和的な転換を成し遂げた。わたしたちはみんなこれを賞賛し、新しい南アフリカは倒れないだろうという望みを肯定する。しかしわたしたちはまた息を殺してもいる。

希望に満ちていた大陸が、外部のものによって（そして実際には多くの自分たちの知識人によって）、ほとんど十九世紀の論説で使われていたのと同様に、否定的な言葉で描かれるようになったということは、何が三〇年間に起こったためなのか。直ちに言及すべき事柄が二つある。第一に、アフリカについての否定的な地政文化的描写は、新しいことではないということである。それらは少なくとも五世紀の間、つまり近代世界システムの歴史を通じて、ヨーロッパ人がアフリカを見つめた様式に回帰することである。一九五〇年代と一九六〇年代に世界が用いた楽観的で肯定的な言葉は、例外的で一時的なものに思える。第二に、一九六〇年と一九九〇年の間に変化したのは、アフリカではなくて、世界システム全体だということである。まず第一に、過去五〇年間に世界システム全体に何が起こったのかを分析してはじめて、わたしたちはアフリカの状態あるいはその可能な軌道について、真剣になにかを評価できるだろう。

一九四五年の枢軸側列強の敗北は、一八七〇年代に衰退が始まっていたイギリスを継承して覇権国家になるためのアメリカとドイツの間の長期の抗争――一種の「三十年戦争」――の終わりを示した。アフリカ植民地の取得いわゆる争奪戦は、イギリスがもはや一方的に世界秩序と世界商業のルールを作ることができなくなったときに、前面に登場した列強間の対抗の副産物であった。周知のように、アメリカはこの三十年戦争に「無条件に」勝利して、一九四五年には、その巨大な生産装置をもって世界システムでは他に比肩するものがなかった。この生産装置は当時もっとも実力を持っていたばかりではなく、（戦時の破壊から免れたために）唯一物理的に完全なものであった。つぎの四分の一世紀の物語は、世界の三つの地理的な闘技場〔アリーナ〕――アメリカはこれをソ連圏、西欧、第三世界と名づけるようになった――における適切な手段を用いてのアメリカの覇権強化の物語だった。

経済的闘技場において、アメリカは身近な競争者の前では問題なく傑出していたが、軍事的闘技場ではそうではなかった。そこではソ連は（いってみれば、どの点でも充分アメリカの力に匹敵することはなかったけれども）第二の超大国だった。付言すればソ連は、マルクス＝レーニン主義の形をとって、支配的なウィルソン主義的リベラリズムに対抗するイデオロギーを具現化するものとして現れたのだった。

しかしながら、イデオロギー的水準ではマルクス＝レーニン主義は、純粋なオールタナティヴというよりは、ウィルソン主義的リベラリズムの一変種となってしまった。二つのイデオロギーは事実上、地政文化に関する基本的な仮定に共通の関わりを持っていた。彼らは少なくとも六つの主要なプログラムと世界観に同意した。もっともときに彼らは、この同意をわずかに違った言葉で表現したのではあるが。(1) 彼らは民族自決権の原則を支持した。(2) 彼らはあらゆる国家の経済開発を擁護した。それは手の届かない繁栄と平等とならんで都市化、商業化、プロレタリア化、工業化を意味するものであった。(3) 彼らはあらゆる人々に平等に適用できる普遍的価値の存在を信じると断言した。(4) 彼らは技術進歩の唯一合理的な基礎として（本質的にニュートン学説の形をとった）科学知識の妥当性への信頼を確言した。(5) 彼らは人間の進歩は不可避的で望ましいし、そうした起こるべき進歩のためには強力で安定し集権化した国家がなければならないと信じた。(6) 彼らは人民の支配としての民主主義に対する信念を表明した。しかし彼らは、合理的で改革的な専門家が基本的な政治決定を事実上委ねられるような状態として、この民主主義を規定した。

この潜在的なイデオロギー的協調は、ヤルタの約定による世界の権力の分割を非常に容易にするほどまでに行われていたが、それは基本的には以下の三つからなる。(a) ソ連は、（修辞的とは反対の意味で）現実的な要求を事実上はその地域のみに限定するという条件で、東欧の私有の狩場 a chasse gardée において、（約定のさらなる修正によって、分割された朝鮮半島と中国でも）事実上の宗主権を持つことができた。(b) 両陣営はヨーロッパにおける戦争を完全になくすことを保証する。(c) 各陣営は現存の地政学上の秩序に根本的に反対する集団(アメリカ地域では「急進主義者」、ソ連地域では「冒険主義者」と「民族主義者」)を抑圧できるし、抑圧する。この同意は、イデオロギー的抗争を、そして華やかな虚勢をもって指揮される抗争ですら、不可能にしたり受け入れがたいものにしたりすることはなかった。逆にそれは、イデオロギー抗争をあえてしたり鼓舞しさえした。しかしこのイデオロギー抗争は、一方あるいは他方の大国がその対象とした範囲外へ全面的な軍事介入をしなければ、厳しく限定して行われるべきものであった。もちろんこの戦時同盟を「合法的に分離」するさらなる要因は、ソ連がその復興に際してアメリカからいかなる種類の戦後経済援助をも期待しないということであった。その復興は自力でなされた。

ここは冷戦の歴史を振り返るところではない。一九四五年と一九八九年の間に、(ここで概略示されたような)協調が、本質的に注意深く守られたということを記しておけばじゅうぶんであろう。その約定が、二つの超大国の直接的支配外の諸勢力によって脅かされそうに思えるときには、彼らはこれらの勢力を抑制しその暗黙の協調を回復しようと努めた。アフリカにとって、このことが意味することは単純だった。アメリカとソ連は一九五〇年代末までには、普遍的価値を理論的には追求するということを掲げていたので、脱植民地化に賛成するという公式の立場をとっていた。彼らが特定の諸国の異なった政治運動に、隠れた(そして公然とさえも)政治的・財政的援助を与えたことは、実際にはたしかによく見られたことであった。しかしながら、事実は、アフリカはアメリカの内部地域であり、そしてソ連の外部地域だった。それゆえに、一九六〇年から六五年のコンゴ危機と、ポスト一九七五年時代の南アフリカにおける独立後の不安定を画策する試みの際にともにみられるように、ソ連は干渉することを常に厳しく制限した。いずれの場合も、アフリカの解放運動は、ソ連から道徳的援助だけでも得ることができるようになるまでに、またアメリカからはなおさらのことだが、まずは自力で生き延びなければならなかった。

世界の闘技場における主要な同盟者——西欧と日本——に対するアメリカの政策はむしろ率直だった。それは経済的復興を、(明らかにマーシャル・プランを通じて)しっかりと助けることを目指していた。このことはアメリカにとって経済的、政治的に不可欠のことだった。これを経済的に理解することは困難ではなかった。もし生産物に対する消費者がないのであれば、世界経済においてもっとも能率的な実用的機械装置を生産することになんの利益があるだろうか。アメリカの企業は、その生産の主要な外部市場としてはたらく経済的に復興した西欧と日本とを必要とした。他のいかなる地域も、戦後の時期に、この役割を果たすことができなかった。二つの同盟組織——NATO(北大西洋条約機構)と日米安保条約——は、アメリカが世界秩序を維持するために組み立てた構造の中での二つの決定的な、追加的な要因——それは世界にまたがる軍事基地と地政学上の闘技場における一連の自動的で強力な政治的同盟者(それは長い間同盟者としてよりは従者として奉仕した)である——をアメリカに保証した。

この同盟の構造はもちろん、アフリカにとっても、密接な関係をもっていた。西欧諸国は、アメリカの主要な同盟者であるばかりでなく、アフリカにおける主要な植民地列強だった。植民地列強は、自分たちが「内部問題」だと言い張る問題に対して、アメリカがどんな形にしろ巻き込まれることに反対だった。それゆえアメリカは、特にまだ慌てて脱植民地化することは危険だという植民地政府の見方を自らもほぼ共有していた一九四五年から六〇年の期間には、その同盟者を怒らせることを警戒していた。それでも、アフリカ解放運動は無理にピッチをあげることができた。そして一九六〇年までに「アフリカ解放の急降下」はすでにその半ばまで完成した。一九六〇年という年はターニング・ポイントである。というのもこの「急降下」は今やコンゴに達し、こうして政治的・経済的に脱植民地化に対する中核的抵抗地域、つまり南アフリカの鉱山業をもった開拓移民の地域にまで到達した。いわゆるコンゴ危機が勃発した。一年のうちにはコンゴ内部のみならず、独立したアフリカ諸国内でも、また実際には全世界で、二つ（事実上は二つ半）の陣営ができた。わたしたちはみんなその結果を知っている。ルムンバは暗殺され、ルムンバ主義者は弾圧された。チョンベのカタンガもまた鎮圧された。モブツ大佐はザイールを統轄するためにやってきて、まだそこに留まっている。コンゴ危機はまた、アフリカにおけるアメリカの地政学上の位置を変化させた。その後アメリカはいかに重要な点においても、もはや旧植民地列強には従わないことを決定して、アフリカで直接的な役割を演じるようになった。

一九四五年以後の植民地世界で、（より一般的には非ヨーロッパ世界で）起こるだろうとアメリカが望んでいたシナリオは、民族主義者という信任状をもったいわゆる漸進的なリーダーで、資本主義世界経済の商品連鎖の中にその国を巻き込み続け、またそれを増進するために働くようなリーダーを強化する、ゆるやかで穏やかな政治的変化だった。ソ連の公式的な立場は、「社会主義」を志向するような進歩的勢力の権力への到達に賛成するというものだった。実際には、わたしたちがすでに述べたように、ソ連はそのような勢力を援助することに不熱心だった。そのことは、ソ連が一九四五年に中国共産党に対し助言をわざと遅らせたこと、アルジェリアの独立運動の援助に長い間手間取ったこと、そしてまさに一九五九年までキューバ共産党がバティスタに与えた援助を見れば理解できる。

アメリカもソ連も、当時、ヨーロッパ外の世界での民族解放運動の激化を期待していなかった。たしかにあらゆる種類の急進的な民族主義的反乱は――マラヤ、フィリピン、イランにおいて、またマダガスカル、ケニア、カメルーンにおいて、さらに南北アメリカの多数の諸国において――鎮圧された。しかしながら、そのような反乱が鎮圧されたところにおいてさえ、それらは脱植民地化のカレンダーを前進させた。

そして四つの諸国では、解放戦争が非常に強く、ついには勝利して主要な影響を残したのであった。それらの諸国とは中国、ヴェトナム、アルジェリア、キューバであった。この四つのいずれの場合も、その運動は、アメリカが定めソ連も暗黙のうちに是認したようなゲームのルールの受容を拒絶した。

その詳細は、各々の場合で異なっている。それは地理、歴史、国内社会勢力の配置が異なっているせいである。しかし四つの運動すべてがある特徴を共有している。(1) 彼らは世界システムの諸列強に、その政治的自治追求の激しさによって、その権力獲得を認めさせた。(2) 彼らは近代性と国民的発展の信念を宣言した。(3) 彼らは社会的転換の必要な前提条件として国家権力を追求した。そしていったん権力を持つと、彼らは自らが組み立てた強力な国家の大衆を用いて完全な正統性を獲得しようと努めた。(4) 彼らは自らが歴史的進歩の波に乗っていることを確信していた。

一九六五年までに、バンドン精神が世界を征服したように見えた。民族解放運動は、南アフリカを除いて至るところで権力を握った。そして南アフリカにおいても同様に武装闘争が始まった。どうにも、それは予想外の状況だった。なおその上にアメリカは決して状勢をコントロールしているようには見えなかった。さらに反システム運動は、決してそれほど強いようには見えなかった。それは台風の目の中に入ったような静けさだった。アフリカに早期の警告信号があった。一九六五年という年には、ガーナのエンクルマやアルジェリアのベンベラのようないわゆるカサブランカ・グループ、つまりより「軍事的」な国家の集団の象徴的な人物の幾人かが倒れるのが見られた。それはまたローデシアの移住者が、一方的独立宣言を発した年でもあった。そしてアメリカでは第一回のヴェトナム・ティーチインの始まった年であった。一九六六年に中国文化大革命が始まった。一九六八年という重大な年が視野に入ってきていた。

一九六八年初期のテト攻勢は、アメリカがベトナムで勝つ能力がないということの前兆となった。

二月にマーチン・ルーサー・キング・ジュニアが暗殺された。そして四月には世界的な一九六八年革命が始まった。三年以上にわたって、それは至るところで、北米、ヨーロッパ、日本で、また共産主義世界で、そしてラテンアメリカ、アフリカ、南アジアで起こった。たしかに、それらの地域の示威運動はそれぞれに異なっていた。しかし二つの共通点があり、それがこれらの多様な反乱を世界的事件にしたものだった。第一は、アメリカの覇権に対する敵対(ヴェトナムでのアメリカの役割に反対することで象徴化された)と、(「二つの超大国」というテーマで喚起されるような)ソ連とアメリカのなれ合いに対する敵対であった。第二は、いわゆる旧左翼——その内の三つの主要な変種は、西欧の社会民主主義政党、共産主義政党、第三世界における民族解放運動である——に対する深い幻滅であった。一九六八年の革命家は、旧左翼を反システム的には不十分で、無力なものと見た。一九六八年の革命家たちにとって旧左翼は、実際には、アメリカよりはるかに悪い、この騒動の一番の悪役だったと言えるかもしれない。

政治的事件としては、一九六八年の世界革命は、すばやくぱっと燃え上がり、その後消えた。一九七〇年までには、大部分毛沢東派という形でだが、その残り火があったにすぎない。それでも革命は持続的な影響を残した。それはリベラリズムを、その左派とその右派との両方に強い力を持つ闘技場における単なる競争的イデオロギーと見なした上で、改良的で中道的なリベラリズムを地政文化の統御イデオロギーとして正統であるとは認めなかった。それは社会的転換の道具としての国家への関心を至るところで失わせた。そしてそれは特にそうした楽観主義の最後の化身、その一時的な華々しい担い手が消えたときには、進歩の不可避性に対する楽観主義を破壊した。気分は変化した。

一九六八年の事件は、世界経済がちょうど今日なおわたしたちがいるコンドラチェフ波のB局面の下降に入ったときに起こった。資本主義世界経済の歴史において繰り返し起こったように、主要部門の高い利潤率はもう一度、終わりを迎えた。それは主として、高利潤に引き寄せられ、通常半周辺国家の政府が支持する新たな生産者が市場へ絶えず参入することによって、二、三の企業の相対的独占が掘り崩されたせいである。生産活動からくる世界的な利潤率の鋭い下落は、予期されたように、主要部門の所在地における生産の減退と失業とをもたらした。続いて周辺地域から来る輸入原料の購買の減少が生じて、さらには低い労働コストをもとめての産業の半周辺地域への再配置が続いた。中核地域における諸国家間の負の重荷を相手に押しつけようとする鋭い競争が起こって、生産における利潤追求から財政的（投機的）活動での利潤追求へと、投資家の重大な変化が生じた。

この特有のB局面において、経済停滞に世界の目を向けさせた（しかし決して停滞の原因だったとは言い難いが）、二つの大きな事件は、一九七〇年代におけるOPEC（石油輸出国機構）の石油価格の値上げと一九八〇年代の債務危機だった。もちろんこの二つの事件は、一般には南側に対して、とりわけアフリカに対して特に否定的な結果をもたらしたのであった。そのことの持つ意義を調整に関する政治・経済的メカニズムとして議論する価値はある。

一九七三年に石油輸出国機構つまりＯＰＥＣ――それは一〇年以上もの間休眠状態で曖昧な存在だったが――が突然華々しい値上げを公表した。この事件に関して幾つかのことに言及しよう。石油価格は、世界生産が拡大していたコンドラチェフ波Ａ局面の間を通じてずっと目立って低かった。石油生産者が価格を、それも少額とはいえないほど切り上げたのは、世界経済が困難になり始め、生産者が至るところで価格を下げたり、コストを切り詰めて狭い市場で彼らの生産物を売る方策を探し始めたまさにそのときだった。この結果は、もちろん、世界のほとんどすべての産業過程の生産物のコストを上げることになった。というのも石油は、こうした生産のほとんどすべての直接的、間接的な構成物だからである。

そうした行為の理論的根拠は何か。それは世界の剰余価値の分配を、自分たちに有利に変更するために、経済的に弱体化していた西欧世界を利用しようとした、石油輸出諸国によるサンジカリズム的行為だったと言えるかもしれない。これはアルジェリアやイラクのように、当時政治的に急進的だった政府を抱えていたＯＰＥＣのメンバーが、なぜそうした行為に突き進んだのかを説明するかもしれない。しかしなぜアメリカの二つの密接な同盟者――サウジアラビアとイラン（シャーのイラン）が単に行動を共にしただけではなく、現実に共同の値上げのためにＯＰＥＣを協調させようとして先頭に立ったのだろうか。そして、もしもその行動が世界の剰余価値の分配を修正する目的であったのなら、その直接的な結果が、現実には、アメリカの企業集団の手にある世界の剰余価値量を増大させることになったのはどのようにしてなのか。

石油価格を突然にそして急激に上げたときには、何が起こるかを見てみよう。石油への需要を非常にすばやく減らすのは困難なので、幾つかの物の価格が上がるだろう。石油生産者の収入は上昇する、いや実際には急上昇する。そうなるのは販売された石油の量が減るという事実にも拘わらず、それが非常に高価になったからである。販売された石油量の減少は、世界の当面の生産の減少を意味する。しかし一九六〇年代には、かつての主要部門に過剰生産があったという事実があるので、それはほんとうのところはプラスである。このことは実際には、産業労働者の一時解雇をより一層正統化することになるのである。

周辺地域の非産油国――たとえばほとんどのアフリカ諸国――にとっては、石油価格の上昇は非常に厳しい一撃だった。輸入石油の価格は上昇した。その生産において――それはすでに言及したようにほとんどすべての生産であるが――、石油が重要な役割を演じている輸入産業生産物の価格は上昇した。そしてこれは、輸出物の量と単位あたり価格が下がりつつあったちょうどそのときに起こったのだった。もちろん、アフリカ諸国家は二、三の例外を除いて、厳しい国際収支による圧迫という状況に立たされていた。住民は生活水準の切り下げと政府サーヴィスの悪化に直面した。彼らは、一〇年あるいはもっと以前に、成功裏に闘い取った独立が、このような明白な結果をもたらしたことにとうてい満足できなかった。彼らは、特に自分たちのエリートたちの腐敗や高水準の生活の兆候を見いだしたときにはいつでも、それまで強力に支援してきた運動そのものに反抗した。

もちろん石油価格は、アフリカにとってだけ上昇したのではなかった。それはアメリカを含む至るところで上昇した。それは、多くの他の要因によって生み出された長期のインフレ圧力の一部だった。石油価格値上げ（それ自身は世界経済の停滞の原因ではなく結果である）がもたらしたことは、レジスターを使って、世界の剰余価値の著しく大きな部分を吐きださせる大きな回路を作り出すことだった。この収入はどうなっただろうか。そのうち幾らかは産油国によって地代として取られ、ほんの少数者の贅沢な消費を可能にさせた。それはまたしばらくの間、より多くの範囲の市民の所得水準を改善した。それはこれらの諸国家のインフラ改善と、大規模な武器購入を可能にした。後者は、とりわけ一九八〇年代のイラン－イラク戦争のように、生命と蓄積された株式資本のはでな消耗を可能にしたために、社会的には前者ほど有益ではない。しかしこの二種の消費――インフラと武器購入――は商品を輸出している北側の諸国の経済的困難の一部を解決するのに役立った。

それでも石油消費国の消費は、収入のほんの一部の使途を明らかにしたにすぎない。他の大部分はセヴン・シスターズ、つまりもはや石油生産を支配してはいないが、世界的な石油精製と石油配給とを支配し続けている西欧の石油会社の所に行った。彼らは今度は、この法外な利潤の授かりものをどう扱っただろうか。十分に利益の上がる生産の販路がないために、彼らはこの金のかなりの部分を世界の金融市場に投資し、過去二〇年間に及ぶ途方もない通貨の急変動状態を生み出した。

これらの行動のすべてを集めても、世界の剰余価値の集中した金庫を遣い尽くすことはなかった。残余は主にアメリカの、そしてまた西欧の銀行勘定として保持された。銀行の利潤はそこに預けられた金を貸すことから生まれる。銀行は今や、増加した莫大な預金総額を持っていたが、それは新たな生産的企業がコンドラチェフ波A局面におけるときと比べて減速しつつある時点でもあった。銀行は誰に金を貸すことができただろうか。その答えは明らかであるように思える。国際収支で困難に陥っている政府に対してである。それは、ほとんどすべてのアフリカ諸国やラテンアメリカとアジアの大部分、そしてまたほとんどすべての社会主義陣営（ポーランドからルーマニア、ソ連、北朝鮮に至るまで）の政府を意味する。一九七〇年代の半ばに世界銀行は、これらの政府に借款を押しつけて、こうした方法でその貸借勘定を均衡させるとともに、不運な普通の市民の直接的な政治的圧力を、多少なりとも減らす好機をつかんだ。同様の借款は、勘定を均衡させる必要はないが、「開発」事業として理解した（そして誤解した）ことには、しきりに金を使おうとしていた産油国に対してさえなされた。これらの借款は、めぐりめぐって、西欧諸国の輸出物に対する残余の世界の購買力のなさを緩和して、西欧諸国を助けることになった。

西欧諸国の状況も、注意深く分析されねばならない。一九七〇年代と、続く一九八〇年代に何が起こったかを評価する三つの異なった方法がある。第一はこれら諸国がどのようにグローバルにうまくやったかを見ることである。グローバルにはその成長率は、絶対値ではもちろん成長を保ったけれども、一九四五年から一九七〇年頃までのコンドラチェフ波A局面からは、かなり低下した。第二は、その成長率をそれら諸国相互の関係の中で評価することである。ここでわたしたちが見ることのできるのは、アメリカの最良の努力（そして西欧や日本ほど石油輸入に依存していなかったためにOPECの行動から初期に利益を得た）にも拘わらず、変わらぬ短期的な繁栄への反転があったにしても、その経済的立場が、西欧や特に日本との関係で、至るところで弱化したということである。

第三に、剰余価値の国内での分配に関して西欧諸国を評価することである。A局面のパターンは、全体的な所得水準を改良して、極端をある程度収斂させるものだったと言いうるのに対して、B局面のパターンはむしろ国内の収入の両極化を相当に増大させるものだった。少数の人たちは、少なくとも長期にわたって、かなり成功した。そういう人たちをさすヤッピー〔金儲けのために仕事をして、高価なものを買うことにのみ興味を持っている若者〕という言葉さえ生み出された。しかし、こうした小グループは別として、国内では貧困が著しく増大し、かなりのグループが中産階級・階層 middle class-strata から脱落し、また他の大部分の中間階層にとっても実質所得が低下した。この国内の両極化は、特にアメリカとイギリスで目立ったが、しかし西ヨーロッパ大陸でもまた、そして日本においてさえ実際に起こったことだった。

東アジアは、成功した開発のモデルとして、アフリカ人の前につねに引き合いに出されるので、ここで東アジアについて一言必要だろう。世界経済における停滞や、一般的に利潤への、特に生産活動における利潤への締め付けがあるときに、以前は利潤を生み出すヒエラルキーでは頂点になかった一地域が、大変うまくいく傾向がある。そこは重要な世界的生産再配置の場所になり、また世界経済全体の困難からの受益者になっている。一九七〇年代とそれ以来、この地域とは東アジアであった――そこではまず日本がくる。そして日本はその次に利益を得ているいわゆる四頭の龍《ドラゴン》ときびすを接していた。そして三番目には(より最近は)、一連の東南アジア諸国が続いた。どうして東アジアがこのような受益地域となることができたのかは、ここでの論点ではないが、二つの注目すべき点がある。必要な経済的枠組みの建設における政府の関与と国家による国内市場の保護が、鍵となる役割を果たしていたということである。さらに、他の、二つめの地域が同じ経済的報酬を、同時に獲得できるような方法はなかった。東アジア以外のある地域がこのような成長をする場合がありえただろう。しかし東アジアとその他の地域がともに成長するということはなかったであろう。それゆえ東アジアは、近い将来のアフリカにとっての適切なモデルとはならない。

わたしはOPECの石油価格値上げについて多くの時間を費やしたが、それはそのことが経済的困窮の中心的な原因であったという理由からではない。そうではなかった。それは単に幕間の過程であり、その過程によって世界経済の停滞がその影響を及ぼしたのだった。それは大変わかりやすかった。そしてそのメカニズムを詳細に見れば、その過程はより明白になる。それはまた一九八〇年代――それは石油価格が、かならずしも一九五〇年の水準にまでなったわけではないにしても、再び下がったために、世界が石油価格のことを忘れてしまった時代である――を説明する手助けにもなる。政府に対する借款は一九八〇年代に元に戻った。借款は現在の国際収支を解決するが、債務返済の費用が国民所得の割合において上昇するので、その後に問題を残す。一九八〇年代の一〇年間はいわゆる債務危機で始まり、いわゆる共産主義の崩壊で終わった。両者は無関係ではなかった。

債務危機という言葉は、産油国メキシコが債務支払いの維持不可能を声明し、債務の再交渉を要求した一九八二年に登場した。実際には、債務危機はまず一九八二年に、一九七〇年代に大量の額の借り手だったポーランドで表面化した。債務支払い問題に直面したギエレク政府は、部分的な解決策として賃金水準を下げようとした。その結果が「連帯」の登場である。ポーランドの共産党政府は、IMF（国際通貨基金）が求めもしないのに、急場に対応するIMFの処方箋を実行し始めたために、困難に陥った。IMFがこうした状況下にあるすべての国に（もちろんアフリカ諸国に）すすめ始めたことは、（輸入と住民福祉を減らすことで）経費を削減し、（賃金を低く保つか引き下げて、生産を国内消費財から直接世界市場で販売可能なものに移し変えることで）輸出を増加させることだった。この苦いアドバイスの採用を確実にするために、IMFが持っていた武器は、ある国がIMFの政策を履行する義務を果たさない場合には、全西欧諸国によるその国への短期援助を引き揚げるということだった。それゆえ、（債務危機があるときには）政府破産の見込みがあるということになる。アフリカの国は、どこも一九八〇年代に債務を完全に返済した唯一の国のようにはいかなかったけれども、次々とこの圧力に屈することになったのである。この唯一の国とはチャウシェスクのルーマニアだったが、IMFには大きな喜びを与え、そしてルーマニア国民のおおきな怒りをかった。

アフリカの「債務危機」は多くの危険なものに転換した。つまり飢饉、失業、広範なインフラの悪化、内乱、国家機関の崩壊などである。アフリカ解放――それは一九九四年になってやっとヨハネスバーグに到着した――の急降下に対する後衛戦を戦っていた、南アフリカのアパルトヘイト体制の持つ不安定なプログラムによって、その困難は複雑化した。しかしながら、もしもアフリカの重大な状勢を世界経済というより広い構図のなかで考えなければ、この状勢の理解をゆがめることになるだろう。債務危機は他の場所でも同様に生じた。そして実際、総債務額からいえば、ラテンアメリカでもっとも顕著に生じたのである。第三世界（プラス社会主義陣営）の債務危機によって、これらの国に新たな金を貸すことは終わった。実際に一九八〇年代の金の流れは、決定的に南側から北側へであって、反対の方向に向かったのではなかった。

しかし生産的投資にとって十分に有利な投資先のない状態が続いていたために、剰余価値を有利に投資するという課題は消えなかった。一九七〇年代の借り手の崩壊（アフリカ諸国を含む）は、疑いなくこれらの借り手の問題であったが、しかし金を貸す必要のある貸し手にとってもまた、深刻な問題であった。一九八〇年代に彼らは重要な新しい二つの借り手、マイナーとはいえない借り手を見いだした。それは世界の主要な法人企業とアメリカ政府である。

一九八〇年代は、企業の世界ではジャンクボンド〔乗っ取りのためのハイリスクの資金〕と、企業乗っ取りの時代として記憶されるだろう。なにが進行していたのか。基本的には多量の資金が企業買収の過程に投下されたのであり、大部分は会社を細分化して有利な部分 chunks を売り払い、そして他の部分は消え去るに任せるためである（その過程では労働者を一時解雇する）。その結果、生産は全く増大しないで、そのような企業にはむしろ莫大な負債が残された。結果的に多くの工業会社と銀行が破産した。こうしてアメリカの貯蓄・ローン組合のスキャンダルの場合のように、莫大な利潤がジャンクボンドのディーラーに行き、アメリカの納税者が莫大な勘定を支払うということになった。

アメリカの場合には、企業の債務から出た莫大な勘定書は、軍事的ケインズ主義の巨大な負債と混ざりあった。レーガンの非革命 nonrevolution というのは、まずは、自らの声高の美辞麗句とは裏腹に、アメリカ経済と官僚の規模に対して国家介入が広範に拡大することを意味した。経済的にレーガンがしたことといえば、住民のうちのより豊かな部分の連邦税の水準を下げたことである（それは一層の国内の両極化をもたらした）。他方、彼は同時に軍事支出を大幅に増大した（これは失業率を抑えた）。しかし一九八〇年代が進むにつれて、アメリカはその借款の結果として、第三世界の負債が第三世界に引き起こしたのと同じ問題を経験することになった。しかし違いが一つあった。ＩＭＦがその政策をアメリカに対して課することができなかったことである。そして政治的にアメリカは自らにそれを課するつもりがなかった。しかしその過程で、今や強力な競争者（西欧と日本）に直面したアメリカの経済的地位は、アメリカの投資が軍事に焦点をあてていたために、一貫して低下した。

いわゆる共産主義の崩壊が割り込んできたのはこのときだった。その出発点として認められているポーランドにおける「連帯」の起源は、債務危機の直接的結果であったことについては、すでに言及した。本質的に社会主義諸国は、アフリカ諸国と同様の世界経済停滞の否定的結果――コンドラチェフ波A局面の著しい成長率の終焉、一九七〇年代にはそうでなかったとしても、その後の一九八〇年代における実質的生活水準の低下、インフラの悪化、政府サーヴィスの低下、とりわけ権力にある社会制度への幻滅――に直面したのだった。幻滅は政治的な抑圧に目を向けさせることになった。しかしその原動力となったのは「開発」という約束の失敗だった。

ソ連の場合、すべての社会主義国に一般的な問題がヤルタ協定の矛盾によって複雑化していた。ヤルタの協定は、すでに論じたように、全く明確な協定だった。それは言語表現上、遠い将来についての闘争を考慮したものだったが、しかし現在については取引を、それも周到に配慮されるべき取り決めを思い切ってしたものであった。そのために、両者は強くなければならなかったし、すべての衛星諸国や同盟者を管理できるほどに十分強くなければならなかった。ソ連が自己の役割を果たす能力は、もちろん、一九五六年のソ連共産党第二〇回党大会〔フルシチョフがスターリン批判をした大会〕をもって始まったイデオロギー的統一の後退によってのみならず、一九八〇年代の経済危機によっても損なわれた。その問題はアメリカの軍事的ケインズ主義によってさらに悪化させられた。そのことはソ連に対し、持ってもいないファンドを消費させるという圧力を増大させた。しかしこともあろうに最大のジレンマは、アメリカが軍事的に強いことではなくて、アメリカの政治的・経済的弱さが増大していくことであった。アメリカ－ソ連関係はピンと張られたゴムひものように結合していた。もしアメリカがその結合を弱めるならば、つながりは維持し難かった。その結果は、冷戦を無理に終わらせて東欧から離脱し、ソ連を内部に向けて再び進ませることによって、危機を救うというゴルバチョフの死にものぐるいの試みとなった。それは不可能であることがわかった――少なくとも第三部 the third part はなかった――。そしてソ連はもはやない。

ソ連の崩壊は、アメリカにとっては非常な困難を、たぶん打ち勝ちがたい困難を作り出した。それは今では、本当に強い経済的ライヴァルである西欧と日本とに対して、アメリカが持っていた唯一の政治的コントロールを効かなくしてしまった。それは軍事的ケインズ主義を終わらせることによって、アメリカの債務が一層増大することを抑えた一方で、結果として経済的展開に関する重大な問題を生み出したし、それに対してアメリカはうまく対応できなかった。そしてマルクス＝レーニン主義の崩壊は、イデオロギー的には、国家主導の改革が資本主義世界経済の周辺と半周辺地域の重要な経済的開発をもたらしうるということへの信頼を最終的になくしてしまった。それこそが、いわゆる共産主義の崩壊は、実際にはイデオロギーとしてのリベラリズムの崩壊であると、わたしが至るところで言ってきた理由である。しかし地政学上の支配的イデオロギーとしてのリベラリズム（すでに一九六八年に掘り崩され、一九八九年の事件で致命傷を受けた）は、「危険な諸階級」（まずは十九世紀のヨーロッパ労働者階級であり、さらに二十世紀の第三世界の民衆層 popular class である）を従順にさせる主要な武器であったことによって、世界システムの政治的柱石となってきた。マルクス＝レーニン主義を調合した民族解放の有効性への信念がなくなれば、第三世界の民衆層はがまんする理由がなく、そしてそうすることをやめてしまうだろう。

最後に、軍事的ケインズ主義終焉の経済的帰結は、日本と東アジアにとって非常に悪いニュースとなった。一九八〇年代の両者の拡大は、アメリカ政府に金を貸す能力と企業乗っ取りの準備過程に参加する能力とによって強力に煽られてきた。こうして東アジアの奇跡は、それはアメリカとの関係の範囲で見る限りはなお現実であるが、今や絶対的な意味で困難に陥っている。

一九八〇年代後半の劇的な変化は、二つのライトモチーフである市場と民主化の興隆によって（ラテンアメリカと東欧におけるのと同様に）アフリカにおいても見られた。未来を覗くことができるようになるためには、わたしたちはそれらの変化の解剖に少し時間を費やさなければならない。組織するマントラ〔道具〕としての「市場」に対する人気は、組織するマントラとしての「国家」に対する幻滅の裏返しである。問題は、市場は全く異なった二つのメッセージを伝達するということである。あるエリート分子、特に若いエリート分子にとっては、以前の官僚や、あるいは社会主義政治家にとってもそうだが、「紳士諸君、儲けよう」というのが一八四八年以前のフランスの偉大な叫びである。そして今まで五〇〇年の間に真実だったように、いつもある新しいグループが「成金」になることは常に可能である。

しかし大部分の人々 people にとって、「市場」への転向は、目的の変化などをまったく意味しない。過去一〇年以上の間に、アフリカ（およびその他の地域）の人々は、以前に「国家」に方向を変えたのとまったく同様に、「市場」に向きを変えたのだった。彼らが得たいと望んでいるものは、虹の果てにある、捉えがたい金のつぼ、つまり「開発」である。もちろん「開発」によって彼らが実際に考えていることは平等になることであり、それは北側において、おそらくは、特にアメリカの映画で人々がしているような快適な生活である。しかしこれははなはだしい幻想である。「国家」も「市場」も、資本主義世界経済における平等主義的「開発」を推進などしないだろう。というのも、止むことのない資本蓄積という資本主義世界経済の指導原理は、実質所得の両極化の不断の拡大を必要とし、それを生み出すからである。ほとんどの人々はかなり知的でよく気がついているので、薬として「市場」に付着している魔法がどのようなものであれ、気絶させるほどの後遺症を残してそれが消え去るのに、それほど長くはかからないだろう。

「民主化」とそれに付随した「人権」というスローガンは、市場とはまったく別物なのではないだろうか。まあ、イエスでもありノーでもある。とりわけわたしたちは「民主化」が意味することを明確にしなければならない。一九四五年以来、普通選挙権をほぼ備えた、立法議会の通常選挙のない国家など事実上なかった。みんなが認めているこうした手続きは無意味なものとなることがあり得る。わたしたちは何かもっと多くの意味を与えているようにも思える。しかしもっと多くとは何だろうか。二つあるいはそれ以上の政党が争う選挙だろうか。選挙戦は本当にあって、名目だけのものではないのだろうか。票決争いは正しく数えられ、不正はないのだろうか。争いは公正で、その結果を取り消させることはないだろうか。もしそうした必要条件をつけ加えることが、「民主化」の方向に連れていくことであるとすれば、それならわたしたちは、少しは進歩してきたのだと言えるだろう。しかし過去四十余年にわたって日本の与党である自民党がＣＩＡ（アメリカ中央情報局）から定期的な補助金を受け取っていたことを、『ニューヨーク・タイムズ』が明らかにした時代にあっては、形式上自由に争われた選挙のあったことが、民主化について語るに十分であるかどうかに、疑いを持たざるを得ないだろう。

問題は、周知のように、民主主義は、市場と同様に二つのまったく異なった情緒的な含蓄を有しているということである。一方では豊かになる場所としての市場に適合している。他方では平等主義的開発という目的に適合している。「民主主義」は第一の意味で、強力ではあるが少数の集団に受け入れられる。第二の意味では、もっと大きな、しかし政治的には弱い集団に受け入れられる。トーゴ、ナイジェリア、ザイールのような先駆的なアフリカの状勢のなかで、近年の民主化を達成しようとする努力は、とうてい人を勇気づけるようなものとはならなかった。しかしたぶん真の民主主義は真の開発と共にのみ可能だろう。そしてもしも開発が、現在の世界システムにおいては幻想なのだとしたら、民主化も幻想以上のものではないのかもしれない。

それでは、わたしは絶望の教義を説いているのか。もちろんそうではない。しかし有用な希望を持つことができるようになるためには、わたしたちは明確な分析をしなければならない。世界システムは混乱の中にある。アフリカは混乱している。しかし現実には、世界システムの他の部分ほどではない。アフリカはたぶん誇張された楽観主義の時代から出てきて、ペシミズムの気分に陥っている。まあ世界もそうだろう。一九四五年から一九六〇年代後半までは、すべてが至るところで次第によりよくなっていくように思えた。一九六〇年代後半から一九八〇年代後半までは、物事はほとんどどこでも色々な点で難しくなりはじめた。そして人々は少なくともその安易な楽観主義を再考しはじめた。今日、わたしたちは驚き、怒りをまき散らし、わたしたちの基本的価値に確信を持てず、そして混乱している。これは現存の世界システムの深刻な危機に関する集団的な意識の単なる反映にすぎない。この世界システムでは、通常の循環的な下降を解決する伝統的なメカニズムがもはや有効に作用せず、世界システムの世紀を越える長期的傾向が、このシステムを「均衡からはるかに遠い」状態にしてしまったのである。それゆえわたしたちは、その結果が本来不確定であるために、相互にまったく異なった可能な選択方向へとわたしたちを押し出すような、(新しい科学用語を使えば)「分岐点〔バイファケーション〕」に近づきつつあるのである。

もしアフリカのジレンマの解明に迫りたいのならば、まず最初に見るべきことは、それが少しもアフリカに独自のものではないということである。アフリカについてしばしば議論される四つのことを挙げて、それをより広い文脈に置いてみよう。第一は、民族解放運動の崩壊である。ほとんどすべての国で、運動は植民地時代に現れたが、それは自らの運命を自治的に管理したいというアフリカの要求を具現化したものであり、この目的の達成のために政治闘争に入らねばならなかった。これらの運動は、民族的に統合された勢力であり、よりよい生活とより平等な世界の名の下に全住民を動員した。それらの運動は国家内の分裂的な排他主義に反対して、世界システム内の民族的・アフリカ的文化の主張に賛成した。それは近代化と民主化の運動であり、希望を与えた。

昨今これらの運動は、国家独立という主要な目的を達成した。今日、このような運動のどれもがそのままでは残っていないし、大部分はまったく存在すらしていない。唯一実在する例外は南アフリカのANC（アフリカ国民会議）である。それは一九九四年になって、やっとその主要な目的を達成した。これらの運動が独立後の時代に砕け散ってしまったところでは、どのような政治勢力もその真空状態を埋めたり、同様の方法で国民意識を動員することができなかったし、そうした勢力など見あたらないのである。

これはびっくりさせられることかもしれない。しかしアフリカだけが独特なのだろうか。民族解放運動は、南アジアや東南アジアでは、そしてアラブ世界やラテンアメリカ、カリブ世界では、よりうまくいっていたのだろうか。エルベから鴨緑江までの広い範囲で権力を握った共産主義運動は、たしかにあまりうまくいかなかったように見える。そして、目を西欧やヨーロッパ外の白人定住地域に向ければ、その構図は実際にも違っているだろうか。そこでの、アフリカの民族解放運動と比べられる運動といえば、社会民主主義運動（広い意味で）であり、それは大衆の意見を近代化と民主化の方向に動員して、多くの場合、また長期の数十年にわたる闘争の後に、権力に到達することができたのだった。しかしこれらの運動もまた今は混乱していて、古いスローガンを放棄して、彼らの依拠しているものに確信がなく、彼らの力となってきた種類の大衆の感情的支援を獲得できなくなっているのではないだろうか。わたし自身は、その構図に大きな違いはないと思う。

第二のアフリカのジレンマは、部分的にはこうした運動の崩壊から生じている。こうした崩壊が意味するのは大衆的支援が撤回されたことである。それらはもはや誰をも動員できない。しかし動員する人たち、これらの運動のすべての幹部たち、その出世がこうした運動の成功によって可能になる層――つまり政治家、官僚、知識人――はどうするのか。国家プロジェクトを広め、それによって多くの点でもっとも利益を得るのは彼らだった。

運動が崩壊し始め、運動の努力目標が地平線に後退するように見えたとき、これらの幹部は個人的な救済を求めて、争って岸にたどり着こうとするように見えた。イデオロギー的公約は遠景に霞んで、民族闘争時代の無欲さは放棄された。多くの人は合法と非合法との境界の識別困難な競争的争奪戦に入っていった。

このことはまさに、一九九〇年代のアフリカにあてはまることである。しかし冷笑的なエリートの打算的不正行為はアフリカの特徴なのか。それは疑わしい。わたしたちは、同様の現象がラテンアメリカとアジアで起こっているのを知っている。それは旧共産主義世界で目の当たりにみられる。そしてアフリカにおける腐敗が、イタリアや日本、フランスやアメリカで日々明るみにでている事実の前では色を失うということを理解するには、新聞の見出しを読むだけでよいのである。このことはもちろん新しいことではない。

混乱を生み出したのは上層における腐敗ではなくて、一九四五年から一九七〇年の間に中産階級の世界的拡大から利益を得た人々のうちかなり多くの割合の人たちが、ポスト一九七〇年の時代の下降への変化の際に、フェリス観覧車〔中産階級〕からこぼれおちたという事実である。社会的・経済的に上昇し、そして没落（そうでない人もいたが）したこの集団は、政治的には非常な不安定勢力であり、深い怨念を心に秘めて、彼らの個人的安定を守り、彼らの攻撃を示すために、あらゆる種類の反国家的、道徳主義的運動や教化運動に目を転じた。しかしこの場合もまた、アフリカに独自なものではない。どちらかといえばこの問題では、アフリカよりはヨーロッパや北アメリカのほうがはるかにより深刻である。

第三の、アフリカが直面しているといわれる問題は、国家組織の解体である。たしかにリベリアやソマリアは、この現象の極端な例となっている。しかし問題を見つめるために、もう一度わたしたちはこの目をみはるような例を越えて先に進む必要がある。民族解放運動の崩壊の結果として、国家の正統性が取り消されたことは、問題の第一の要点である。社会的地位の低下によって脅かされている以前の幹部の、新たな反国家的な姿勢はもう一つの要点をなしている。しかしもっとも根本的な問題は、民主化への要求がとどまることなく増大しているのに平等主義的な開発を組織的に提供できないことである。わたしたちはすでに世界経済の停滞が引き起こした国家資産の負担について論じた。国家は以前に提供していた不十分な水準のサーヴィスでさえ、ますます提供できなくなってきた。循環過程が始まった。国家は収入の増加がより困難であることがわかった。その秩序維持の能力は低下した。秩序維持能力の低下にしたがって、人々は安全と福利を守るために他の組織に頼った。そのことが今度は、国家を一層弱体化させた。

しかしここでもまた、このことがアフリカで非常にわかりやすいという唯一の理由は、国家そのものが、建設されてすぐに、その地位の低下が始まったからである。もしわたしたちが世界的規模でこのことを見るならば、過去五〇〇年以上にわたって、国家組織を強化する、世紀を越えた長期の傾向があったということがわかる。この傾向は、一九六〇年代後半に頂点に達して、至るところで方向転換を開始し出した。北側ではこの問題は、国家の財政危機、都市犯罪の増加と自衛組織の創設、国家が人の流れを抑制できなくなっていること、国の福祉機関の撤去への圧力などの多様な題目で論じられている。

最後〔第四〕に、アフリカにおける物質的インフラの崩壊や疫学上の危険な傾向について多くの問題点がある。このことはもちろん、間違いない。高速道路網、教育制度、病院は整備されていず、ますます悪くなっている。そしてそれを改善する金はそこにはないように見える。エイズの蔓延は有名である。そしてその広がりを抑制できるにしても、薬に抵抗力をもった細菌やヴィールスによって広まる、新たな疾病の登場する危険が、気味悪く迫っている。

ここで再度言えば、問題は、アフリカでは劇的だが、アフリカに限定されるということではまったくない。およそ二五年前、国家組織の強化が頂点に達したと見えたちょうどそのときに、伝染病に対する、二世紀の長きにおよぶ世界的な攻撃もまた、その頂点に行き当たっていたのかもしれない。劇的な解決策を自己過信的に利用したせいで、ある種の環境保護用のエコロジー的メカニズムをはずしてしまい、新種の恐ろしい未知の流行病を生み出してしまったのだろう。この点でも、物質的インフラの破壊は避けられない。とにかく肺結核の新たな種族が、アメリカの諸都市に現れているこのときにあたって、これをアフリカ問題と思うようなときではまったくない。

しかしながら、問題が、アフリカのではなくて、世界システム全体の問題であるとしたら、アフリカは世界危機において、その運命を受容はするが、そのことで何も出来ない単なる傍観者として運命づけられているのだろうか。わたしの考えは正反対である。世界システムの危機は、世界システム一般のチャンスであり、たぶん特にアフリカのチャンスである。現存の世界システムの過程そのものは、危機を募らせはしても除去しないということを理論的には考えうる一方で、これが混乱を引き起こし、さらに、何か新しい種類の秩序が出てくるまでの二五年から五〇年以上にわたる、大きな世界的無秩序を引き起こすということを、わたしたちは知っている。

わたしたちが生きているこの過渡期にわたしたちみんなのすることが、この過程の終わりに現れる史的（諸）システムが、わたしたち自身がその崩壊の中を生き抜いている近代世界システムよりも、事実上良くなるか悪くなるかを決めることになるだろう。この期間には地域レベルでの行動の余地があるばかりではなく、その行動はこの危機からの脱出方法を決定する重大な変数である。

単純な〔脱出方法の〕公式はない。わたしたちは、より明瞭に現存の世界情勢を分析する必要があるし、また有効なあるいは有効たりうる現実の歴史的オールタナティヴに対してわたしたちの洞察力を閉じさせている範疇や概念から、わたしたちの精神力を解放する必要がある。わたしたちは、内部にではなく、外部に向かう地域の結束を組織し、復活する必要がある。とりわけわたしたちは、他の集団を犠牲にして自らの集団を守ることが、自滅的であるとはっきりと気づくようにならなければならない。

わたしはとりわけボール〔問題の中心点〕を見続けることが必要だと思う。財、サービス、権力のより平等な分配は、わたしたちの作る新しい史的（諸）システムの基礎とならねばならない。わたしたちの時間的地平は、天然資源、人的資源双方の使用の観点からは、かつてあったよりも長くなければならない。このような種類の再建において、アフリカはたぶん先導する立場に置かれる。アフリカは近代世界システムでは除外された地域であった。そして次の二五年から五〇年以上にわたって進行するだろう世界システムの政治的、経済的、文化的メカニズムは、アフリカとアフリカ人を、さらに一層排除するように作用すると考えられるのである。

アフリカ人が現在の意味での世界システム内に包摂されることを求めて、窮地に陥っているならば、彼らは〔ドン・キホーテのように〕風車と戦うことになるだろう。もしアフリカ人が短期の地域的改善と中期的な価値と構造の転換とを結合する方法を示すならば、彼らはアフリカ人のみならず、他の人々をも救うだろう。行動のための特定の大目標を作成するようにと、わたしやその他の非アフリカ人に求めてはいけない。わたしたちにはそれができない。ボールはまさにアフリカのコートの中にあるのだから。

最後のひとつについて話そう。わたしはアフリカが試みれば絶対に成功すると言っているのではない。アフリカが——わたしたちみんなも——この過渡期からより良いものをもって現れるチャンスは、せいぜい五〇パーセントあるだけである。歴史は必ずしもわたしたちの味方なのではない。そしてもし歴史が味方であると考えるならば、この信念はわたしたちに対抗するように作用するだろう。しかしわたしたちはすべてこの過程の非常に重要で絶対必要な部分である。そしてわたしたちが正しい方法でその過程に関わるならば、わたしたちは本当に自分の望む種類の世界システムを獲得するかもしれない。道は困難で、結果は不確かであるが、それを実現するために、わたしたちは組織的な努力を結集しなければならない。そのために戦う価値はある。

II

リベラル・イデオロギーの構築と勝利

4 三つのイデオロギーか一つのイデオロギーか
——近代性をめぐる似非論争——

思想史あるいは政治哲学の用語で、現代の主要な流れはよく知られている。それは以下のように簡潔に述べられるだろう。十九世紀に保守主義、リベラリズム、社会主義という三つの大きな政治的イデオロギーが現れた。それ以来、この三つは（つねに装いを変えながら）相互に絶え間なき闘争を続けてきた。

事実上すべての人は、これらのイデオロギー的闘争を次の二点に総括することに同意するだろう。その一つは、これらのイデオロギーのそれぞれは、フランス革命の跡を追って新しい共通する展望が徐々に開けてきたという事態に対する、一つの反応を代表しているということである。それは新たな状勢に対応するために、特別の政治的戦略が必要であるという心情を生み出した。二つめは、三つのイデオロギーのいずれも、かつてひとつの決定的な見解で覆われてしまうということはなかったということである。まったく逆に、それぞれのイデオロギーは、存在したイデオロギストの数と同じだけ多くの形をとって、現れているように見えた。

疑いなく多くの人々はこれらのイデオロギーにはいくつかの本質的相違があると信じている。しかし理論的叙述か、現実の政治闘争のいずれかを詳細に検討すればするほど、これらの本質的相違と思われたものが正確には何であるかについてさらに不一致に陥るだろう。

異なったイデオロギーの数についての不一致さえもある。現実には三つではなく、二つの異なったイデオロギーがあるにすぎないと論じてきた理論家や政治的指導者がいるにはいた。その場合三つのイデオロギーを二つにすることが可能であっても、ではその二つとは何であるのかについて議論になるのであるが。つまり、リベラリズムと社会主義との間に本質的な相違を見ない保守主義者や、リベラリズムと保守主義を同じものだと考える社会主義者がいるし、保守主義と社会主義との間にはなんら重要な差異はないというリベラルすらいる。

これはそれ自体が奇妙なことであるが、物語はそこでは止まらない。多くの使用法のあるイデオロギーという用語は、人々や集団が自らをあらわすのに好んで用いた言葉では決してなかった。イデオロギストは、その言葉の考案者であるといわれているデステュット・ド・トラシ〔Destutt de Tracy 一七五四―一八三六年。フランスの哲学者〕を除いて、いつもイデオロギストといわれることを否定した。ナポレオンは彼に反対してすばやくこの言葉を使って、政治的現実主義がイデオロギー（この言葉をナポレオンは理論的原則という意味で使っている）より好まれるようになるだろうと言った。これはそのとき及びそれ以来、ごく少数の政治家によって共有された感情である。

半世紀後にマルクスは、『ドイツ・イデオロギー』のなかで、この言葉を部分的で自己利益を求める世界観、つまりある階級（ブルジョアジー）の考え方を特徴づけるために用いた。マルクスによれば、イデオロギーは、（普遍的な階級である労働者階級の見解を反映する）科学によって取って代わられるように運命づけられていた。二つの世界大戦の間にいたマンハイム〔Karl Mannheim 一八九三―一九四七年。ハンガリーの社会学者、一九二九年に『イデオロギーとユートピア』刊行〕は、もっと先に進んだ。彼はイデオロギーの部分的で、自己利益的な性格については、マルクスに同意した。しかしマルクス主義をも、そうしたイデオロギーのリストにつけ加えた。彼はイデオロギーを、ユートピアに置き換えたいと思っていた。そのユートピアを彼は階級に属さない知識人の創造物と考えたのであった。そして第二次大戦後、ダニエル・ベル〔Daniel Bell 一九一九年―。アメリカの社会学者、一九六〇年に『イデオロギーの終焉』刊行〕がイデオロギーとユートピアをともに備えたマンハイムの知識人の持つ退屈さを表現した。イデオロギーの終焉を宣言したときに、彼は主にマルクス主義のことを考えていた。彼はマルクス主義が、政治の限界に気づいた一種の穏和で非イデオロギー的なリベラリズムに道をゆずるものと捉えていた。

こうしてイデオロギーという概念は、それが存在した二世紀の間に、拒否されるか、あるいは取り替えるべきものとして、否定的に了解されてきた。しかしこのことはイデオロギーとは何かとか、人々がイデオロギーを手段として何をしようとしてきたのかを理解させることになるだろうか。わたしはこの主題を五つの質問を通して取り扱うつもりである。そのいずれについても、わたしは全体的には答えないものの、しかしそのすべては、近代性 modernity の概念、およびそれとイデオロギー概念とのつながりを理解する試みである。

(1) イデオロギーと世界観の差異はなにか。
(2) 誰がイデオロギーの「主体」か。
(3) イデオロギーと（諸）国家との関係はどうか。
(4) 実際にはどれほどの異なったイデオロギーがあるのか。
(5) イデオロギーを廃することは可能か。つまりイデオロギーなしに作業できるのか。

世界観とイデオロギー

たぶん偽作だろうが、ルイ十六世に関する逸話がある。彼がドゥ・リャンクール公爵 Duc de Liancourt からバスティーユの襲撃について聞いたときに、「それは暴動か」と聞いたと言われている。返事は「いいえ、陛下、それは革命です」（本章末参考文献〔以下同〕、Brunot, 1937, p.617）というものだったそうだ。ここはフランス革命の解釈について再度議論する所ではない。ただし、世界システムにとってのその主要な影響の一つが、変化や新しいこと、転換、革命でさえもが、「通常のこと」であるという考えを、つまり政治的闘技場では、少なくとも近代の政治的闘技場においては、例外的な現象ではないという考えを、初めて受容させたということを指摘しておきたい。最初は統計上で通常のこととして現れたことが、すぐに道徳的に通常のこととして認められるようになる。これこそがラブルースが、共和歴第二年〔一七九三年〕が「決定的な転換点」であり、その後に「革命は、最終的に完全に姿を現すことになるすべてのイデオロギーを、その内部で産み出すことによって、予言的、アナウンス的役割を引き受けた」（Labrousse, 1949, p.29）と言ったときに思い浮かべていたことである。あるいはワトスンが言ったように「革命は庇護者（だった）。そして十九世紀全体がその庇護の下で生きていた」（Watson, 1973, p.45）。それに対して、二十世紀も同様に、と、わたしはつけ加えよう。革命は十七世紀のニュートン科学と十八世紀の進歩概念の崇拝を、要するにわたしたちが近代性と呼ぶようになったものを刻印した。

近代性とは、特定の社会的現実と独自の世界観とが結合したものであり、現在わたしたちが明らかにそれがいかに時代遅れであるかを示すために、「アンシャン・レジーム」として名をあげるペアのもう一方に取って代わるか、それを葬り去りさえしたものである。あるものはそれを歓迎し、あるものは拒否した。どう対応したらいいかわからなかった人たちもいた。しかし起こった変化の程度に気づかなかった人はごく少数だった。ルイ十六世のさきの逸話はこのことを非常によく示している。

資本主義世界経済の内部の人々がこの「転換点」に反応し、フランス革命の衝撃から生じた非常な混乱を取り扱った方法――つまり今では不可避的なものとして見られ、定期的に起こる政治的変化の「常態化」の方法――は、この世界システムの文化史の本質的な構成要素をなしているのである。それゆえ人々が、この新しい状勢に対処した方法の一つとして「イデオロギー」を考えることが有益ではないだろうか。この意味でイデオロギーはそれ自体が世界観ではなく、むしろわたしたちが近代性と呼ぶ、新しい世界観の到来に対する数ある反応のうちの一つである。

明らかに最初のイデオロギー的反応は、それはほとんど直接的な反応だったが、近代性や変化と進歩の崇拝によって、また何であれ「古い」ものに対する執拗な拒否によって深く衝撃を受けそして追い払われさえした人たちからきたに違いない。かくしてわたしたちが「保守主義」と呼ぶようになったイデオロギーを考案したのは、バーク Burke、メーストル Maistre、ボナルド Bonald だった。偉大なイギリスの保守主義者セシル卿は、保守主義の原則に関する大衆的な声明となることを意図して、一九一二年に書いた小冊子のなかで、とりわけイデオロギーの生誕にフランス革命が果たした役割を強調した。彼が主張したのは、一種の自然な保守主義は常に存在したが、しかし一七九〇年以前には「保守的原則により意識的に保持された組織に類似した」(Cecil, 1912, p.39) ものなどなかったと主張した。

たしかに保守派の見解では、

……フランス革命は、唯名論、宗教的異議、科学的合理主義のような学説の始まりにさかのぼる原子化の歴史過程の絶頂そのものであり、また中世の基礎であった集団、制度、知的確信の破壊そのものであった。(Nisbet, 1952, p.168-9)

こうして保守的イデオロギーとは、近代性の到来に対する反発という直接的な意味で「反動」であったし、それは状勢を全体として逆転させるか（強硬説）、または損害を限定して、来るべき変化をできるだけ長く押し止める（より洗練された説）かのどちらかの目的を自らに課したのである。

すべてのイデオロギー同様に、保守主義はなによりもまず政治綱領であった。保守主義者は自分たちが国家権力を保持し続けるか、再征服しなければならないことや、国家制度がそのゴールに到達するに必要な中心的道具であることを十分よく知っていた。一八一五年にフランスで保守勢力が権力に復帰したとき、彼らはこの事件を「復古」と命名した。しかしわたしたちが知っているように、事態は実際には以前の状態には戻らなかった。ルイ十八世は「憲章」を承認しなければならなかったし、シャルル十世が本当の反動を実行しようとしたときには、権力から追放され、その代わりにルイ・フィリップが据えられたが、彼は、「フランス国民の王」[2]という、より近代的な称号を引き受けた。

物語の次の場面はリベラリズムの構築であった。リベラリズムは「近代的であるという意識」(Minogue, 1963, p.3）と名付けられるものを基礎にして、自己を保守主義の反対者と規定した。リベラリズムはいつも政治的闘技場の中心部にいて、自らを普遍的であると宣言した。[3] 自らと近代性という新しい世界観の真実性を確信したリベラルはその見解を宣伝して、その論理をあらゆる社会制度に押しつけようと努力し、そうして世界を過去の「非合理的な」残存物から解放しようとした。そのために彼らは保守的イデオローグと戦わねばならなかった。彼らは、この保守的イデオローグが「自由民」[4]、つまり伝統という偽の偶像から自由になった人々に対する恐れにとりつかれていると見ていたのである。言い換えればリベラルは、進歩はそれが不可避的であるとしても、なんらかの人間の努力や政治的プログラムなしには達成できないと信じていた。リベラル・イデオロギーはこうして、歴史が自然の過程をたどるためにも、「時は不可避的に、より多くの幸せを常により多くの人々にもたらす、普遍的な友である」(Shapiro, 1949, p.13) ということに十分に気づいて、意識的で、持続的かつ理性的な改良主義に参画することが必要だという信念となった。

社会主義は、公式化された三つのイデオロギーのうちの最後のものだった。一八四八年以前には人々はまだ、それが独自のイデオロギーを構成するとはほとんど考えなかった。その理由は主として、一七八九年以後に自ら「社会主義者」と名乗り始めた人たちは、どこでも自分たちをフランス革命の後継者であり、その党に属するものと考えていたからであり、「リベラル」と名乗り始めた人たちと実際には区別がつかなかったからである。[5] イギリスでは、フランス革命が大いに非難されていて、それゆえ「リベラル」は異なった歴史的起源を主張していたが、そのイギリスにおいてさえ、(多かれ少なかれ未来の社会主義者であった)「急進主義者」というのは、最初は、いくぶんもっと戦闘的なリベラルであるように思えたのだった。

事実、政治綱領として、したがってイデオロギーとして、社会主義とリベラリズムを特に区別したものは、進歩の達成には大きな手助けが必要であり、それなしには進歩の達成は非常に緩やかな過程となるだろうという確信であった。社会主義綱領の核心は、要するに、歴史過程を加速することであった。それこそ「革命」が「改良」以上に彼らにアピールした理由である。「改良」はたとえ誠実ではあっても、我慢強い政治行動を意味するように見えたし、ほとんど日和見的態度を具現しているものと考えられたのである。

要するに、近代性に対する三つの姿勢と変化の「常態化」が発展した。つまり可能な限り危険を囲い込む姿勢、できるだけ合理的に人類の平和を達成する姿勢、進歩に対して強く抵抗する勢力と激しく闘って、進歩への動きを加速する姿勢である。保守主義、リベラリズム、社会主義という用語が、この三つの姿勢を区別するために用いられ始めたのは一八一五年から一八四八年の間であった。

注目されるべきことは、それぞれの姿勢がなにか別のものと対立していたということである。保守主義者にとってそれはフランス革命だった。リベラルにとってそれは保守主義（保守主義がその再興を追求していると考えられたアンシャン・レジーム）だった。そして社会主義者にとっては、彼らが拒否していたのはリベラリズムであった。各イデオロギーにそんなに多くのヴァージョンがあることを説明するのは、そもそもの諸イデオロギーの定義付けにおいて、このように根本的に批判的で、否定的な調子があるからなのである。彼らが主張していることについても、多くの多様な、矛盾さえある諸命題が、各陣営で主張された。それぞれのイデオロギー的一団が、真に一致しているのは、彼らがなにかに反対しているということだけである。これはつまらない些細なことなどではない。というのも一五〇年あるいはそれ以上にわたって、少なくとも一九六八年まで、三つの陣営をまとめあげるのに成功したのはこの否定性であったからである。この一九六八年の意味については後に検討するだろう。

イデオロギーの「主体」

イデオロギーとは、事実上、近代性を扱う政治プログラムなので、各イデオロギーは「主体」あるいは主要な政治的行為者を必要とする。近代世界の用語法でいえば、これは主権の問題として言及されてきた。フランス革命はこの問題については、わかりやすく明確な立場を主張した。つまり専制君主の主権に反対して、人民の主権を宣言した。

人民主権というこの新しい言葉は、近代性の偉大な達成物の一つである。その後一世紀の間に、この新しい偶像である「人民」に対する戦いはなかなかおさまらなかったとしても、それ以来この「人民」からその権威を奪い取ることは、誰にもできなかった。しかしその勝利は、うつろなものだった。人民が主権者であるという点では全般的な一致があったかもしれない。しかしはじめから誰が「人民」であるかについての一致はなかった。さらに言えば、この微妙な問題では、三つのイデオロギーのいずれもが、明確な立場を持っていなかった。それによっても、三つのイデオロギーは、めいめいの姿勢の不透明さを認めようとはしなかった。

見たところもっとも曖昧でなかったのは、リベラリズムの立場であった。彼らにとって「人民」とは、それぞれが政治的、経済的、文化的権利の最終的な保持者であるすべての「個人」の集合である。個人とは、優れて、近代性の歴史的「主体」である。ここで個人主義に関する広範な文献を論評することは不可能なので、それをめぐって論争が交わされた三つの難問のみに限定して述べよう。

一　すべての個人は平等であるといわれている。しかしそうした宣言を文字どおり受け取ることができるだろうか。もしそれが自主的な決定の権利についての話ならば、明らかにそうではない。誰も生まれたてのものに自主的に決定することを認めようなどと夢想しないだろう。しかしそれでは何歳で、人はそうした権利を持つようにならなければならないのか。答えはいつでも多様であった。もし「子どもたち」（どう規定しようとも）をその判断力の未熟さを根拠に、このような権利の行使から除外することに同意したならば、自主的な個人とは他の人が自主的な能力を持っていると信じるような誰かであるということになろう。そして、その問題に関して、ある個人つまり彼または彼女が、その権利を行使する能力を持っているかどうかについて他の誰かが判断を下す可能性があるとすれば、高齢者、愚者、精神病者、服役中の犯罪者、危険な諸階級のメンバー、貧乏人などのような他の範疇の人々は、自主決定不可能なものとして指定されるかもしれない。このリストが空想などではないことはまったく明らかである。ここでは、この集団のいずれが、たとえば投票の適格者であるべきかどうかについて意見を述べるつもりはない。ただ次のことを指摘したいだけである。権力の行使に適格であると当然認められる人たちと、合法的にその行為が否定されるかもしれない人たちとを分かつ、自明の分割線などないということである。

二　「責任能力があり」それゆえその権利の完全な行使は合法的に適格であると社会的に認められ

た人たちに議論を制限するとしても、彼または彼女の権利の個人的な行使が他の人たちの同じ行為を妨害することになるということがありうる。この可能性に関してわたしたちは何を考えるべきか。わたしたちは社会生活によって生きなければならないが、この可能性はその社会生活の不可避的帰結をあらわしているのか。あるいはそれはわたしたちがじゃまをするか、不利な立場に追いやるに違いない日の当たらない人の権利への攻撃を意味するのか。これはまさに政治的実践のレベルでも、政治哲学のレベルでも、部分的で不完全な解答以上のものを決して受け取ることのなかった難問である。

三

もしも権利の完全な行使に適格であるすべての個人（「市民 the citizens」）が、決して他の市民の権利を侵害しないとしても、彼らはそれでもある集団的な決定についてすべて一致するとはかぎらない。それではどうなるのか。どのようにしてわたしたちは異なった立場を和解させることができるのか。これは政治的民主主義に関する最大の論争である。

わたしたちは、少なくともリベラルが、主権が帰属している個人とは誰なのかというこの問題を広範囲に議論してきたと信じることができる。保守主義者と社会主義者は原則としてこの問題を同様に議論し続けてきたはずである。というのも、それぞれが個人とはまったく異なる「主体」を提案しているからである。しかし彼らの議論はかなり不明瞭である。たとえば『フランスの革命に関する省察』（*Reflections on the Revolution in France*, 1790）におけるエドマンド・バーク Edmund

Burke を見てみよう。

人間の性質は複雑である。社会の目標は、最大限可能な複雑さにある。それゆえ、どのように単純な権力の性質あるいは傾向も、人間の性質あるいは人間に関する事がらの質のいずれにとっても、ふさわしいものではあり得ない。

（White, 1950, p.28 から引用）

これがフランスの革命家を攻撃した文書であると知らなかったとすれば、わたしたちはそれは専制君主の非難を意図していると考えたかもしれない。もしわたしたちが、それより一〇年もはやくにバークが彼の『経済改革に関する談話』において述べたこと、すなわち「個人は影のように通り過ぎる、しかし国家は固定的で安定している」（Lukes, 1973, p.3 より引用）という文章を考察するならば、問題は少しはより明確になるのである。

ボナルドの研究方法はまったく異なっている、なぜならば彼は教会の決定的な役割を強調するからである。しかし彼の見解は、すべての多様な保守的イデオロギーに共通な一要素を共有している――それは、それらのイデオロギーが家族、協同組合、教会、伝統的「秩序」のような社会集団を重要と見ることであり、それらの社会集団はそれらのイデオロギーにとっては、政治的に行動する権利を持つ「主体」となるのである。言い換えれば、保守主義者は「伝統的」（したがって持続を具現したもの）であると考えられる、このような集団全部に優位を認めたが、しかし保守主義を政治行為者のようななんらかの「全体 totality」と同一視することを拒否した。保守主義思想において事実上、決して明確にならなかったことは、どれが持続性を体現する集団であるかを、どのよう

に決定できるのかということである。結局相争う王室の系譜をめぐって常に議論が続いた。(6)

ボナルドが、ルソーやモンテスキューの大きな誤りであると考え続けたのは、明らかに「社会に先立つ自然の純粋な状態を……想像すること」にあったが、それとは正反対に、「社会の真の性質は……社会が、公共社会が現にある状態である……」(Bonald, 1988 [1802], p.87) ということになる。しかしこの規定は彼にとっては落とし穴だった。というのも、現在をそのように正統化するために、事実上、「復古」を許さなかったからである。しかし明確な論理は、決して、保守的論証法の長所でも主要な関心事でもなかった。むしろ彼らは、個々の選挙権を合計することで生み出された多数派のもっともらしい行為に警告を発することに関心を持っていた。彼らの歴史的主体は、リベラルよりはるかに非行動的であった。彼らの見地では、良き決定はゆっくりとまれにしか行われないものであり、そうした決定は、大部分すでに行われてきたのである。

もしも保守主義者が、小さないわゆる伝統的集団を支持して、歴史的主体としての個人に優位を認めることを拒否したとすれば、社会主義者は人民全体を意味する大集団を支持して個人に優位を与えることを拒否したのである。初期社会主義思想の分析の中で、コールは次のように述べた。

「社会主義者」とは、個人の要求を中心的に強調することに反対して、人間関係における社会的要因を強調し、フランス革命とその後の経済分野での革命によって解き放たれた人権をめぐる大論争の前面に、社会問題を持ってこようとした人たちだった。(G. D. H. Cole, 1953, p.2)

しかし、どの個人が問題となるのかを知ることが難しいのならば、どの「集団」が「人民」を構成するのかを知るのはより難しいし、もっとも難しいことは全人民の一般的意志の定義の仕方を知ることである。それがなんであるかを、どのように知ることができるだろうか。まず第一に、誰の見解を考慮すべきなのか、市民の見解か、それとも田舎に住んでいる人たちの見解か。なぜこうした方法で人民を制限するのか。なぜ全人類の見解を考慮しないのか。どんな論理で制限が正当化されるのか。一般的意志とすべての意志との間では、現実の実践における関係はどうなるのか。この一連の解決困難な問題のなかに、わたしたちは、権力を握った社会主義運動が遭遇したすべての困難の源泉を見いだすのである。

要するに、三つのイデオロギーが提出したものは、誰が妥当な歴史の主体であるかという問題への返答ではなかったのである。しかし、ただ、誰が人民の主権を体現しているのかを探索する三つの出発点は示された。それはリベラルにとってはいわゆる自由な個人であり、保守主義者にとってはいわゆる伝統的集団であり、社会主義者にとっては「社会」の全構成員である。

イデオロギーと国家

「主体」たる人民は、国家を主要な「目標」としている。人民がその意志を行使して、主権者であるのは、国家内でのことである。しかしながら、わたしたちはまた十九世紀以来、人民が「社会」を形成すると告げられた。どのようにして国家と社会とを調和させるのか、これは近代性に関わる大きな知的二律背反である。

もっとも驚くべきことは、この点に関する三つのイデオロギーの言説を考察したら、それらすべてが、国家に対して社会の側に立っているように見えることである。それらの議論はよく知られている。忠実なリベラルにとって、国家を経済生活から閉め出し、一般にその役割を最小限にすることが決定的なことであった。「レッセフェールは夜警国家の原則である」(Watson, 1973, p.68)。保守主義者にとって、フランス革命の恐るべき側面は、その個人主義であるのみならず、特にその国家主義であった。国家は人民の本来の忠誠を集める家族、教会、協同組合のような直接的集団の役割に異議をはさむときにのみ、専制君主的になる。(7) そしてわたしたちは『共産党宣言』におけるマルクスとエンゲルスの国家の性格についての有名な記述をよく知っている。

大工業と世界市場の確立以来、ブルジョアジーはついに近代の代議制国家において、自らのために排他的な政治的支配力を獲得した。近代の国家権力は全ブルジョアジーの共通の業務を取り扱う一委員会以外のなにものでもない。

(Marx, Karl, and Frederick Engels, 1973 [1848]、p.69〔都留大治郎訳「共産党宣言」『世界の大思想II―4　マルクス経済学・哲学論集』河出書房、一九六七年所収、二八〇ページ〕)

国家に対するこうした否定的な見解があったとはいえ、三つのイデオロギーのそれぞれが、その批判の対象である国家が、自分たちの支配から離れて、イデオロギー的な敵対者の手に渡っているといわれることに対しては、不平をいい続けたのである。実際のところ、三つのイデオロギーのそれぞれが自らの綱領を推進するために、国家の尽力を大いに必要とすることがわかったのである。イデオロギーとは、まず第一に、政治的戦略であるということを忘れないでおこう。社会主義者は、長い間、その矛盾した考えといわれてきたもののせいで攻撃されてきた。彼らの大部分は常に、その反国家主義的言辞にもかかわらず、短期的には国家行動を増大させるように努力してきた。アナーキズムは社会主義者のなかでは、常にごく少数の見解であり続けた。

しかし、保守主義者がより真剣に反国家だったというのは確かなのか。彼らは国家行動によって改良を達成することに、常に反対してきたのではないのか。実際には、彼らはなんら反国家ではなかった。というのもわたしたちは保守主義者が近代性の中心的帰結として見ている「価値の衰退」の問題を考慮しなければならないからである。今の社会の堕落に抗するために、以前のような社会を復興するために、彼らは国家を必要としてきた。一八四〇年代のイギリスの偉大な保守主義者のひとりロバート・ピール卿について言われてきたこと――つまり「彼の生きていたアナーキーな時代には、強力な行政部を生み出す憲法が不可欠であると、彼は信じていた」(Gash, 1951, p.52)――が実際には、より一般的に妥当する。

アレヴィが十九世紀はじめのイギリスにおける「トーリー党の反動」の際に、国家に対する保守主義者の立場の進化を説明した方法について述べよう。

一六八八年とその後の数年の間に、王は自らを主権者とみなし、それは世論によって認められた。王がその主権を専制的なものにするだろうことが常に恐れられ、国家のすべての権力によって認められた王の権威の独立性は、特権の慎重な制限の、つまり王の専制に反対する憲法上の保証の構成要素となった。十九世紀がはじまったとき、アメリカやフランス、そしてイギリスにおいてさえ、主権者であるという要求を主張したか、まさに主張しようとしたのは、人民であった。それゆえ今や、三権がその独立を維持しているのは人民に対抗してであった。その形は同じであるが意味の変わった制度を支持しているのは、もはやウィッグ党ではなくてトーリー党であった。そして今や王は、主権に対する新たな権利主張者に対抗して、その自治の防衛のために三権によって形成された同盟を統括したのである。(Halévy, 1949, pp.42-3)

この分析は明晰である。保守主義者は常に、変化を推し進める民衆勢力を支配するのに必要な程度にまで、国家組織を強化する用意があった。このことは、事実上は、一九一二年にセシル卿によって述べられたものの中で暗黙の内に語られている。「国家行動が不正や抑圧を意味しない限り、保守主義の原則は、国家行動への敵対であると主張されるはずがない」(Cecil, 1912, p.192)。

さて、少なくともリベラル——個人の自由と自由市場のチャンピオンである——は、国家に敵対していたのか。そんなことはまったくない! リベラルははじめから根本的な矛盾に捉えられていた。国家に対する個人とその権利の防衛者として彼らは、民主主義国家の唯一の保証である普通選挙権を認める方向へと衝き動かされた。しかしそこでさっそく国家は、過去から受け継いだ社会的圧迫から個人を解放するための、あらゆる改革の主要な代弁者となった。こうしてリベラルは今度は、功利主義的目的に役立つ成文法を整えるという考えにたどり着いた。再度、アレヴィははっきりと、その結果について次のように指摘した。

「功利主義的」哲学はそれ自体、あるいは根本的にみてさえ、リベラルな体系ではなかった。けれども、それは、利益の調和を生み出すためには、慎重な、ある意味では科学的な政府の干渉を期待する権威の原則であった。若くして「啓蒙専制政治」の擁護者であったベンサムは、自分の考えが発展するにつれて民主主義に立場を変えた。しかも彼は、長距離の飛躍といっていいほどの立場に到達した。それは彼が踏みとどまることを予期された多くの政治的諸原則――貴族政治、複合的憲法、バランス・オブ・パワー、権力を分割して可能な限り政府の権威を弱体化し、そうして個人を自由にするべきことが国家の目的であるという学説――の境界の彼方に、彼を連れていった。ベンサムの見解によれば、国家の権威が普通選挙権または非常に広い参政権によって、多数派の利益と調和させられたときに、もはやそれを疑う理由はなくなり、まぎれもなく祝福されるようになったというのである。

そしてその問題に関して、保守主義者は、

今や純粋なリベラルの伝統、つまり俸給官吏によって管理された官僚的専制政治という新しい制度に対抗する、無給官吏をもった貴族的自治政府という古い制度の支持者であった。（Halévy, 1950, pp.100, 99）

ベンサムは、実際には、レッセフェールの理論家である古典派経済学者に典型的に見られるリベラリズムからは、はずれていたと考えられるかもしれない。そこでイギリスで第一次工場法が通過したときに、その当時のすべての指導的な古典派経済学者たちは、この法令を支持したが、この現象はアルフレッド・マーシャル（Marshall, 1921, pp.763-4）以外の誰からも理解され（そして承認され）なかったということを思い起こしてほしい。そのとき以来、大きな官僚国家は決して成長を止めず、後継のリベラルな政府によってその拡大が支援され続けてきた。ホブハウスがセシル卿への返答としてリベラリズムに関する本を書いたとき、彼はこの国家の拡張を次のような方法で正当化した。「国家による強制の機能は、個人の強制を克服することにある。そしてもちろん、強制は国家内のなんらかの連合体によって行使される」（Hobhouse, 1911, p.146）と。

それぞれのイデオロギーが、いくぶんやっかいな国家主義を説明するために依拠する弁明は、疑いもなく、異なっていた。社会主義者にとって国家は、全体的な意志を履行した。保守主義者にとって国家は全体的な意志に対抗して伝統的な権利を保護した。リベラルにとって国家は、個人の権利の繁栄を認める条件を作り出した。しかしいずれの場合も、言葉では正確に反対のことを呼びかけてはいるが、基本線は、国家は社会との関係で強化されるものだということである。

どれだけのイデオロギーがあるのか

国家と社会の正しい関係を問うテーマに関わる、このようなすべてのめちゃくちゃな知的混乱は、わたしたちが、十九世紀にどれほどの異なったイデオロギーが現れたのかについて、決して十分に確認してこなかった理由を理解する手助けになる。三つだろうか、二つだろうか、それともたった一つだろうか。わたしはちょうど三つあったと主張する伝統的な議論を検討してきた。ここでは三つを二つに減らすことのできる方法を検討しよう。

フランス革命から一八四八年の革命に至る期間に、当時の人たちにとって「唯一明確な意見の断絶」は、進歩を不可避的で望ましいものとして受容し、それゆえフランス革命に対して「全体的に好意的であった」人たちと、他方で、価値の破壊を非常な誤りと考え、それに反対の立場をとった反革命との間にあったことは明らかなように思える（Agulhon, 1992, p.7）。こうして政治的闘争はリベラルと保守主義者との間でなされたのであり、急進主義者、ジャコバン党員、共和主義者、社会主義者などと名乗る人たちは、単にリベラルのより戦闘的な変種であるとみなされた。『村の司祭』のなかで、バルザックは司教に絶叫させている。

わたしたちは産業の町でどうしても奇跡を起こさなければならない。そこでは宗教と君主制の精神に謀反する精神が深く根をはり、プロテスタントから生まれ、今日リベラリズムとして知られている窮屈な詮索の精神が、明日は別の名前をつけられるかもしれないにしても、あらゆるものに広がっている。

（Balzac, 1893, p.103〔加藤尚宏訳『バルザック全集二一』東京創元社、一九七五年、六二ページ〕）

一八四〇年に正統主義者の新聞『ロルレアネ』(*l'Orléanais*) が他の新聞『ラ・ジュルナール・ドゥ・ロアール』(*Le Journal de Loiret*) を「リベラル、プロテスタント、サン・シモン主義者、ラムネ主義者〔その中心人物ラムネ Lamennais, Félicite Robert de,(一七八二―一八五四年)はフランスの宗教哲学者。デモクラシーの論客として活躍〕の新聞」として非難したことをツーデスクは、わたしたちに思い出させる(Tudesq, 1964, pp.125-6)。これはまったく的はずれの意見だというわけではない。というのもサン・シモンが記したように、「進歩の観念は事実上、サン・シモンのすべての思考原理 Philosophy of thought の核であり、その着想の中心をなしている」からである。

さらに、このリベラル=社会主義者同盟は、専制君主制に対する闘争における十八世紀のリベラルで平等主義的な思想に根をもっている(Meyssonier, 1989, pp.137-56)。この同盟は、生産力に関して両イデオロギーの関心が次第に増大していくことによって、十九世紀には持続的に強化された。そしてお互いに、そのことを近代国家の社会政策のためには、基本的に必要であると見ていた(8)。功利主義の興隆に伴って、この同盟はひょっとして結婚にまで進展するのではないかと思われたのである。保守主義者は当然このことについて議論した。

功利主義の信用を損なわせたいと思ったときに、トーリー党はそれを外国の思想とりわけフランスの思想によって鼓舞された反愛国的哲学として非難した。ベンサム学徒の政治原則はジャコバン党員の民主主義ではなかったのか。彼らはその倫理学と法律学をエルヴェシウスとベッカリーアから、心理学をコンディヤックから、歴史哲学と経済学をコンドルセとジャン・バプティスト・セイから獲得しなかったか。彼らは無宗教的ヴォルテール主義者ではなかったか。ベンサムはフランスで構想を練り、パリでその『立法論綱』（*Traités de Législation*）〔島田三郎訳、中外堂、一八七八年〕を出版しなかったか。しかし功利主義者たちは、その重要性が非難されている、これらいわゆるフランスの思想のすべてが、現実には一時的に海外に移ったイギリスの思想であるという事実をもって、返答することができたのである。（Halévy, 1949, p.583）

再度言えば、保守主義者の見解が間違っていたわけではなかった。ブレブナーはベンサムの「集産主義者」の側面にシンパシーをもって話し、次のように結論している。「現代のベンサム主義者でないようなフェビアン主義者とは何だったか」と。そしてジョン・スチュアート・ミルは、一八三〇年にはすでに「リベラル社会主義者と呼ばれうるもの」（Brebner, 1948, p.66）になっていた、とつけ加えている。

他方で、一八三〇年以後に、リベラルと社会主義者との間に明確な差異が現れ始める。そして一八四八年以後に、その差異は非常に深くなる。けれども一八四八年は、リベラルと保守主義者の間の和解の始まりの年となった。ホブスボウムの考えによれば、フランス、イギリス、とりわけベルギー（なお部分的にすぎないが、スイス、スペイン、ポルトガル）における「穏健派」リベラリズムの政治的勝利を許すことによって、大衆的な政治を可能にしたことが、一八三〇年の偉大な結果だった。それは最終的に「穏健派を急進主義者から分裂させた」（Hobsbawm, 1962, p.117）のだった。この問題をイタリアの視点から分析したカンチモリの考えによれば、分裂問題は一八四八年までは未解決だった。彼の記すところによれば、そのときまでは「リベラル運動は……いかなる進路をも拒否しなかった。暴動の呼びかけも、改良主義者の政治行動も」(Cantimori, 1948, p.288)。これら二つの戦術の間の分裂が完成したのは、一八四八年以後にすぎなかった。

決定的なこととして注目すべきなのは、一八四八年以後、社会主義者がサン・シモンに言及することをやめたということである。社会主義者はマルクス主義の思想のまわりに結集しはじめた。告訴されているのは、もはや改革による癒しを許すような単なる貧困ではなくて、資本主義が引き起こした人間性の喪失であった。その解決には資本主義を完全にひっくり返すことが必要であった(Kolakowski, 1978, p.288)。

まさにこのときに保守主義者は、保守的目的のための改良主義の有用性に気づきはじめた。ロバート・ピール卿は一八三二年の改革法の直後に選挙宣言であるタムワース宣言を発表したが、それは原則的声明として称揚されるようになった。それは同時代人によって「ほとんど革命的なもの」と考えられた。それは、その宣言が改革法を、単に「憲法上の大問題についての最終的で、変更できない決定」として告知したからのみではなく、この立場が議会に対してよりはむしろ、人民に対して告知されたからであった。このことが当時大きな「センセーション」を引き起こしたのだった(9)(Halévy, 1950, p.178)。

この過程で保守主義者は、財産を守ることの重要性に関して、リベラルと意見が一致したと書き留めたのだった。たとえ財産に関する彼らの関心が、主として財産が持続性を象徴し、その結果として家族や教会、他の社会的連帯のための基金として役立つという事実にあったとしてもである（Nisbet, 1966, p.26）。しかしセシル卿が「保守的路線上での穏健な改革が必要なのは、それがジャコバン主義に対する効果的な抵抗の不可欠の部分をなすからである」（Cecil, 1912, p.64）と記したように、両者の哲学的な一致以上に現実の革命に関する具体的な脅威、彼らが共有する恐れが存在したのだった。

最後に、たとえ理論的にはほとんどありそうに思えないにしても、保守主義者と社会主義者が手をむすんで、三つのイデオロギーを二つに減らすという第三の可能性をすっかり無視するべきではないだろう。ボナルド派の思想にその根を持つサン・シモン的社会主義の「保守的」性格については、しばしば論評されてきた（Manuel, 1956, p.320 ; Iggers, 1958, p.99 を参照）。二つの陣営はその反個人主義的本質を反映して一緒になることができた。さらにハイエクのようなリベラルは、保守的なカーライルの思想の「社会主義的」性格を非難した。このとき問題になったのは、保守主義思想の「社会的」側面であった。セシル卿は実際にためらうことなくこの類似について率直に言明した。保守主義と社会主義はしばしば直接敵対していると想定されている。しかしこのことが完全に正しいというのではない。近代の保守主義は、トーリー主義の伝統を継承していて、それは国家の行動や権威に好意をもっている。実際ハーバート・スペンサーは、社会主義を事実上トーリー主義の再来だと攻撃した……。

(Cecil, 1912, p.169)

リベラル=社会主義者同盟の結果として一種の社会主義的リベラリズムが登場した。リベラル=保守主義同盟の結果は一種の保守的リベラリズムであった。要するにわたしたちは二つのリベラリズムの変種を確認することになったのである。さらにありそうに思えない保守主義=社会主義者同盟はもともと単なる一時的な戦術であった。しかしひとは、二十世紀の種々の「全体主義」を、ポピュリズム的でかつ社会的でもある、伝統主義の一形態を取っているという意味で、この同盟のより持続的な形態であると考えないだろうか。もしそうなら、それら全体主義は今までのところ、リベラリズムが、マニ教〔二元教〕ドラマのアンチテーゼとして、中央ステージにとどまるためのもう一つの方法であった。このリベラリズムに対する激しい対立という表向きの姿の背後には、これらすべての政体の要求の核になる構成部分として、リベラルの教義となってきた生産力を通じての進歩への忠誠が見られる。こうしてわたしたちの結論は、社会主義的保守主義（あるいは保守的社会主義）でさえも、ある意味では、悪魔のような形をとったリベラリズムの一変種であるということになる。どのような場合に、一七八九年以来、唯一の真のイデオロギー、つまりリベラリズムが三つの主要なヴァージョンに彩られて存在してきたのだと結論づけられないことになるのであろうか。

もちろんこのような見解は歴史学的用語を用いて詳細に述べられなければならない。一七八九年から一八四八年の時代は、最終的に完成した形をとることに失敗した保守主義と文化的覇権を追求していたリベラリズムとの大闘争として突出している。一八四八年から一九一四（あるいは一九一七）年の時代は、リベラリズムが深刻な反対なしに舞台を支配した時期として重要である。他方この時代には、マルクス主義は独立した極として社会主義イデオロギーを構成しようとしたが、完全に成功することなどできなかった。そこで、一九一七年から一九六八（あるいは一九八九）年の時代は、世界的レベルでリベラリズムが神格化された時代であると論じていいかもしれない（この主張は最も論争を呼ぶものだろうが）。この見方によれば、レーニン主義が自らをリベラリズムに激しく敵対するイデオロギーであると主張するとしても、それは実際にはリベラリズムの具現化の一つであったといえよう。(10)

イデオロギーを越えて？

今こそまさに、イデオロギーを越えていくことが、つまり支配的なリベラル・イデオロギーを越えていくことが可能だろうか。一九六八年の世界革命以来、問題は明確に、そして繰り返し提起されてきた。一九六八年の革命家たちが、一イデオロギーとしてのリベラリズムをではなく、資本主義世界経済のイデオロギーとして役だった三つのイデオロギーのなかのイデオロギーとしてのリベラリズムを攻撃したのは、何のためだったのか。

一九六八年の対決に参加した革命家たちの多くは、疑いもなくその要求を毛沢東主義の言説で、あるいはその他のマルクス主義の変種の言説で装っていた。しかしそのことは公式のソヴィエト・マルクス主義と工業世界の大きな共産主義諸党を共に拒否して、マルクス主義をリベラルのつぼに入れてしまうことを押し止めるものではなかった。そして一九六八年以後の時代に、もっとも「保守的な」分子が、一九六八年革命に対する返答を系統的に提示しようと努めたとき、彼らは「ネオ・リベラル」と名乗った。

最近コラコフスキーの著書を論評した『パブリッシャーズ・ウイークリー』は、彼の思想を次のように要約した。「保守主義、リベラリズム、社会主義はもはや相互に排他的な政治的立場に立っていない」(『ニューヨーク・レヴュー・オヴ・ブックス』(*New York Review of Books*) 一九九一年三月七日、二〇ページ広告)。しかし、もしわたしたちの分析が正しいとすれば、かつてこれらのイデオロギーが相互に排他的なときがあったのだろうか。資本主義世界経済の重要な覇権的イデオロギーであるリベラリズムの意味と妥当性に関して、混乱が支配していることが、新しいのではない。それはいつもそうだったのである。新しいことは、一八四八年以来の支配的イデオロギーとしての歴史においてはじめて、近代性以外のなにものをも心に抱いていないリベラリズムが、再び根本的な疑問にさらされたということである。

これはすべてのイデオロギーの終わりではないのかもしれない。しかし政治的変化が必要であり、不可避的であり、それゆえ普通であるということが、もはやそれほど明確ではない今、そのような信念の結果を処理するために、イデオロギーを持つ必要はもはやない。わたしたちは、約五〇年間継続するかもしれず、そしてその結果が不確定な「分岐点〔バイファケーション〕」（プリゴジン〔Ilya Prigogine 一九一七年―。ベルギーの化学者で物理学者、非可逆過程の熱力学を体系化した〕の著作を参照）として描かれうる過渡期に入っている。現在のシステムの廃虚から現れるだろう（諸）システムの（諸）世界観を予言することはできない。わたしたちは、たとえあるとしても、どんなイデオロギーが生まれ、それがどれだけの数になるかを予言することはできない。

参考文献

AGULHON, MAURICE. 1992. *1848, ou l'apprentissage de la République, 1848-1852,* nouv. éd. révisée et complétée. Paris : Ed. du Seuil.

BALZAC, HONORÉ DE. 1898. *The village cure*. Philadelphia : George Barrie and Sons.（加藤尚宏訳「村の司祭」、『バルザック全集二二』東京創元社、一九七五年、六二ページ）

BASTID, PAUL. 1953. "La théorie juridique des Chartes." *Revue internationale d'histoire politique et constitutionelle*. n.s. 3:63-75.

BONALD, LOUIS DE. 1988（1802）. *Législation primitive considérée par la raison*. Paris : Ed.Jean-Michel Place.

BREBNER, J. BARTLETT. 1948. "Laissez-faire and state intervention in nineteenth-century Britain." *The Tasks of Economic History*（a supplemental issue of the *Journal of Economic History*）. 8:59-73.

BRUNOT, FERDINAND. 1937. *Histoire de la langue française des origines à 1900* IX : *La Révolution et l'Empire* 2e Partie : *Les événements, les institutions et la langue*. Paris : Lib. Armand Colin.

CANTIMORI, DELIO. 1948. "1848 en Italie." In F. Fejtö, dir., *Le printemps des peuples: 1848 dans le monde*. Paris : Ed. du Minuit. I: 255-318.

CECIL, LORD HUGH. 1912. *Conservatism*. London : Williams & Northgage.

COLE, G. D. H. 1953. *A history of socialist thought*. Vol.1. *Socialist thought: The forerunners, 1789-1850*. New York: St. Martin's Press.

CONDLIFFE, J. B. 1951. *The commerce of nations*. London : George Allen & Unwin.

GASH, NORMAN. 1951. "Peel and the party system, 1830-50." *Transactions of the Royal Historical Society*, 5th ser., I : 47-70.

HALÉVY, ELIE. 1949. *A history of the English people in the nineteenth century*. 2nd rev. ed. Vol. 2. *England in 1815*. London: Ernest Benn.

——. 1950. *A history of the English people in the nineteenth century*, 2nd rev. ed. Vol.3. *The Triumph of Reform, 1830-1841*. London: Ernest Benn.

HAYEK, FREDERICK A. von. 1952. *The counter-revolution of science : Studies on the abuse of reason*. Glencoe, IL: Free Press.（佐藤茂行訳『科学による反革命――理性の濫用』木鐸社、一九七九年）

HOBHOUSE, L. T. 1911. *Liberalism*. London : Oxford Univ. Press.（星野真一訳『自由主義とは何ぞや』実践社、一九三六年）

HOBSBAWM, ERIC J. 1962. *The age of revolution, 1789-1848*. New York : World Publishing, A Mentor Book.

IGGERS, GEORG G. 1958. *The cult of authority : The political philosophy of the Saint-Simonians. A*

chapter in the intellectual history of totalitarianism. The Hague : Martinus Nijhoff.
KOLAKOWSKI, LESZEK. 1978. *Main currents of Marxism : Its rise, growth, and dissolution*. 3 vols. Oxford : Clarendon Press.
LABROUSSE, ERNEST. 1949. "1848-1830-1789: Comment naissent les révolutions." In *Actes du Congrès historique du Contenaire de la Révolution de 1848*. Paris: Presses Univ. de France. 1-20.
LUKES, STEVEN. 1973. *Individualism*. Oxford: Basil Blackwell.
MANNING, D. J. 1976. *Liberalism*. London: J. M. Dent & Sons.
MANUEL. FRANK E. 1956. *The new world of Henri Saint-Simon*. Cambridge : Harvard Univ. Press.
MARSHALL, ALFRED. 1921. *Industry and trade*. London : Macmillan.（永澤越郎訳『産業と商業』岩波ブックセンター信山社、一九八六年）
MARX, KARL, AND FREDERICK ENGELS. 1973（1848）. *Manifesto of the Communist Party*. In Karl Marx, *The revolutions of 1848 : political writings*. Vol. I. Harmondsworth, UK : Penguin. 62-98.（都留大治郎訳「共産党宣言」『世界の大思想II―4　マルクス経済学・哲学論集』河出書房、一九六七年所収）
MASON, E. S. 1931. "Saint-Simonism and the rationalisation of industry." *Quarterly Journal of Economics*. 45:640-83.
MEYSSONIER, SIMONE. 1989. *La balance et l'horloge. La genése de la pensée libérale en France au XVIIIe siècle*. Montreuil : Ed. de la Passion.
MINOGUE, K. R. 1963. *The liberal mind*. London: Methuen.
NISBET, ROBERT A. 1944. "De Bonald and the concept of the social group." *Journal of the History of Ideas*. 5:315-31.
——. 1952. "Conservatism and sociology." *American Journal of Sociology*. 58:167-75.

——. 1956. *The sociological tradition*. New York: Basic Books.

PLAMENATZ, JOHN. 1952. *The revolutionary movement in France, 1815-1870*. London: Longman, Green.

SCHAPIRO, J. SALWYN. 1949. *Liberalism and the challenge of fascism: Social forces in England and France(1815-1870)*. New York: McGraw-Hill.

SIMON, WALTER M. 1956. "History for utopia: Saint-Simon and the idea of progress." *Journal of the History of Ideas*. 17:311-331.

TUDESQ, ANDRÉ-JEAN. 1964. *Les grands notables en France (1840-1849): Etude historique d'une psychologie sociale*. 2 vols. Paris: Presses Univ. de France.

WALLERSTEIN, IMMANUEL. 1991. "The French revolution as a world-historical event." In *Unthinking social science : The limits of nineteenth-century paradigms*. Cambridge : Polity Press. 7-22.（「世界史的事件としてのフランス革命」、本多健吉・高橋章監訳『脱＝社会科学』藤原書店、一九九三年所収）

WATSON, GEORGE. 1973. *The English ideology: Studies in the language of Victorian politics*. London: Allan Lane.

WHITE, R. J., ed. 1950. Introduction to *The conservative tradition*. London: Nicholas Kaye. 1-24.

5

リベラリズムと国民国家の正統化
——ひとつの歴史的解釈——

一七八九年から一九八九年までの資本主義世界経済を、イデオロギー的に接合したのはリベラリズムであった（それから由来するのではなくて、相互関係にあるパートナーの科学主義と並んで）。その日時はたいへん明確である。フランス革命が、リベラリズムを重要なイデオロギー的選択肢として世界の政治舞台へ登場させたのである。一九八九年の共産主義の没落は、その退場を示すものである。

こうした叙述が妥当するかどうかは、もちろん、わたしたちがリベラリズムの本質と信じているもの次第によって決まる。これを決定するのに辞書はほとんど役に立たない。そしてリベラリズムに関する本の蔵書はもっと役に立たない。というのはリベラリズムはゴムのような言葉だったからである。それはただリベラリズムが多くの定義をもっているからではない。このことはどんな重要な政治概念にとってもあてはまることである。これらの定義は非常に広範に変化したので、この言葉がまさに反対の意味を与えられたこともある。もっとも最近の明白な例を一つだけあげるならば、レーガンとブッシュの両大統領は、アメリカにおける政治的攻撃では、リベラリズムをどなりつけたのに、彼らはヨーロッパの著作では非常にしばしば「ネオ・リベラル」と呼ばれたのである。

この言語学上の逆転は、たしかに、政治的リベラリズムと経済的リベラリズムとは二つの異なった知的立場であり、あるいは二つの分離した思想の流れとしてすら考えられるべきだという事実に由来するだろう。それではわたしたちが、同じ言葉を両様に使ってきたのはどのようにしてか。そして文化的リベラリズムという範疇はどう扱えばいいのだろうか。カウンター・カルチャーのヒッピーはリベラルなのか。自由意志論者はリベラルなのか。この問題については、先へ進むことができるが、終点はないだろう。言語学上の混乱という説明はあまりにも安易な言い逃れである。なぜならば、リベラリズムは、実際に、常に人間行動のすべての闘技場にその姿を現したからである。

リベラリズムはその歴史的文脈において理解されねばならない。そしてわたしが主張する文脈は、一七八九年から一九八九年までの時代に制限される。わたしは一イデオロギーとしてのリベラリズムに関心がある。そしてイデオロギーという言葉を、多数の人々を動員することを意図した包括的で、長期的な政治的大目標を意味するものとして用いる。この意味で、わたしが以前論じたように(1)、諸イデオロギーの存在はフランス革命とそのナポレオンによる余波によってもたらされた資本主義世界経済の地政学的転換以前には、必要でもなく可能でもなかった。

フランス革命以前には、資本主義世界経済の支配的な世界観は、他の史的システムと同様に、政治的安定を通常のことと見るものであった。支配者に備わっている主権と支配者の統轄権は、権力獲得に関する、通常は相続権獲得に関する数組の規則から生じた。支配者は、もちろんしばしば挑戦を受けて倒されさえしたが、代わった支配者は常に安定が常態であることについて、同じ信念を説いた。政治的変化は、例外的に正当化されるような異例なことがらだった。例外が起こったとき、それをその後の変化の先例とすることは考えられなかった。

フランス革命によって始まった激変――ヨーロッパ中で感じられた激変――が、この精神構造を変えた。人民が主権者となった。一八一五年から一八四八年にかけての「反動主義者」のあらゆる努力は、新しい精神構造に少しの痕跡を残すこともなかったといえるだろう。一八四八年以後、今日まで誰も真剣に、再度そのことを試みようとすらしなかったのである。[2] 実際、変化――政治的変化を含むあらゆる種類の変化――が「常態」になった。それは明らかに、この世界観が非常に急速に定着して、諸イデオロギーが生成したからである。それらイデオロギーは政治変化の常態という観点から、またそれとの相互関係にある、人民主権への信念という観点から追求されるべき政治的大目標であった。

保守主義が最初の応答であったことは理にかなっている。今日、保守的思想の子孫を生んだと考えられている二つの古典的著作、メーストル Joseph de Maistre の『フランスに関する考察』(*Considération sur la France*, 1789)とエドマンド・バークの『フランスの革命に関する省察』は、革命のはじめの数日間に、そのまっただ中で書かれたものであった。一般にフランス革命の反対者は、社会的災難はもっぱら変化の常態化を正統化することから生じると論じた。しかし彼らはまもなく、非妥協的な立場は社会的に不可能になるということを理解した。一七八九年から一八四八年の時期に、新しい世界観の全面的な拒否から、過去一五〇年間の支配的な保守的イデオロギーと呼ばれるものへと、保守的立場の進化が生じた。その立場とは、「通常」の変化はできるだけゆるやかになされるべきであり、そしてその変化は、社会秩序のより重大な損傷を防ぐために必要なものとして慎重に正当化されるときにのみ、促進されるべきであるというものだった。

リベラリズムは保守主義へのイデオロギー的応答であった。リベラル（名詞形で）という用語そのものはわたしたちが知っているように、十九世紀の最初の一〇年間にやっと現れたにすぎなかった。一般的に言えば、一八四八年以前の時代には、フランス革命の思想を公然と（イギリスの場合にはひそかに）支持する幅広い範囲の人々がいた。その範囲には共和主義者、急進主義者、ジャコバン主義者、社会改良家、社会主義者、リベラルのような異なったレッテルをもった人々が含まれていた。(3)

一八四八年革命の世界では、実際はたった二つの陣営、それぞれに保守的イデオロギーか、リベラル・イデオロギーを代表する秩序の党と運動の党があったにすぎない。もしフランス革命に起源をもつ別の用語を用いたいのなら、それは右翼と左翼である。一八四八年になって初めて、社会主義はリベラリズムと異なった、敵対する真に独自のイデオロギーとして登場した。そのとき世界システムは、わたしたちみんなになじみのある、〔保守主義・リベラリズム・社会主義の〕三様式のイデオロギー的スペクトルの時代に入った。リベラリズムは政治的闘技場の中心を象徴し、かくして（わずかだが、しかし慎重に隠喩を変えれば）なおその上に、舞台中央を占める地位に就くようになった。

リベラリズムと社会主義の二つの流れが分裂するときの、その本質的な差異は、変化（進歩）が望ましいことについてでも、ましてや変化の不可避性についてでもなかった。事実問題として、変化についての見解はそれら両者に共通する主要部分であった。相違はむしろ、イデオロギー的なものであった。つまり政治的大目標の一つが異なっていた。リベラルが信じていたのは、社会改善の過程は、当該問題の専門家によってなされた合理的評価と、その評価に照らして知的社会的改革を導入するという、政治指導者の持続的・意識的試みの双方に基づいてなされるものであるし、そうあるべきだということであった。改良主義者が重要な変化を知的善意とほとんど彼らの力だけで達成できるのかどうかを疑問に思い、それによって煽られたのが、社会主義者の大目標だった。社会主義者はもっと速く進むことを望み、かなりの大衆的圧力がなければこの過程は進行しないだろうと論じた。大衆の圧力が不可避であるからこそ進歩は不可避となるのであり、専門家は単独では無力である、というのであった。

一八四八年の世界革命は、三つのイデオロギー的潮流すべての政治戦略上における転換点であった。社会主義者は、一八四八年の失敗から、自発的政治的蜂起または交通の切断のいずれかに依拠していては、なにか多くのことを達成できるとは思えないということを学んだ。国家組織はあまりにも強力であり、鎮圧はあまりにも容易で有効であった。一八四八年以後になって初めて社会主義者は、国家組織の長期的政治支配を目的にして、党、労働組合、労働者組織一般を真剣に組織し始めた。このポスト一八四八年の時代には、二段階社会主義戦略が生まれた。この戦略は、後に現れる第二インターの社会民主党と第三インターの共産主義者という、社会主義運動の二つの主潮流に共通のものであった。二段階というのはまったく単純なものであった。第一段階は、国家権力の獲得であり、第二段階は、社会変革（社会主義への到達）のために、国家権力を行使するというのである。

保守主義者もまた、一八四八年から教訓を得た。労働者の反乱は現実の政治で起こりうるものとなった。それらは比較的容易に鎮圧されたが、未来がどうなるかはもっと不鮮明であった。さらに保守主義者は、社会主義革命と民族主義革命 nationalist revolution とは、まったく同じものではないにしても、世界システムの舞台では両者が相互に重なり補強しあうような、危険な傾向を発展させるかもしれないと気づいた。続いて、そのような蜂起を避けるために、蜂起自体よりも早く、まだ間に合う時点で、なにか具体的なことがなされねばならなかった。このなにか具体的なものというのが、より統合された国民社会 national societies の建設とよばれるものであろう。

これらの新しい社会主義と保守主義の戦略を注意深く検討するならば、それぞれは事実上、前進する、管理された、合理的で通常の変化というリベラルの意図により接近するようになっていた。当時リベラルな戦略とは何だったか。リベラルは、管理された合理的で通常の変化に関して鍵となる二つの主な理念によってその戦略を手探りしていた。誰にとってもはっきりわかる主要な問題は、北米と西欧の工業化が、都市化とそれまでの地方住民を都市プロレタリアートへ長期的に転化させる必然的な過程を伴なっているということだった。[4] 社会主義者はこのプロレタリアートを組織しようともくろんだ。そして一八三〇年代と一八四〇年代に起こったことから、彼らが組織できることはすでに明らかであった。

社会的秩序に対する危険に対して、それゆえ合理的社会的発展への危険に対してリベラリズムが提供できる解決法は、労働者階級に譲歩することであった。つまり政治権力へのいくらかの参加や剰余価値のいくらかの分配であった。しかし問題は、労働者階級に対して彼らが破壊的になることを躊躇させ、かつ資本主義世界経済の存在理由であり支配層の第一の関心事である、資本蓄積の不断の拡大を深刻に脅かさないだけのものを、いかに与えるかということであった。

一八四八年から一九一四年までのリベラル――リベラルの頭文字の「L」は、イデオロギーとしてのリベラリズムの頭文字の「l」の政治的化身である――について言えることは、譲歩の多少の度合いがまったくわからなかったので、どのように敢えてすればいいのか十分な確信を持ったためしがなく、いつも当惑していたということである。この戸惑いの政治的結果が、リベラリズムの頭文字「l」が世界システムの支配的イデオロギーとして決定的に勝利した過程で、その過程の一部

としてリベラルの頭文字「L」から、政治的ボールが持ち去られたことであった。(5)

一八四八年から一九一四年にかけて起こったことは、疑いもなく奇妙なことだった。まず第一に、三つのイデオロギーすべての実践家たちは、理論的な反国家の立場から多様な方法で国家組織を実際に強化し補強することに努める立場に変わったのである。第二に、リベラルの戦略は、実際には、保守主義者と社会主義者の結合した努力によって実行されたのである。

理論的な主権の所在が支配者から人民に移ったことは、特定の国家が人民の意志を反映するのかどうかという問題を提起した。これはまさに十九世紀の政治理論を支配していた――国家対社会という――古典的二律背反の実存的基礎であった。人民主権の論理が、人はどんな争いにおいても、国家よりは社会に与《くみ》するように義務づけられているということを意味するのは疑いのないことだろう。社会と人民の意志とは、事実上、同意語であった。それはたしかに、もともと社会の利益を守ることを要求し、それゆえ国家に対する敵対を唱えた三つのイデオロギー的潮流のすべてが、人民主権を(暗黙の内にそして明示的に)どの程度受け入れたのかを計る物差しである。

もちろん三つの思想の流派は国家に対する敵対について異なった説明を与えた。保守主義者にとって国家は、もしそれが革新的な立場をとるならば、家族、共同体、教会そしてもちろん君主制のような社会と社会秩序の伝統的な要塞に対抗して進む、当事者であるように思えた。このリストにある君主制の存在それ自体が、人民主権概念の支配の暗黙の承認であった。もし王が真の主権者であったなら、彼は法を制定できるだろう。ルイ十八世に対する正統主義者の反対は、ルイ・フィリップに対する彼らの反対は言うまでもなく、明らかにこの前提に基づいていた。[6] 正統主義者たちは、これら二人の王が憲章の考えを受容したことによって、伝統に反して国家が法を制定するというテーゼに屈してしまったものと考えた。それゆえ彼らは、王の伝統的権威の名の下で、王と国家の同時代の現実の権威に対抗したのだった。

リベラリズムの国家に対する理論的な敵対は大変根本的なものなので、大部分の著者は、リベラリズムを定義づける特色が夜警国家の学説であると見なしている。そこで想定されているスローガンはレッセフェールである。リベラルなイデオロギストや政治家は通常、しばしば、国家が市場から手を引っ込めることの重要性について、またしばしば、しかし多分それほど頻繁にではないが、社会的闘技場における意思決定を国家が侵害しないようにすることの重要性について語ってきた。個人の具象化と、主権を有する人民は「奪うことのできない権利」を持った諸個人から構成されているという見解とは、国家に対するこの深い懐疑の基礎にある。

最後に、あらゆる社会主義者のグループは、国家の抑圧的（階級に偏した）行為であると彼らが考えるものに対抗して、社会の要求と意志の中に自らの正当化の根拠を見出したといえよう。そのうえで、三つのイデオロギーのすべてが、実際には、意思決定や意思の押しつけにおいて、国家の権力と効力を現実的に増大させる方向に突き進んできたのであり、それが十九世紀と二十世紀における近代世界システムの歴史的軌道となったということを記すことは、同様に決定的に重要である。

社会主義イデオロギーが実際には、国家組織の補強につながったというのは決まり文句となっている。この点に関して『共産党宣言』は非常に明確である。

わたしたちは、労働者階級による革命の第一歩は、プロレタリアートを支配階級に高めることであり、民主主義を確立することであることを……見てきた。

プロレタリアートは、あらゆる資本をブルジョアジーから次第に奪い取り、あらゆる生産用具を国家の手に、すなわち、支配階級として組織されたプロレタリアートの手に集中し、生産力の量をできるだけ急速に増大させるためにその政治支配を利用する。

〔都留大治郎訳「共産党宣言」、『世界の大思想II―4 マルクス経済学・哲学論集』河出書房、一九六七年所収、二九四ページ〕

さらに「第一歩」への途中では、「共産主義者は直接的な目的のために、労働者階級の一時的な利益の実行のために戦う」と『共産党宣言』はつけ加えている。後者の意図は、マルクス主義的な社会民主主義諸党のみならず、（労働党のような）非マルクス主義的社会主義者の行動においてもみられたものである。つまりそれは、仕事場の諸条件の規定に対して国家介入を求める不断の圧力、国家による所得移転組織の確立、労働者階級の組織的行動を国家が合法化し、正当化することなどである。

保守主義者は、実際には、国家の役割の拡大を支持したくなかったのか。わたしたちは保守的政治勢力と土地所有者との歴史的つながりや、その帰結としての農業利益に関する種々の国家的保護の防衛を考慮しなくてもいいだろう。それらはより昔の時代から受け継がれてきたものだからである。新たな産業主義とその社会的帰結に対応して、保守主義者は、自分たちが社会的崩壊と見なすものに反対して行動する際に、国家は何の役割も果たすべきではないと感じたのだろうか。もちろんそうではない。セシル卿は慎重に国家に対する保守的イデオロギーの核心を表現した。「国家行動が不正や抑圧を意味しない限り、保守主義の原則が国家行動に敵対することだと、主張されるはずがない」[7]。保守派の問題は非常に単純だった。とりわけ、一七八九年以後の社会組織の急速な進化があったので、彼らが好ましいと思う社会秩序に近い社会を獲得するために、彼らは国家の干渉を必要とした[8]。

リベラルに関していえば、彼らは、その言葉とは反対に、夜警国家の概念を、これまでに真剣に取り扱ったことがあるのだろうか。その代りに、彼らは初めから国家を合理性の最適の道具と見てこなかっただろうか。これはジェレミ・ベンサムの哲学的急進主義の本質ではなかったか[9]。リベラル思想の権化であるジョン・スチュアート・ミルは違った議論をしていたのか。イギリスでは国家に農業保護主義をやめさせようと努めていたまさにそのときに、リベラルは、時を同じくして、国家に工場法を作らせようと努力したのである。わたしの考えでは、国家に関するリベラルの実際の行為をもっともよく要約したのはL・T・ホブハウスである。

それゆえ、真の差異は、自己規制的行為と他人規制的行為との間にあるのではなく、強制的行為と自発的行為との間にある。国家による強制機能は、個人の強制やもちろん国家内の個々人

の連合によって行使される強制を打破することである。(10)

国家組織の補強に関する三つのイデオロギーのこの接近は、リベラルの頭文字「L」のための独立の政治的役割を除去することである。十九世紀の後半に、保守主義者はリベラルな保守主義者となり、社会主義者はリベラルな社会主義者となった。そのときにリベラルなリベラルにはどんな場所が残されていたのだろうか。

政治的現実の進化は、レトリックの進化においてのみならず政治過程それ自体においても非常に明白である。労働者階級の政治参加の増大というリベラルの目標は、普通選挙権を目指していた。剰余価値の分配に労働者の関与を認めるというリベラルの目標は、福祉国家を指し示していた。これら二つの分野におけるいまなお最大の著しい進歩——それは全ヨーロッパのモデルとなった——は、二人の「啓蒙的保守主義者」ディズレーリとビスマルクの行為であった。リベラルが決してあえてしなかった、大きな飛躍を進んで実行したのは、彼らであった。

疑いもなく、啓蒙的保守主義者は社会主義者の圧力を受けて跳躍したのだった。労働者階級は選挙権と今日福祉国家といわれている恩典を要求した。彼らがこうした変化を決して要求しなかったとしたら、保守主義者が譲歩することなどありえなかっただろう。啓蒙的保守主義者は、労働者階級を従順にさせるために、彼らを統合し穏健化させるという理由で、時宜にかなった譲歩に踏み切ったのだった。社会主義戦術が、啓蒙的保守主義者の正しい理解に道を開いたのは歴史の皮肉である。

リベラルの最終テーマは、そのライヴァルによって実行された。リベラルは国民的 national 精神の形成による主権在民の実現を初めて試みた。保守主義者と社会主義者は、理論的にはより強情であった。国家 nation は伝統的な保守的な意味での共同体概念ではなかった。そして社会主義者は反国家的な国際主義を好んだ。理論的にはリベラルだけが国家を妥当な個人の意志の総和であるとみなした。

やがて十九世紀が進むにつれて、愛国主義と帝国主義の旗をつかんだのは、保守主義者だった。さらに「境界外」地域を最初にもっとも有効に、それぞれの国民国家 nation-states に統合したのは社会主義者だった。その証拠となるのは、ウエールズとスコットランドにおけるイギリス労働党の強さ、オクシタニア Occitania におけるフランス社会党の強さ、南部におけるイタリア社会党の強さである。社会主義諸政党のナショナリズムは、彼らが一九一四年八月に旗の下に集まったことによって、最終的に告白され、確認された。ヨーロッパの労働者階級はその忠誠をもって、彼らに譲歩してきたリベラルな国家に報いた。

シャピロが言うように、「十九世紀は歴史的には一九一四年で終わり、リベラリズムがヨーロッパにおいて受容された政治生活の方法となった」[11]。しかしリベラル諸政党は死滅した。資本主義世界経済の中核諸国はすべて、事実上は、イデオロギー的分裂に陥った。一方は、リベラルな保守主義者となり、他方は、リベラルな社会主義者となった。この分裂は通常、多かれ少なかれ党組織に反映された。

リベラルの大目標は大きな成功をおさめた。中核諸国の労働者階級は、実際に、資本主義世界経済の機能に脅威を与えないような方法で、進行中の国民的政治過程に統合されてしまった。もちろんこれは中核諸国の労働者階級に関してのみいえることである。第一次世界大戦は、あらゆる問題を世界的規模で再提出したが、そこではあらゆるシナリオが再演されることになったのである。

世界的規模で保守主義者は、一八四八年以前の彼らの立場にもどった。他の諸国の帝国支配が原住民にとっては恵み深いものと考えられ、世界社会と特定の中心地の双方にとって望ましいものと考えられた。さらにその帝国支配がいつか終わるということを示す根拠がなかった。保守主義者の考える帝国は、少なくとも未開地域にとっては、永遠のものであった。そのことになにか疑いがあるというならば、ただ国際連盟の組織におけるC等級の委任統治の概念〔西南アフリカ、南太平洋諸国を対象に植民地としての扱いを認めた統治の概念〕を参照するだけでいいだろう。

反リベラリズムとしての社会主義イデオロギーは、ロシア革命と新たな政治的大目標としてのマルクス＝レーニン主義の構築によって再建された。レーニン主義の核心は、他の社会民主主義者がリベラルな社会主義者となってしまい、それゆえもはや反システム的ではないことを非難することであった。わたしたちが論じたように、この認識は非常に正しかった。レーニン主義はそれゆえ根本的に、本来の社会主義的大目標――不可避的な社会変化の過程で大衆的な圧力を行使してさらに速く進むという――への復帰の呼びかけであった。これは具体的には、第三インターによって支持された一連の革命的戦術に姿を変え、「二一箇条の加入要件」によって具体化された。

リベラリズムは中核諸国での国民的舞台では、自治的政治的集団としての政治的機能をほとんど失っていたが、今日わたしたちが南側と呼ぶ非中核諸国での大衆的な諸階層と取引するための大目標を表現するものとして、その役割を再建した。その先駆けはまずウッドロー・ウイルソン大統領であり、次がフランクリン・ルーズヴェルトであった。ウイルソンとルーズヴェルトは、普通選挙権と福祉国家という、十九世紀中葉のリベラルの二つの主要な要求を取り上げて、それらを世界レベルで適用した。

ウイルソンの民族自決権の要求というのは、選挙権の世界的レベルでの等価物にあたるものを要求することであった。すべての個人が諸国家内で平等の選挙権を持つべきであるように、すべての国家は、世界政治においては主権を持ち、平等であるべきだというのである。ルーズヴェルトは第二次世界大戦の間にこの呼びかけを再開したが、彼はそれに、いわゆる「低開発諸国の経済開発」の必要性をつけ加えた。それは「技術的補助」と「援助」により促進されるべきものとされた。これは世界的場面において機能的に福祉国家に等しいものを、つまり剰余価値の、まさに世界の剰余価値の部分的で制限付きの再分配を実現しようとする試みを意図したものであった。

歴史は今でも、多かれ少なかれ繰り返すものだろう。リベラルは大目標を宣言したが、しかし躊躇した。この大目標は最終的には、社会主義的な大衆的圧力（主に民族解放運動）とド・ゴールのような啓蒙的保守主義者の大胆な飛躍とが連携することによって遂行された。一九一七年から一九六〇年の過程で、保守主義者は、世界的場面でリベラルな保守主義者に変貌した。彼らは脱植民地化と「開発」の必要を快諾した。一九六〇年の南アフリカ議会で、「変化の風」と共に新しい方向に進むようにと講演したのはハロルド・マクミランであった。しばらくしてレーニン主義者は、リベラル社会主義者に変貌した。これはゴルバチョフで頂点に達した過程だったが、すでにスターリンと毛沢東と共に始まっていた過程であった。レーニン主義の非急進化には二つの決定的な要因があった。その一つは、工業化にキャッチアップするものとして一国社会主義の目標を受容したこと、二つめは、国家間システム内での国力と利益を追求したことがそれである。

こうして保守主義者も社会主義者もともに、自決権（民族解放 national liberation ともいう）と経済開発（ときどき社会主義の建設と呼ばれる）というリベラルの大目標を受け入れた。しかし世界的規模ではリベラルの大目標は、一八四八年から一九一四年にかけて中核諸国で国民的規模で勝ち得た成功や、第二次世界大戦の終結に続く時代にそれ以上に勝ち得た成功と同じだけのものを得ることは、多分できなかっただろう。そしてこれには二つの理由がある。

まず第一に、階級闘争を抑制してきた国民的「歴史的妥協」の中の第三番目の要素——国民的連帯 national solidarity ——を提供することは、世界的規模では不可能であった。この第三番目の要素が、西欧と北米における選挙権と福祉国家に関する国民的リベラル綱領に対して最終的な保障となったものだった。ナショナリズムの世界化 A world nationalism は、理論的には明らかに不可能である。なぜならば世界化に反対してナショナリズムの世界化を表明する人などいないからである。(12)

しかし第二のもっと重要なことは、中核諸国で福祉国家を構成することに伴う所得の移転は、それによって移転する総額が世界的規模での資本蓄積を脅かすほどに大きくないからこそ可能であったということである。とりわけ資本蓄積は、本来両極化をもたらすという性質があるので、移転を世界的規模で再現しようとした場合、それが資本蓄積を脅かすために、福祉国家の世界的な構成はできないだろう。

南北の格差をなくすことが不可能であるという現実が、世界中の人々の意識に完全に入るまでには、多少の時間が過ぎなければならない。実際、ポスト一九四五年の時代は初めに、楽観主義という非常に元気を出させる特殊な雰囲気を生み出した。世界的な脱植民地化にプラスして、世界経済の途方もない拡大、それに滴り落ちるほどの利益は、改良主義的転換というバラ色のヴィジョンの全盛をもたらした（その中では革命的言辞は、それだけ一層調子のよい、改良主義的戦術という仮面をつけた）。この時代にいわゆる社会主義陣営は、あからさまな不満を抑制し、「わたしたちはいずれはあなたたちを葬るだろう」というフルシチョフの忘れられない言葉が示すような約束を差し出すことによって、世界資本主義のイチジクの葉として働いたことを知ることは、きわめて大切である。

一九六〇年代には、勝利のあまりの嬉しさゆえに資本主義的現実に対するさめた評価が妨げられていた。一九六八年の世界革命は、その幸福感のすべてに対して、現実主義の最初の印を押しつけた。一九六八年の世界革命は二〇年間続き、一九八九年の共産主義の崩壊で頂点に達した。それについては後に論じる。世界史の舞台では一九六八年と一九八九年は同一の大事件であった(13)。この事件の意味は、リベラル・イデオロギーが崩壊したということであり、二世紀にわたる時代が終焉したことであった。

一九六八年が押しつけた現実の印とはなにか。それはまさにここで論じようとしているテーマであり、一世紀以上続いた世界システムの歴史は、リベラル・イデオロギーの勝利の歴史であったこと、旧左翼の反システム運動は「リベラルな社会主義者」とわたしがいってきたものになってしまったということである。一九六八年の革命家たちは、説かれていたのはリベラリズムだけであったし、「問題」だったのはリベラリズムであったと主張して、イデオロギーの三様式モデル——保守主義、リベラル、社会主義——に最初の重要な知的挑戦を挑んだ。

皮肉なことに、この、リベラルな合意の正統性の崩壊の最初の結果として、保守主義と社会主義イデオロギーが見かけ上復帰した。突然、非保守主義的イデオローグが、（たとえば一九七〇年代の多くの毛沢東派のような）新社会主義的イデオロギーがそうだったように、まじめな聴衆を魅惑するように思えた。一九六八年の熱狂はまもなく静まり、鎮圧された。だがあのリベラルの合意というハンプティ・ダンプティ〔ずんぐりむっくりの意味〕は再度組み立てられることはできなかった。さらに時代はリベラルの楽観主義に逆らって進んでいた。世界経済は一九六七—七三年に始まり、まだ終わっていない長期停滞のB局面に入った。しかしここは、一九七〇年代と一九八〇年代の世界システムの経済史——オイルショックとその結果としての資本の再集中、まず第三世界（プラス社会主義陣営）の、そしてアメリカの債務危機、生産的企業から金融的投機への資本の移動――を詳細に検討する場所ではない。

一九六八年革命のショックの累積的効果と、世界経済の長期的低落が世界の三分の二以上の国において及ぼす非常に否定的な諸結果は、世界の人々の精神構造に途方もない衝撃を与えた。一九六〇年代には楽観主義が大いに行き渡ったので、国連は一九七〇年代は「開発の一〇年」になるだろうと宣言した。一九七〇年代はまさにその正反対になった。第三世界の大部分にとっては退行の時代であった。一国また一国と、予見しうる将来に格差は埋まらないだろうとみる現実に屈していった。各国の政策は、予算を崩壊から防ぐために無償援助、借款、盗用に力を入れた。

全般的な経済的困難は経済的、政治的よりもイデオロギー的により一層大きな打撃となった。もっとも激しく打撃を受けたのは、リベラルな改良主義をもっとも声高に説いていた諸組織、つまり第一に急進的民族解放運動、次にはいわゆる共産主義政府であった。今日これらの国の多くで（多分そのほとんどで）自由市場というスローガンが、みんなの口の端にのっている。いまのところ、それらはやけくそのスローガンである。これが大きな相違を生むと実際に信じる人は（あるいは非常に長期間信じる人も）ごく少数者であり、そしてこのわずかの人たちも失望することになるだろう。むしろ世界的な同情と慈善への暗黙の要求が続いていたが、周知のように、そうした要求が重要な歴史的結果を生むことはまれだったのである。

中核諸国の政治家や政治評論家たちは、自己自身の言辞にたいそう気を取られているので、共産主義といわれる何かが崩壊したということを信じ、崩壊したのはリベラルな約束であるという事実に盲目であるように思える。この結果がわたしたちに影響するのにそう長くはかからないだろう。というのもイデオロギーとしてのリベラリズムは、実際に、上流階層の利益の「開明的な」(狭隘さとは対立する)見解に基づいていたからである。このリベラリズムはついで、強力な、そして形の上では従順になった大衆的な勢力の持つ圧力に依存した。そのような抑制された圧力は次には、下層階層に対する諸手続の信頼性に依拠していた。それは相互にかみあっている。もしあなたが信用を失えば、あなたは大衆の従順な形の圧力を失う。もしあなたが従順な形の圧力を失えば、あなたは上流階層の譲歩の用意を失う。

一定の対をなすイデオロギーは、フランス革命によって作り出された新たな精神構造を根拠に生まれた。一八四八年の世界革命は、歴史過程を動かし、イデオロギーとしてのリベラリズムの勝利と労働者階級の統合とをもたらした。第一次世界大戦は問題を世界的規模で更新した。この過程は繰り返されたが、終わらなかった。一九六八年の世界革命は、イデオロギー的合意のもつれた糸をほぐし、それに続く二〇年にリベラリズムの信頼の失墜が見られたが、それは一九八九年の共産主義の崩壊によって頂点に達した。

わたしたちは、精神構造の観点からは新しい時代に入った。一方では民主主義に対する熱烈な要求がある。しかしこの要求は、リベラリズムの実現を求めるのではなく、それを拒否せよとの要求である。そのことは、現在の世界システムは経済的幸福が平等に分配されていないために非民主的であるが、それは政治権力が事実上不平等に分配されているからだということを述べているのである。前進的変化ではなく、社会的崩壊がいまや普通のこととして見られはじめている。さらに社会的崩壊が生じるときには、人々は保護を期待する。

人々がかつて変化の保証を国家に頼ったように、今では連帯集団（あらゆる種類の集団）に保護を求めて頼ろうとしている。これはまったく異なった球技である。次の五〇年間またはそれ以上の間、それがどのようにプレイされるのかはなはだ不明である。というのも、わたしたちはその機能の仕方をまだ見たこともないし、崩壊しつつある世界システムの変動の可能性は非常に大きいからである。もしわたしたちが、過去二〇〇年以上もの間、わたしたちの行動を支配してきたイデオロギー——つまり政治行動のための大目標——のいずれもが、来るべき時代にそれほど役立たないという事実を確信しないとすれば、きっとその時代をそれほどうまく道案内などできないだろう。

ペルシャ湾岸危機は、新しい世界的無秩序の開始を告げた。無秩序は秩序より必ずしも悪い（あるいは良い）わけではない。しかしそれは違った行動と反応の様式を必要とする。それを秩序あるいはリベラリズムの勝利と呼ぶことは、どちらも同じことであるが、少しも賢明なことではない。

6　国民的発展の概念　一九一七―一九八九年
――挽歌と鎮魂歌――

少なくとも十六世紀以来、ヨーロッパの思想家は、王国の富を増加させる方法について議論してきた。そして政府は、この富を維持し増加しようと努力したし、あるいはそうした処置をとるように強く求められた。重商主義に関するすべての議論は、出ていくよりも多くの富が国に入ってくるのを確かなものにする方法に集中した。一七七六年に『国富論』を書いたとき、アダム・スミスは、政府は外国貿易をさまざまに制限することで、この富をもっともよく増大できるという考えを攻撃した。そのかわり彼が説いたのは、世界市場でもっとも賢明だと思えるように行動する、個人企業家の能力を最大化することが、事実上、国富の最適な増大をもたらすようになるという考えであった。

この保護主義的立場と自由貿易的立場の間の基本的な緊張が、十九世紀の世界システムの種々の国家における政策形成の主要なテーマの一つとなった。それはしばしば、特定の諸国の主要な政治勢力を分裂させる最も重要な問題であった。そのときまでには、資本主義世界経済の中心的なイデオロギー的テーマは、あらゆる国家が、高い国民所得の水準に到達でき、そして実際に最終的にはたぶん到達できるだろうという問題であることが、明らかになった。そして意識的合理的行動がそれをもたらすと信じられていた。これは不可避的進歩という根元的な啓蒙思想のテーマや、その具体化である人類史の目的論的見解と非常によく適合する。

第一次世界大戦の時代までは、西欧の一連の諸国に加えて、その他の世界における白人移民諸国が、わたしたちと同時代の言い方では、実際に「開発された」か、あるいは少なくとも十分にその途上にあった。もちろん一九九〇年を基準にすれば、これらすべての諸国は(イギリスでさえも)、その世紀の後半に到達したよりも、「近代」や裕福にはほど遠かったが、しかしその当時の基準によれば、それらは立派に成長していた。第一次世界大戦が衝撃だったのは、明らかに、とりわけそれが今日いうところの世界経済の中核地域のこの全般的な繁栄に対する直接的脅威と思えたためである。

一九一七年という年は、しばしば、近代世界システムの歴史におけるイデオロギー的転換点として取り扱われる。わたしはそれに同意するが、通常議論されるような方法では、不十分である。一九一七年四月二日に、ウッドロー・ウィルソン大統領はアメリカ議会で演説して、ドイツに対する宣戦布告を求めた。彼は「世界は民主主義にとって安全でなければならない」と論じた。同年十一月七日にボルシェヴィキは、労働者革命の名の下に冬宮を襲撃した。二十世紀の重大なイデオロギー的二律背反であるウィルソン主義対レーニン主義の対立が、一九一七年に生まれたといえるだろう。わたしはそれが一九八九年に終わったといいたい。さらにいえば、両イデオロギーが取り組んだ中心的問題は、世界システムの周辺部の政治的統合であった。そして最後にいうならば、ウィルソン主義にとってもレーニン主義にとっても、その統合のメカニズムは「国民的発展 national development」であり、両者の基本的な論争は、たんにそうした国民的発展にいたる道筋についてのものにすぎなかった。

I

ウィルソン主義は、古典的なリベラルの仮定に基礎をおくものであった。それは、その教訓がどこにでも平等にあてはまることを要求する普遍主義であった。それは、誰もが合理的な自己利益に基づいて行動するということ、それゆえ誰もが長期的には思慮分別があるということを想定していた。それゆえ、平和的で改良主義的な実践は、正しいように思えた。それは合法性と形式を大きく強調した。

もちろん、これらの教訓のいずれも新しいものではなかった。一九一七年には、実際にそれらはすっかり流行遅れになっていた。ウィルソンの革新(それは発明ではなくて革新であった)は、これらの教訓が国家内の個人にのみならず、国際的闘技場内の国民国家や民族にも適用できると考えたことであった。ウィルソン主義の要点といえる自決権の原則は、国際的システムに移しかえられた個人の自由の原則以外の何ものでもない。

個々人のレベルにのみ適用することを意図されてきた理論を、集団のレベルに適用するというのは、非常に巧妙な主張である。容赦ない批評家であるアイヴァ・ジェニングスはウィルソンの自決権を評して、「民族に決定させるということは、見たところ道理にかなっているようにみえる。民族は、誰が民族であるかを誰かが決めるまでは決定できないので、それは実際に馬鹿げたことである」と言った。しかり、それが困難なところである！(1)

なおウィルソンが民族自決権について話しているときに、フランスやスウェーデンのことを心配していたのではないことは明らかだった。彼はオーストリア・ハンガリー帝国、オスマン帝国、ロシア帝国の清算のことを話していたのだった。そしてルーズヴェルトが一世代後に同じテーマを取り上げたときには、イギリス、フランス、オランダおよびその他残存の帝国組織の清算について話そうとした。彼らが話していた自決権とは、世界システムの周辺および半周辺地域の自決権だった。

レーニンは、プロレタリア国際主義と反帝国主義というまったく異なったスローガンでまさに同じ政策目標を追求した。彼の見解は、疑いもなく他の前提に基礎をおくものであった。彼の普遍主義というのは、文字どおり「人民 people」と同一となるはずの、近い将来の単一の階級である労働者階級の普遍主義であった。国民 nations や民族 peoples は、マルクス主義の神殿の中では、長期の場所を占めていなかった。それらは、国家と同様に、将来は結局消え去ることが想定されていた。しかし国民や民族は、短期的にも、中期的にも現実性を持っていたのだった。それはマルクス主義諸党によって無視されることができなかったのみならず、潜在的、戦術的にその目的にとって有益であった。

ロシア革命は、理論的にはロシア帝国を弾劾し、そしてウィルソンの原則が提供したのと同様に、国民／民族の自決権を認めた。ボルシェヴィキは、「帝国」の多くが残されていたとしても、これは各共和国の自発的な連合の形をとっており――ソヴィエト社会主義連邦共和国――、それぞれの共和国においてすら民族の公的な自治の余地が多く存在していると周到に主張した。そしてドイツ革命神話へのすべての望みが絶たれたとき、レーニンはバクーで新たに「東方」を強調する方向に転換した。マルクス＝レーニン主義は、事実上はブルジョアジーに対するプロレタリアの反乱というその起源から、反帝国主義の理論としての新たな役割へと、変化しつつあった。この強調点の変化は、時とともに大きくなっていったにすぎないだろう。その後の一〇年間には多分、より多くの人が『共産党宣言』よりは、レーニンの『帝国主義――資本主義の最後の段階』を読んだであろう。

ウィルソン主義とレーニン主義はこうして、周辺地域の民族の忠誠を争うライヴァルの原則として登場した。ライヴァルの原則であったために、それぞれはその宣伝において他との違いを大きく強調した。そしてもちろん実際の違いもあった。しかしわたしたちは、深い同一性のあることにもまた目を閉ざすべきではない。これら二つのイデオロギーは、民族自決権というテーマを共有していただけではなく、両者はまたそのテーマが周辺地域の政治生活に直接に（常に差し迫ってというわけではないが）あてはまると信じていた。つまり両原則は後に「脱植民地化」と呼ばれるようになることに味方した。さらに概していえば、明確にこの自決権という仮説的権利を持っているのはどの民族なのかということの詳細が問題になったときでさえ、両原則の擁護者は非常に似た民族名のリストを提供した。たしかに、世界の力関係 rapport de forces についてのさしあたっての考察に関して、ささいな戦術的争いがあったが、根本的な経験上の不一致があるというような重要な例はなかった。イスラエルは両方のリストにあったが、クルディスタンは両方になかった。共にバンツースタンの理論的正統性を受け入れるつもりはなかった。両者ともに、パキスタンとバングラデシュが結果的に現実性を持つことに反対する理論的な根拠を持ってはいなかった。正統性を判定するために、根本的に異なったものさしが用いられてきたわけでもないだろう。

たしかに、自決に至る道についての相違はあった。ウィルソン主義者は「立憲的」な道と呼ばれること、つまり帝国列強と当該民族のれっきとした代表者との間の交渉を通じてもたらされる、漸次的で秩序だった権力の移行に好意を示した。脱植民地化はフランスが後に進めたように、与えられることになっていた。「革命的」伝統から生まれたレーニン主義は、「民族解放」へのより暴動的な道を描いた。独立は与えられるものではなくて、勝ち取られるものであった。これは、「長征」のために必要だったことが、後の毛沢東主義者の訓令として具体化されたものであるが、広く繰り返され、より重要なものとなり、運動の根本的戦略の一部をなすようになった。

この相違でさえも誇張されるべきではない。平和的な脱植民地化は、レーニン主義の原則では受容できないというわけではなくて、ただ利用できるものであった。そして革命的民族主義は本来的にウィルソン主義的思想と矛盾するものでもなかった――それはただ危険なので、可能ならば避けられるべきものであった。それでも論争は、誰が自決権のための闘争を指導するのかという、別の論争を隠していたために、現実的であった。そしてそれが今度は、「独立後」の諸政策を決定すると思われるために重要となった。ウィルソン主義者は、民族運動 national movement の指導権は、当然――教育があり、尊敬され、思慮深い――知識人とブルジョアジーにあると考えていた。彼らは、地方的運動が、伝統的な指導部の比較的「近代的な」部門を説得して、政治改革に参加させ、新たな独立国家を組織する、賢明で議会主義的な方式を受容させるだろうと思っていた。レーニン主義者は、たとえ民族運動がすべてのレーニン主義的イデオロギー規範を受容しないとしても、その指導権はボルシェヴィキ党をモデルとする党／運動にあると考えた。その指導者が「革命的」であるならば、「プチブルジョア」でもかまわない。彼らが権力を握ったときには党／運動は、党／国家となることが想定されている。ここでもまた、その相違を誇張すべきではない。しばしば尊敬すべき知識人／ブルジョアジーといわゆる革命的プチブルジョアジーとは、現実には同じ人々であるか、少なくともいとこどうしのようなものであった。そして党／運動は、ほとんど、「レーニン主義的」運動の公式であると同様にしばしば、「ウィルソン主義的」運動の公式であった。独立後の諸政策に関しては、ウィルソン主義者もレーニン主義者も、自決権のための闘争が進行中である限りは、そのことにあまり多く思い煩うことはなかった。

II

それではポスト植民地化の実践とは何か。たしかに、ここではウィルソン主義とレーニン主義との二律背反が重要性を持つことになる。主要な点では、独立に至る二つの道は、対立する独立後の政策と相互関係を持つ傾向がある。これは外交政策の範囲に属する。アメリカとソ連が冷戦に縛られることになったすべての世界的問題では、中核地域外の諸国家は、一方または他方に傾く傾向があった。ある国家は「親西欧」であるとみなされ、自らを「親西欧」とみなしたし、他の国家は自らをソ連を含む世界の進歩的陣営の一部であるとみなした。

もちろん、長期に持続する立場があったし、すべての国が時を越えて一貫していたわけではない。非同盟それ自体が主要な運動であった。なお国連総会の決議のように重要でない問題で、ことがすでに決している場合には、多くの投票を予見することは容易であった。一方ではアメリカとその同盟者が、他方ではソ連といわゆる社会主義圏が、動揺している諸国家を一方または他方に方向付けようとして、多くの外交的エネルギーを費やした。ウィルソン主義対レーニン主義の宣伝は、直接的には政府メディアを通じて、間接的には学問的言説によって、絶え間なく流された。

しかし種々の国家の内部事情を詳細に観察すれば、政治的、経済的闘技場のいずれにおいても、理論や宣伝が示しているよりもその差は小さかった。現実の政治組織に関しては、多くの国家が、大部分の間、（事実上あるいは法律上は）一党国家であるか、または軍事的独裁制であった。公式の取り決めでは、国家が多党制度を持っているときでさえも、現実には、一党が組織を支配して、軍事的クーデター以外の政権交代はうまくできない傾向があった。

経済的闘技場では、それ以上に多くの差異があるというわけではなかった。民間の地方的な企業が許可される程度は異なっていたが、しかしほとんどすべての第三世界諸国では、大量の国家企業が存在した。そして国家所有を唯一の所有形態にしている国は事実上なかった。外国からの投資が許可されている程度は明らかにもっと様々である。それはより「親西欧的」な諸国では大変しばしば国営企業との共同出資の形でとはいえ、促進されてきたし、実際に懇請されてきた。より急進的であるか、「進歩的な」国家では、外国投資は全面的に拒絶されることはめったにないにしても、より慎重に取り扱われてきた。むしろOECD（経済協力開発機構）諸国の投資家自身が、より高い政治的危険があるという理由で、そうした国に投資することをいやがる場合が続いた。

最後に援助状況はそれほど違わなかった。実際に第三世界のすべての国が、積極的に直接的補助金や借款の形で援助を獲得しようと努力してきた。たしかに援助を与える側は、潜在的受容者の外交政策の姿勢と彼らの援助とを関係づけようとする傾向があった。多数のリストに掲載された諸国が、主にOECD諸国から援助を受けた。それより少数のリストの国が、主に社会主義圏の諸国から援助を受けた。わずかの国が気にしながら北欧諸国（それに加えオランダとカナダ）を援助の出所として強調した。かなりの数の諸国が、多様な源泉から援助を受け入れる用意があった。結局援助は同じ形をとった。つまり軍事組織の支援といわゆる開発プロジェクトへの資金提供を意図した、要員の派遣とひも付きの補助金とであった。

　これらすべての国で酷似していたことは、「国民的発展」の可能性と緊急の重要性についての信念であった。国民的発展はどこでも、作戦上は「キャッチアップ」として定義付けされた。これはもちろん、関与したすべての人によって長期的で困難な仕事であると考えられた。しかしまた、正しい国家の諸政策が追求されさえすれば、それは可能であると想定されていた。これらの諸政策は、資本、商品、労働の国境を越えた無制限の移動を促進するもの（一方の極）から、大きく閉じられた国境内での生産と交換作業の完全な国家管理（他方の極）にいたるまで、全イデオロギー的範囲をカバーした。もちろん、非常に多くの多様な中間的立場があった。

　しかし国連の中核国家以外のすべてのメンバー――ソ連からアルゼンチンに、インドからナイジェリアに、アルバニアから西インド諸島連邦に至るまで――のプログラムに共通なものは、国富を増大し、そのインフラを「近代化」するという総合的な国家目標であった。そのうえ共通なものは、この目的についての根底にある楽観主義であった。さらに共通しているのは、国家間システムに完全に参加することによって、この目標がもっともよく追求できるという感覚であった。長年にわたって中国がそうだったように、どこかの国が部分的にせよ排除されているときには、正規の会員という問題のない状態を回復するために、その感覚が非常に強く働いた。

要するに、民族自決権、その抽象的平等性、二つのイデオロギー的変種に具体化されている開発主義的パラダイムというウィルソン＝レーニン主義的イデオロギーは、圧倒的に、また、ほとんど確実に、世界システムの周辺と半周辺の政治運動の作戦計画として受容されたのである。

この意味でソ連自体が、分析の妥当性と勧告の実行可能性の最初のテストケースだった。ポスト革命国家は、公式には、明らかに自決権という法律上の定式に応じて組織された——それが国家連邦であり、それぞれの国家は自治的な副次的単位を中に含んでいた——。レーニンが「共産主義とはソヴィエトプラス電化である」というスローガンを掲げたとき、彼は国家政策の第一目標として、国民的（経済）発展 national（economic）development を推進した。そして数十年後にフルシチョフが、ソ連はアメリカを二〇〇〇年までに「葬りさる」だろうと言ったとき、彼は「キャッチアップ」についての極度の楽観主義を吐露したのであった。

これらのテーマは、戦間期には、東・中欧、ラテンアメリカ、インド、その他どこにおいても、次第により強くなっていった。(2) ソ連独自の非常な誇りは、世界経済不況の一九三〇年代に、ソ連には失業がなかったのみならず、急速な工業化のプログラムがあったということである。

一九四五年より後には、国民的発展の可能性についての世界的合唱がより強力になった。（インフラの大量で広範囲の戦時破壊の後の）西欧と日本の相対的に急速な再建は、意志と投資があれば、急速に技術の質を高め、総合的な生活水準を上げることが可能であることを示すように思えた。急に経済開発というテーマが——政治家やジャーナリストや学者の間で——流行した。すでに工業化した諸国内で忘れられていた地方（アメリカ南部や南イタリアなど）は、「開発」のための標的となった。第三世界は、部分的には自助により、部分的にはより進んだ「開発された」諸国の助けを借りて、同様に発展するはずであった。国連は公式に、一九七〇年代は開発の一〇年であると宣言した。

世界の大学では開発が知的組織的テーマとなった。リベラルのパラダイムである「近代化論」は一九五〇年代に念入りに仕上げられたが、一九六〇年代に仕上げられたマルクス主義的従属論marxisant dependistaという対抗パラダイムによって迎えうたれることになった。これはもちろん本質的にウィルソン＝レーニン主義的二律背反の最新版であった。実際上、再び、国家政策に対して特定の勧告をすることが、正反対のことを意味するようになったといえよう。しかし両傾向の理論はともに、特定の国家政策に対する勧告を含んでいたのである。政府にアドヴァイスを与えるために雇用された両傾向の専門家は、もしその勧告が履行されるならば国民的発展が実際に進行して、当該諸国は最終的にはキャッチアップするだろうという確信を持っていた。

わたしたちは、現実の世界で何が起こったかを知っている。おおざっぱに見て、一九四五年から一九七〇年までは、世界中の生産手段と生産水準を拡大しようとするかなりの実践的努力がなされた。ＧＮＰ（国民総生産）とひとりあたりのＧＮＰが経済成長の主要な測定手段となり、それ自体が経済開発の主要な指示器となったのは、この時代であった。

この時代は、例外的な拡大というコンドラチェフ波A局面であった。成長量は世界中ではかなり様々であった。しかし概して計算上の数字は至る所で上向きであり、それはいわゆる社会主義諸国ではかなり良かった。この時代は、第三世界の多数の運動が政治的に勝利した時代であり、国家権力のために闘い、それによって国民的発展を保障する諸政策を履行するという戦略を発展させた。それゆえすべてのものが、世界的な経済拡大、ウィルソン＝レーニン主義的ヴィジョンを持った国家の順次的な実現、ほとんど例外なく上向いた成長率のように、同じ積極的な方向に動いているように見えた。開発主義が時代の秩序であった。その正統性と不可避性について、世界的規模でのコンセンサスが存在した。

しかしながらこのコンセンサスは、二つの衝撃をうけて、それからまだ回復していないし、わたしの思うところでは、回復しないだろう。最初の衝撃は、世界的な一九六八年の革命であった。第二の衝撃は、一九七〇年から一九九〇年の期間の世界的な経済停滞、周辺・半周辺地域のすべての政府の経済的失敗、いわゆる社会主義諸国の政権崩壊であった。イデオロギー的外皮は、一九六八年の世界革命で打破された。一九七〇年代と八〇年代はその他のイデオロギー的覆いを取り去った。南北両極化という大きく裂けた傷口が覆いをはがされて、明らかに目にはいるようになった。このときに、世界は、必死になって治療法としての市場についてのまじないを、あたかもそれがすべてを解決できるかのように唱えている。しかし市場という薬は、マーキュロクロムのようなものであって、それ以上の悪化を防ぐことはないであろう。現在「市場」というスローガンに賛成して「社会主義」というスローガンを放棄した大部分の国が、一九九〇年代にその生活水準で重要な改善を果たすことはとうていあり得ない。八〇年代に、市場のスローガンに執着してきた非中核諸国家の大多数は、まったく不成功であった。言及されるのは、常に稀な成功例（現在のヒーローは韓国である）についてであって、はるかに多くの数の失敗や、ブラジルの例に見るような初期のいわゆる出世物語が色あせたことは無視される。

しかし主要な問題は、特定の国家政策が経済発展に導いたのか、そうでなかったのかというような問題ではない。主要な問題は、特定の国家政策の結果として経済発展の見込みがあるという、広範に広がった信念が持続するのかどうかということである。

III

一九六八年の世界的革命は、国民的発展が生じなかったという意識から生まれた。それはまだ目標それ自体が、幻想であるという感覚の帰結ではなかった。地方的な細部はどうであれ、すべての反乱（東西、南北の）に共通の主要なテーマが二つあった。第一のテーマは、世界システムにおけるアメリカの覇権（そしてその覇権におけるソ連の共謀）に対する抵抗であった。第二は、世界中で多様な方法で権力に到達したいわゆる旧左翼――西欧の社会民主主義、東欧の共産主義、南の民族解放運動――の効果の無さに対する抵抗であった。それらの運動は、その動員の日々に約束したようには真に世界を転換しなかったがために攻撃された。それらはあまりにも多く支配的世界システムの一部になってしまっているとして、またあまりにも反システム的ではないということで攻撃された。(3)

ある意味で、種々の運動に参加した人達が、「旧左翼」の政治運動に対して言ってきたことは、旧左翼の組織的行動はそれらが歴史的に設定しようと努めた公式の政治目標を達成した——もっとも著しいのは国家権力である——が、明らかに国家権力を握る理由として想定されていたより大きな人間の平等を達成しなかったということである。他方、この時代に世界的に「毛沢東主義」に惹きつけられたのは、それがもっとも力強く、可能な方法でこの二重の拒否を、つまりアメリカの覇権(とソ連の共謀)と「旧左翼」運動全般の無効性に対して拒否を表現していたという事実のせいであった。しかし毛沢東主義は、彼らの用語で言えば、欠点は「資本主義の道を歩む実権派 capitalist roader」である「旧左翼」の運動の貧弱な指導性にあるという議論を代表していた。それゆえ運動が直ちに「資本主義の道を歩む実権派」を拒否して、「文化革命」を実行するようになれば、そのときには最終的に国民的発展の目標が事実上達成される、ということが含意されていたのである。

一九六八年の世界的革命の意義は、それが政治的変化をもたらしたことにあるのではない。一九七〇年までには反乱は至る所で鎮圧されるか失敗した。それが発した新しい思想には何も重要なことはなかった。毛沢東主義は一九七〇年代に短期間前進したが、五年間ほどでまず第一に中国で崩壊した。新たな社会運動の諸テーマ――「少数派」の文化的ナショナリズム、フェミニズム、エコロジー――は毛沢東主義よりは幾分多く留まる力を持っていたが、依然として確固たるイデオロギー的足がかりを見つけなければならない。一九六八年の意義は、むしろ、開発主義的イデオロギーが、事実上、持続的重要性を持つ何かを獲得したのかどうかに疑問を呈して、ウィルソン＝レーニン主義を取りまくコンセンサスに穴をあけたことにあった。それはイデオロギー的疑いの種をまき、その信頼をむしばんだ。

いったん信頼が揺らぐと、いったん合意した見解が闘技場における単なる一見解の立場に退くと(仮にそれがまだもっとも広範に支持されているにしても)、日々の現実がそのイデオロギーを裸にしてしまう効果を持つことがありうる。これが一九七〇年代と一九八〇年代に起こったことである。世界の経済停滞であるコンドラチェフ波B局面は、今までのところ二つの主要なドラマの中で演じられた。第一は、一九七〇年代におけるOPECの石油価格値上げであり、第二は、一九八〇年代の債務危機であった。

OPECの石油価格値上げは、最初は国民的発展の可能性に対する信頼を回復するものと考えられた。南側の本来の生産者が合意行動によって、貿易協定に重要な影響をおよぼしうることを示すもののように思われた。西欧の世論における初期のヒステリーは、そのような解釈を煽った。より冷静な評価が支配力を持つまでに長くはかからなかった。OPEC諸国は、イランとサウジのシャー（ＯＰＥＣ諸国の中でもアメリカの主要な友であることは有名であった）の指導の下で、石油価格を劇的に上げ、それによって世界の余剰のかなりの割合を獲得した。第三世界や石油生産者ではない社会主義諸国にとっては、世界市場が彼らの輸出に対して軟化していたまさにそのときだったので、石油価格値上げは国民勘定における非常に重大な流出を意味した。主要な工業諸国の国民勘定における流出もまた重要だったが、しかし総額の割合から見れば、それほど重大なことではなかったし、また一時的なものでもあった。というのもこれらの諸国は、そのエネルギー消費の再構築をより容易に進めることができたからである。

産油国を通じて集中した世界の余剰はどうなったのか。そのうちの幾らかは、ナイジェリア、アルジェリア、イラク、イラン、メキシコ、ベネズエラ、ソ連のような産油国の「国民的発展」プログラムに流れ込んだ。そのうちの幾らかは産油国の大量の贅沢な消費に費やされたが、それは余剰が――商品購買、投資、個々の資本逃避を通じて――ＯＥＣＤ諸国に移転したことを意味した。留まった金は、アメリカとヨーロッパの銀行に置かれた。銀行に置かれた金は、それから、第三世界と社会主義諸国（産油国を含む）に国家借款として、再度集中的に流れ込んだ。この借款は、明らかに石油価格の上昇のせいでとくに悪化したこれらの国々の国際収支の直接的な問題を解決した。国家借款があったので、（輸出が落ち込んでいた間さえも）政府は輸入維持のために金を遣い、一時的に政治的敵対をくい止めることができた。これがまわりまわって、ＯＥＣＤ諸国の製品に対する世界の需要を維持させ、そうしてそれら諸国に対する世界の経済停滞の影響を最小限にくい止めさせた。
それにも拘わらず、一九七〇年代においてさえも、多数の第三世界の諸国家は、通貨および社会的準備金の枯渇と結び付いた成長率の低下の影響を感じはじめた。一九八〇年代までにはその影響は、(東アジアを除いて)到るところで感じられるようになった。債務危機についての最初の重大な公式の表明は、一九八〇年にポーランドでなされた。ギエレク政府は一九七〇年代にその他の諸国と同様に、借款と財政支出を実行した。しかし手形の期限がきたので、ポーランド政府は国内価格をあげ、そうしてポーランド労働者階級に負担を担わせることで借款を減らそうとした。その結果がグダニスクと労組「連帯」の運動であった。

一九八〇年代には、周辺と半周辺諸国は小さな落ち込むような経済的困難に直面した。事実上すべての国において、二つの共通点があった。第一には、権力にある政権への大衆的な不満であり、それに政治的な幻滅が続いた。政権が倒されたときでさえも――それが暴力によってか、腐敗した政権の崩壊によってか、それらが軍事的独裁か共産主義政党であるか、それとも一党によるアフリカ的政権であるかはどうであれ――、政治的転換を求める圧力は積極的なものであるというよりは否定的なものであった。変化は、希望からというよりは絶望から生じたのだった。第二は、OECD諸国の示した財政上の無情な態度であった。これらの諸国は自国が経済的困難に直面したときは、第三世界や社会主義政府の財政的ジレンマに情け容赦もなかった。これら第三世界や社会主義の政府は無情なＩＭＦ（国際通貨基金）の条件を、完遂すべきものとして手渡され、馬鹿げた援助を与えられて、市場と民営化の美点について説教することを条件づけられた。一九五〇年代と一九六〇年代のケインズ的寛容は去ってしまった。

一九八〇年代の初めにラテンアメリカの諸国では、軍事的開発独裁 developmentalist military dictatorship を打倒するうねりが見られた。そしてそれら諸国は「民主主義」を発見した。アラブ世界では世俗的な開発主義政権がイスラム主義者の鋭い攻撃を受けた。ブラックアフリカでは、そこでは一党主義がかつては開発主義的希望を支持する組織であったが、その神話は燃えて消えてしまった。そして東・中欧における一九八九年の劇的な転換は、明らかに一九八〇年のポーランドの事件において刻印されていたのだが、世界にとっては大きな驚きとなった。

ある意味で開発主義の旅が始まったといえるソ連で、わたしたちはソ連共産党とソ連自体の崩壊を目撃した。開発主義がブラジルやアルジェリアで失敗したときには、それはソ連の政治的道筋をたどらなかったせいであると論じることができた。しかしソ連で失敗したときはいったいどう論じればいいのか。

IV

一九一七年から一九八九年にかけての物語は、挽歌と鎮魂歌とを受けるに値する。挽歌は、民族自決権というウィルソン＝レーニン主義的理念の勝利に対して捧げられる。この七〇年の間に世界は大きく脱植民地化された。ヨーロッパ外の世界は国家間システムの公式の政治的制度に統合されてきた。

この脱植民地化は部分的に与えられ、部分的に勝ちとられたものであった。その過程で途方もない政治的動員が世界中で必要とされた。それは到るところで自覚を呼び覚ました。魔神を箱に戻すことはいつでも非常に困難なことであろう。実際のところ主要な問題は、常に小さくなっていく実体が、自分たちが民族集団 peoplehood であることを要求し、それゆえ自決権を要求しようと努めるときに、ミクロナショナリズム micronationalism というヴィールスの広がりをどのように抑制するかということである。

しかしながら、当初から明らかだったのは、すべての人がもともと繁栄への道を築くために自決権を望んだということである。そして当初から繁栄への道は困難なものと認識されていた。すでに論じたように、これは国民的発展を探すという形をとっていた。そしてこの探索は長い間、どちらかといえばウィルソン主義的言辞よりはレーニン主義的言辞の方に、よりなじんでいた。ちょうど脱植民地化の闘争が相対的にはウィルソン主義的言辞とよりなじんでいたようにである。

この過程は二段階——最初は脱植民地化（あるいはそれと同種の政治的変革）であり、次は経済開発——であったので、それはウィルソン主義的な半完成品が、いつもレーニン主義的仕上げを待っているということを意味した。国民的発展という展望は、世界システム全体の組織の正統化として役立った。この意味で、ウィルソン主義的イデオロギーはレーニン主義的イデオロギーの運命に依存していた。それをもっと露骨にそしてあまり親切にではなく表現すれば、レーニン主義的イデオロギーはウィルソン主義的イデオロギーの〔恥部をかくす〕イチジクの葉であった。

今日イチジクの葉は落ちて、王様は裸である。世界中における一九八九年の民主主義の勝利についてのどのような凱歌といえども、資本主義世界経済の枠内における周辺部の経済的転換については、真剣な展望が欠如していることを、そう長くは隠しておけないであろう。こうしてレーニン主義のための鎮魂歌を歌うのは、レーニン主義者ではなくウィルソン主義者であろう。途方にくれ妥当な政治的オールタナティヴを持っていないのは彼らである。これはペルシア湾岸危機におけるブッシュ大統領の八方ふさがりのジレンマにあらわされていた。しかしペルシア湾岸危機は、この物語のほんの始まりにすぎなかった。

南北対決が、これからの数十年に常により劇的な（そして暴力的な）形をとるとき、わたしたちは、世界がまさにどれほど多くのウィルソン＝レーニン主義のイデオロギー的二律背反というイデオロギー的接着剤をなくしてしまったかを知りはじめるだろう。それは、思想、希望、人間の活力の、輝かしいがしかし歴史的には通り過ぎてしまった立派な飾り付けを象徴していた。取り替えることは容易ではないだろう。それでも、新たなそしてはるかに確固としたユートピア的ヴィジョンを見いだすことによってのみ、わたしたちは差し迫った諸困難の時を乗り越えることができるであろう。

III

リベラルの歴史的ジレンマ

7 どの近代性の終焉なのか

一九四〇年代の後半に大学に通っていたときに、わたしは近代的 modern であることの長所と実体について学んだ。ほとんど半世紀後の今日、わたしたちはポストモダンの長所と実体に関する話を聞かされている。近代性がもはやわたしたちの救いではなく、その代わりに悪魔と化したとすれば、近代性に一体何が起こったのだろうか。その当時わたしたちが語っていた近代性というのは、今わたしたちが語っているものなのか。どちらの近代性が終わったのか。

いつもまず見ることにしている『オックスフォード英語辞典』（OED）によれば、近代的の一つの意味は史料編纂的なもので、「中世以降の時代（古代と中世の対比で）に通常適用される」という。OEDははやくも一五八五年に、このような意味で近代的という言葉を用いた著者を例としてあげている。さらにOEDによれば、近代的というのは、また「現代、または現在という時代に関係しているか、起因すること」を意味するという。どちらの場合であれ、ポストモダンは脱構築

deconstract すべき撞着であるとわたしは思う。

五〇年ほど前には、近代的という言葉には二つの明確な含意があった。一つは積極的で進歩的であった。近代的というのはもっとも進んだ技術を意味した。この言葉は果てしない技術進歩が推定される概念的枠組に、したがって不断の革新という概念的枠組みの中に置かれた。この近代性は、結果としては、過ぎ去っていく近代性であった。つまり今日近代的であるものは、明日には時代遅れになるだろうからである。この近代性は、形のうえでは大変物質的なもの、つまり飛行機、エアコン、テレビ、コンピューターであった。この種の近代性の人気はまだ衰えきってはいない。速度と環境支配を永遠に追求することは、不健康で実に無法なことであるとして、拒否することを主張する新世代の何百万人もの子どもたちがいるだろうことは疑いない。しかしアジア、アフリカ、東欧、ラテンアメリカや西欧や北米のスラムやゲットーには、この種の近代性を十分に享受したいと熱望している数十億――数百万ではなく数十億――の人々がいる。

しかしそれに加えて、近代的という概念には、第二の主要な含意、つまり肯定的というよりはより敵対的な含意があった。このもうひとつの含意は、進歩的というよりは、戦闘的（そしてまたひとりよがり）であり、物質的というよりは、観念的であると特徴づけることができるだろう。中世的という概念は、二律背反のなかで狭量、教条主義、そしてとりわけ権威の強制として具体化されているが、近代的であるというのは、このような二律背反のなかで反中世的であることを意味した。「屈辱を押しつぶせ」と叫んだのはヴォルテールだった。『失楽園』で実際に魔王を讃えたのはミルトンだった。すべての古典的な「諸革命」——イギリス、アメリカ、フランスの革命——についてもたしかに同じことが言えたし、ロシアと中国の革命もまたそうだった。アメリカでは、政教分離の原則、最初の一〇項目の合衆国憲法修正条項、奴隷解放宣言、スコープス裁判のクラレンス・ダロー〔米国の法律家、一八五七―一九三八年。一九二五年スコープス裁判を弁護して有名になる。社会改革運動と死刑廃止を支持〕、ブラウン対教育委員会〔一九五四年、アメリカ最高裁判所はブラウン対トピーカ教育委員会訴訟において公立学校における分離教育は違憲であるとの判定を下した〕およびロー対ウエードの訴訟〔ウエードという女性が不特定の男性相手（一般にローとして表す）に訴えた裁判で最高裁が妊娠中絶の権利を認めたもの〕がそうだった。

それは要するに、悪と無知の勢力に対抗した、人間の自由のありうべき勝利であった。それは技術的進歩の軌跡と同じく、不可避的に進歩する軌跡であった。しかしそれは、自然に対する人間の勝利ではなかった。むしろそれは、人間の、自らに対する、あるいは特権を持った人間に対する勝利であった。それは知的発見ではなく、社会的対立の道であった。この近代性は、技術や解き放たれたプロメテウスや無制限の富の近代性ではなかった。それはむしろ解放や実在的な民主主義（貴族あるいは選良の支配に対抗する人民の支配）や人間達成の、そしてもちろん穏健さをもつ近代性だった。この解放の近代性はつかの間の近代性ではなく、永遠の近代性であった。いったん達成されれば、決して放棄されないものであった。

二つの物語、二つの言説、二つの探求、二つの近代性はまったく異なり、相互に相容れないものですらあった。しかしまたそれらは、互いが歴史的に深く絡み合っていたのであり、そのために深い混乱、不確実な結果、多くの失望や幻滅を生んだのだった。この共生する一対の近代性は、わたしたちの近代世界システムや史的資本主義システムの中心的な文化的矛盾を形づくってきた。そしてこの矛盾は、今日ほど先鋭になったことはなく、それは制度的危機のみならず、道徳的危機をももたらすほどである。

二つの近代性の、つまり技術の近代性と解放の近代性との間の混乱した共生の歴史を、わたしたちの近代世界システムの歴史を通じて追跡してみよう。わたしはこの物語を三つの部分にわける。まず十五世紀半ばから十八世紀末までの、わたしたちの近代世界システムの起源に関わってきた三〇〇年から三五〇年の間、次に十九世紀と二十世紀の大半であり、この第二番目の時代の象徴的な日々をあげれば、一七八九年から一九六八年までの時期、そして第三にポスト一九六八年の時代である。

近代世界システムは、三つの時代のそれぞれに理由は異なるが、決して近代性の思想と完全にうまくいっていたわけではなかった。第一の時代には、地球の一部のみ（主としてヨーロッパのほんどとアメリカ）がこの史的システムを形成していたが、それをわたしたちは資本主義世界経済と呼んでいる。これはこの時期のシステムに実際に用いていい名称である。というのもそれは主として、そのシステムが資本主義世界経済の三つの明確な特徴をきちんと持っていたからである。この三つの特徴とは、第一に、その境界内には単一軸の分業が存在し、中核といわれる所と周辺の経済活動の間の両極化を伴っていること。第二に主要な政治組織である国家が、国家間システム内で結合しているかまたはそれによって抑制されていて、国家間システムの境界も単一軸の分業の境界に適合的であるということである。第三に、資本のやむことなき蓄積を追求する人たちが、中期的には、そうでない人たちにまさったということである。

それにも拘わらず、この資本主義世界経済の地政文化は、第一の時期には、まだしっかりとそれにふさわしい位置を占めていたとはいえない。実際、このときは資本主義世界経済内に位置していた世界の諸地域にとっては、明確な地政文化上の基準のない時代であった。国家が非宗教的であるべきかどうかとか、誰が道徳的な意味で、主権を授けられているのかとか、知識人が部分的に団結した自治の合法性、あるいは、多様な宗教の社会的許容可能性というような根本的な問題についての社会的合意は、最低限のものさえ存在しなかった。これらのことはよく知られている話である。それらは権力と特権とを持った人たちについての、つまり、なお主要な政治・経済機構を支配している状況で進歩勢力を牽制しようと努力しているような人たちについての物語であるように思える。

注目すべき決定的に重要なことは、この長期の時代を通じて、技術の近代性を擁護する人たちと解放の近代性を擁護する人たちが、共通の強力な政治的敵対者を持つ傾向があったということである。二つの近代性は力を合わせているように見えたし、その二つを区別する言葉を用いる人はほとんどいなかっただろう。教会に屈服を強制されたが、(多分作り話だろうが)「地球は動いている」とつぶやいたというガリレオは、技術進歩と人間解放の両者のために闘っていると考えられた。啓蒙思想を要約するひとつの方法は、それが技術の近代性と解放の近代性との同一性への信念を構成している、ということであるかもしれない。
もしも文化的な矛盾があったとしたら、それは資本主義世界経済が政治的・経済的にある枠組み内で、つまりそれを維持し補強するのに必要な地政文化を欠いている枠組み内で機能しているということであった。システム全体がこのようにそれ自体の動的な推進力に不適合であった。それは整合的でないか、あるいはそれ自身に対してもがいていると考えられるかもしれない。そのシステムの持続的なジレンマは、地政文化上のものであった。もし資本主義世界経済がその内的論理の求める方法で成長と拡大をしようとするのであれば、そのシステムは大きな調整を必要とした。

単にフランスのみならず近代世界システム全体にとって、問題を押し進めたのはフランス革命であった。フランス革命は孤立した事件ではなかった。むしろそれを台風の目として考えてもいいだろう。それは、(それに前後した)アメリカの脱植民地化――イギリス領北アメリカ、スペイン領アメリカ、ブラジルにおける開拓移民による脱植民地化、ハイチの奴隷革命、ペルーのトゥパク・アマル Túpac Amaru〔一五二一年のインディオ反乱の指導者。その後一七八〇年に、その名を冠した大反乱が起こった〕にみられるようなアメリカ原住民の失敗した反乱――によって弾みがつけられた。フランス革命はヨーロッパのいたるところで、またその外線部で――アイルランドからロシアへ、スペインからエジプトへと――初期の民族主義はもとより、種々の種類の解放とも結合し、またそれらのための闘争を鼓舞した。それはこれらの諸国に、フランス革命の原則への共感という反響を引き起こすことによってのみならず、まさに同じフランス革命の原則の名の下にあらわれたフランス（つまりナポレオンの）帝国主義に対する反発を起こさせることによって、解放と結合し、それを鼓舞したのだった。

とりわけフランス革命は、技術の近代性と解放の近代性とはまったく一致しないということを、幾つかの点ではじめて明らかにした。実際、もともと技術の近代性を望んでいた人たちは、解放の近代性の支持者の力にびっくりしたといってもいいかもしれない。

一八一五年にナポレオンが敗北した。フランスには「王政復古」が起こった。ヨーロッパの列強が諸国家の協調 a Concert of Nations を結んだので、それは少なくともある国にとっては復古的な現状を保障するものと考えられた。しかしこれは事実上不可能であることがわかった。そして一八一五年と一八四八年の間に、解放の近代性を抑制する一方で、それにかわって技術の近代性を促進するように計画された地政文化が仕上げられた。

二つの近代性の間に共生的関係があるとしたら、このように二つを部分的に分離するというのは容易な仕事ではなかった。だが、それは達成された。そしてそれによって資本主義世界経済の活動を正統化する持続的な地政文化上の基礎が生み出された。少なくともそれは、一五〇年あるいはそれ以上の間成功した。その作用の鍵となるのは、リベラリズムというイデオロギーが入念に仕上げられて、資本主義世界経済の象徴的なイデオロギーとして受容されることであった。

そのイデオロギーそれ自体は、フランス革命によって作り出された新しい文化状況から出てきた革新であった。(1) 一八一五年に秩序と伝統を再建していると考えた人たちは、実際に、もう手遅れだということがわかった。つまり精神における広い変化が起こったのであり、それは歴史的に逆戻りできないことだった。二つの根本的に新しい思想が、ほとんど自明のものとして、非常に広範に受容されるようになった。第一は、政治変化は例外的であるというよりは、むしろ通常の出来事であるということであった。第二は、主権は「人民 people」と呼ばれる存在にあるということであった。

両概念ともに危険なほどに激しいものであった。たしかに、神聖同盟はこれらの両概念を全面的に拒否した。しかしながら、世界システムにおける新しい覇権強国の政府であったイギリスのトーリー党政府は、フランスのルイ十八世の復古君主制よりははるかにあいまいであった。本能的に保守的だが、権力の行使では知的であったこれら両政府は、世論の中にある台風の力に気付いたためにあいまいであった。そして彼らは、破壊という危険をおかすよりは、むしろ両概念を受け入れることを決定した。

こうして政治変化の常態化と道徳的主権が人民にあることへの新たな確信に対処することが目的の、まさしく単純に長期の政治的戦略にすぎないイデオロギーがあらわれた。三つの主要なイデオロギーが登場した。

第一は保守主義であり、これは新しい思想によってうろたえ、それらを道徳的に間違っていると考える人たち、つまり近代性を不埒なものとして拒否する人たちのイデオロギーであった。

第二はリベラリズムであり、それは、鋭い分裂を最低限におさえ、管理された巧妙な操作を行って、秩序整然とした様式で、近代性の完全な開花を達成しようと努める人たちの原則として、保守主義に反応して生じた。アメリカ最高裁判所が一九五四年に人種差別を禁止したとき、リベラルは「進歩は落ち着いた足どりで進むべきだ」と信じた。それはわたしたちが実際知っているように、「あまり早すぎず、しかしまたそのうえに、あまりに遅すぎず」ということを意味している。リベラルは技術の近代性に全面的に関わっていたが、解放の近代性についてはむしろ不快感をもっていた。彼らが考えたのは、技術者のための解放は立派な思想であるが、しかし普通の人の解放は危険をもたらすというのである。

第三の、十九世紀における重要なイデオロギーである社会主義は、最後に登場した。リベラル同様に、社会主義者は、進歩の不可避性と望ましさとを受容した。リベラルと違って、彼らは上意下達の改革には懐疑的であった。彼らは近代性の十分な恩恵――技術の近代性はもちろん、より一層の解放の近代性をすら切望していた。彼らはリベラルが適用範囲と適用しようとする人々の両面で限定つきの「リベラリズム」を意図していると、まったく正当にも疑っていた。

登場してきた三つ組のイデオロギーの中で、リベラルは政治的中心部に居を構えた。リベラルは、国家を、特に君主制国家を、意思決定を行なう多くの闘技場から追い出そうと努める一方で、常に国家を合理的改革の中心に入れるようにと、同じ主張をくりかえした。たとえばイギリスでは、穀物法の廃止は、疑いなく、外国の競争から国内市場を保護するという仕事を国家から取り去るという長期の努力の頂点をなすものであった。しかしその同じ一〇年間に、同じ議会が工場法を通過させた。これは国家に労働と雇用条件の調整をさせるという長い努力の(終わりではなく)始まりであった。

リベラリズムは、本質的に反国家である原則に立つどころか、国家機関の有効性の強化を中心となって正当化するようになった。(2) これはリベラルが、国家を彼らの主要目標――技術の近代性を促進しながら、同時に「危険な諸階級」を慎重になだめること――を達成するのに不可欠と見ているからであった。彼らはそれによって、解放の近代性から由来する「人民」主権の概念の軽率な影響を抑制することを望んだ。

十九世紀の資本主義世界経済の中核地域において、リベラルなイデオロギーは三つの主要な政治的目標――選挙権、福祉国家、国民的一体性――へと翻案された。リベラルはこれら三つの組み合わせが「危険な諸階級」をなだめる一方で、それにも拘わらず技術の近代性を確実にすることを希望した。

選挙権をめぐる論争は、世紀をはるかに越えて続いていた。実際には選挙資格拡大の絶えざる上昇曲線が、大抵の場所で、次の順序でみられた。まず少数の財産保有者、次に無産者の男性、続いてより若い人たち、それから女性というように。リベラルの賭けは、それまで除外されていた人たちがいったん選挙権を持つと、定期的な投票が政治の権利への要求を十分に代表するという思想を受け入れるために、そのときは、集団的意思決定への効果的参加について、より急進的な思想を失うだろうということであった。

福祉国家に関する論争は、実は剰余価値の再分配に関する論争であるが、これもまた持続的なもので、少なくとも一九八〇年代までは、譲歩の絶えざる上昇曲線を描いた。そして一九八〇年代に初めて後退しはじめた。福祉国家が本質的に必要としていたことは社会的賃金であったが、それは賃金労働者の所得の一部（増加していく部分）が直接雇用者の給料袋からではなく、間接的に政府の機関からくることを意味していた。このシステムは雇用と所得を部分的に分離した。それは熟練度と賃金の不等な格差を越えて、賃金の均等化を多少なりとも可能にした。そしてそれは資本と労働の間の交渉の一部を、選挙権を持った労働者が幾分はより有利になっていた政治的闘技場へと移した。しかしながら、福祉国家がそうしたのは、賃金等級で最底辺にいる労働者のためというよりは、中間階層のためであった。中間階層の規模は成長していて、その政治的中心性は、リベラルなイデオロギーを積極的に補強しようとしていた中道派政府の、強力な基盤となっていたのである。

選挙権も福祉国家も（そしてこの二つを合わせてさえも）、第三の決定的な変数をつけ加えることなしには、危険な諸階級を飼い慣らすには十分ではなかった。このことは、これらの危険な諸階級が、選挙権や福祉国家という譲歩がどれほど重大であるかを、あまり詳しくは詮索するつもりのないことを示すものであった。第三の変数は、国民的一体性の創造であった。初代ビーコンズフィールド伯爵であり、その後の「啓蒙保守主義的」なイギリスの首相であったベンジャミン・ディズレーリは一八一五年に、『シビル、または二つの国民』（*Sybil, or the Two Nations*）を出版した。ディズレーリがその「広告」で伝えるところによると、主題は「民衆の置かれている状態」である。

その年は一見何かとてもひどい状態だったので、読者から誇張であるとして非難されないためにも、彼は「まぎれもない真実の多くを、絶対に、伏せて書く必要があるということに気がついたのだった」。それはその当時強力だったチャーチスト運動を筋のなかに入れた小説だった。その小説は「イギリスの二つの国民、金持ちと貧乏人」についてであり、それはノルマン人とサクソン人の二つのエスニック集団に由来することが暗示されていた。[3]

ディズレーリは結論で、公式的な政治改革が、つまり古典的なリベラリズムが「人民」にとって限定的な妥当性しか持たないことを、非常に手厳しく述べている。原文はこうである。

過去一〇年の統治の間、わたしたちの国について記された歴史は、単なる幻想にすぎず、公的業務の始まりと終わりとに、あらゆる点でその自然な形や色とは似つきもしない特徴と色合いとを与えたのである。この素晴らしい神秘のなかで、すべての思想や物は、現実の質や様式と反する外観や名称を身につけた。つまり寡頭政治は、自由と呼ばれ、排他的な聖職者は、国民教会と命名され、主権は、何の統治権もないものの称号となり、一方で絶対権力は自らを人民の僕と公言する人たちによって行使されてきた。派閥の利己的な争いのなかで、二つの重要な存在がイギリス史から抹殺されてきた。それは君主と大衆である。君主の権力が消滅したとき、人民の特権は消滅した。ついに王権が見せ物となり、その臣民が再び農奴に身を落とすまでになった。しかし時間は、それはすべてのものをもたらすのであるが、イギリス人の心に、彼らが長い間崇拝してきた偶像や、永らく彼らを惑わせてきた神託が、真実のものではないという考えをもたらしてしまった。忠誠は、言葉だけのものではなく、信仰は、惑わされることではなく、人民の自由は、政治的諸階級が神聖な主権をみだりに行使するよりは、普及しやすくてしっかりしたものであるという囁き声がこの国で高まっている。(4)

イギリスが(そしてフランスや実際にはすべての国が)、富者と貧者という「二つの国民」からなっているならば、ディズレーリの解決は、はっきりとそれらをひとつのものに、感情と忠誠と献身において、ひとつのものにするということである。この「ひとつのもの」をわたしたちは国民的一体性と呼ぶのである。リベラリズムの重要なプログラムは、国民から国家を作るのではなくて、国家から国民を作るのである。換言すれば、その戦略は、国家の境界内に置かれている人たち——以前は君主主権の「臣民」であり、今では主権者の「人民」である——を掌握して、彼らをすべてが国家と一体感を持っている「市民」にすることである。

実際には、このことは種々の制度的に必要な物を使って成し遂げられた。まず最初は、政治組織メンバーの明確な法的規定を確立することであった。規則は変化したが、しかしいつも国家への新しい到着者(「移民」)を(厳しさに強弱を伴ってだが)、排除する傾向があった。その一方では、「標準的な」居住者であると見なされるすべての人たちを包括するのが通例であった。この後者の集団の統一は、当時は言語的統一を進めることによって補強されるのが常だった。そして言語的統一とは、国家内に単一言語が存在することであり、そして非常にしばしば重要なこととされたのは、まさに近隣諸国の言語とは違った言語であるということだった。これはすべての国家行動が単一言語で管理され、言語の学問的統一行動を支持し（たとえば辞書を管理する国家高等教育機関）、言語的少数派にこの言語の獲得を強制することによって達成された。

国民 the people の重要な統合機構は、教育制度と軍隊であった。少なくともすべての中核諸国では、初等教育は強制的なものとなったし、多くの国では軍事訓練もまたそうだった。学校と軍隊は、言語と市民の義務と国民的忠誠とを教えた。一世紀の内に、二つの「国民」――富者と貧者、ノルマン人とサクソン人――からなっていた諸国家が、自尊心を持った国民に、この特別の場合には「イギリス人 English」になった。

国民的一体性を作る仕事で、最後の決定的な要因を見過ごしにしてはいけない。それは、人種主義である。人種主義は優越していると考えられる人種を統合する。それは、完全な市民権、あるいは部分的な市民権から排除される少数派を犠牲にして、国家内の人種を統合する。しかしそれは、世界の他の地域に相対して、つまり近隣諸国に対してのみならず、それよりはもっと周辺地域に相対して、国民国家 nation-state 内の「民族 nation」を統一する。十九世紀には中核諸国は帝国主義国家となることに伴って、国民国家となった。それは「文明化の使命」の名の下で植民地を設立した。

選挙権、福祉国家、国民的一体性というこのリベラルのパッケージが、とりわけ中核諸国の危険な諸階級に提供したものは、希望であった。それは、リベラルな政治家とテクノクラートによって約束された漸進的で着実な改革が、結局は、危険な諸階級にとっての改善を、つまり報酬の平等化とディズレーリの言った「二つの民族」の解消を意味するという希望であった。たしかにやがて希望は提供されたが、しかし、それはまたより巧妙な方法で提供されたのだった。それは、人類の自由への抵抗できない流れがあるという見出しをつけて、諸条件の改善を不可避的なものと断定する歴史理論の形で提供された。これがいわゆるウィッグ主義的歴史解釈であった。政治文化闘争が、どれほど十六世紀から十八世紀にかけて見られたとしても、技術の近代性と解放の近代性のための二つの闘争は、十九世紀には、最終的に、個人という社会的英雄の周りに集まった単一の闘争として、遡って定義されたのだった。これがウィッグ主義的歴史解釈の核心であった。この遡及的解釈は、それ自体が十九世紀の支配的な地政文化を資本主義世界経済に押しつける過程の一部であり、実にその主要部分をなしていたのであった。

それゆえに、二つの近代性が、支配階層の目にはそれ以前より以上に分岐し、相互に争ってさえいるように見えたまさにその歴史的時期に、公式のイデオロギー（支配的地政文化）は、この二つは同一のものであると宣言した。支配階層は、内部の危険な諸階級にこの目標の同一性を説得するために（学校制度と軍隊を通じて）、大きな教育キャンペーンを開始した。その意図は、危険な諸階級を納得させて、解放の近代性に対する彼らの要求を抑え、そのかわりに、彼らのエネルギーを技術の近代性に用いるようにすることであった。

イデオロギー的レベルでは、以上が十九世紀の階級闘争が問題にしたことであった。そして労働運動や社会主義運動が、技術の近代性が占める中心的位置とその優位性をすら受け入れる程にまで、彼らは階級闘争に敗北したのだった。彼らは解放の近代性達成における（現実的ではあっても）非常に控えめな譲歩を、国家への忠誠と交換した。そして第一次世界大戦が始まる頃までには、それぞれのヨーロッパの国の労働者が、神聖な旗と国民的名誉 national honor のまわりにはせ参じたので、解放の近代性のための闘争のもつ優位は、事実上ことごとく失われてしまった。

第一次世界大戦は、世界システムのヨーロッパ・北米中核地域におけるリベラル・イデオロギーの勝利を記すものだった。しかしそれはまた、世界システムにおける中核‐周辺の政治的断絶が目立ってきた時点をも記すものだった。ヨーロッパ諸列強は、西欧の巻き返しが始まった十九世紀の最後の三分の一の時期の、彼らの最終的な世界支配をかろうじて実現した。

民族解放運動は、東アジア、南アジア、中東を通じて（アフリカではより後まで延期され、名目上は独立していたラテンアメリカでの共鳴の反響とともに）、——多様な外観で、成功の度合いは異なっているが——現れ始めた。一九〇〇年から一九一七年の時代には、種々の形態の民族主義的反乱や革命が、メキシコと中国、アイルランドとインド、バルカンとトルコ、アフガニスタン、ペルシャ、アラブ世界で起こった。新たな「危険な諸階級」が、今や、解放の近代性の旗をうち振りながらその頭をもたげた。彼らは技術の近代性に敵対しているのではなかった。彼らが技術の近代性を希望すること自体が、初めて達成されつつある解放の一作用なのだと考えていたのだった。

一九一四年から一九四五年の年月は、世界システムの覇権をめぐり、主としてドイツとアメリカの間で行われた、中核におけるひとつの長期闘争によって特徴づけられた。それは周知のように、アメリカが勝利した闘争であった。しかし同じ年月は、いやそれ以降の年月も、はるかにより根本的な南北闘争の時代であった。再び（北側に位置する）支配階層は、新たな危険な諸階級に、二つの近代性の一体性を受け入れるように説得しようとした。ウッドロー・ウィルソン大統領は、民族自決権を提唱した。ルーズヴェルト、トルーマン、ケネディの各大統領は低開発国の経済開発と中核地域内の国家レベルの普通選挙権と福祉国家に対応した世界的規模での同等な機構を提案した。

実際には譲歩は、わずかしかなされなかった。支配階層はまた、共産主義世界に対抗する自由世界の団結という形態での「一体性」を提案した。しかしこの形態の一体性は、いわゆる第三世界（つまり周辺・半周辺地域からいわゆるソヴィエト圏を除いた部分）から、異常に大きな疑惑をもって迎えられた。第三世界は、いわゆる第二世界を事実上彼らの地域の一部として、それゆえに客観的には同じ陣営に属するものとして考えていた。しかしソ連の象徴的な（しかし大部分は単に象徴的であるにすぎない）敵対的役割と結んだ、アメリカの権力の現実に直面して、第三世界は概して非同盟の方を選んだ。そのことは、中核の労働者階級が民族主義と人種主義を共有して、支配階級と一体化したような方法では、彼らは決して中核地域と「一体性」をもたないということを意味した。リベラルな地政文化は、二十世紀に世界的規模においては、それが十九世紀の中核地域において国民的規模 national で作用したようには、うまく作用していなかった。

それでも、リベラリズムはまだ窮地に立ってはいなかった。ウィルソン主義的リベラリズムは、ヨーロッパのリベラリズムが十九世紀の社会民主主義を堕落させ、飼い慣らしたのに対応する方法で、レーニン主義的社会主義を堕落させ、飼い慣らすことができた。(5) レーニン主義的綱領は、世界革命ではなくて、反帝国主義と社会主義建設とを合わせたものであり、それは見たところ民族自決権と低開発諸国の経済開発についてのウィルソン＝ルーズヴェルト主義的概念の言葉のうえでの変種にすぎないことがわかった。レーニン主義的現実では、技術の近代性は、再び解放の近代性より優先権を持つようになった。そして見かけ上は敵対的な立場をとっているレーニン主義者は、まさしく支配的なリベラルと同様に、二つの近代性は事実上同一であると論じた。そして北側のリベラルはレーニン主義者の助けを得て、南側の民族解放運動に二つの近代性はこのように一体的であるということを説得しようとして、前進を始めたのだった。

一九六八年には二つの近代性に関して都合良く利用されてきた概念的不鮮明さが、主として学生反乱の形をとった世界的革命によって、もちろん学生反乱ばかりではないが、声高にそして精力的に挑戦を受けた。アメリカとフランス、チェコスロバキアと中国、メキシコとチュニジア、ドイツと日本では、暴動（そしてときには死）があった。それらは地域によって異なっていたけれども、すべて基本的には同じ根本的テーマを共有していた。つまり、解放の近代性がすべてであり、それは達成されていない。技術の近代性は人を惑わす罠である。あらゆる種類のリベラル——リベラルなリベラル、保守主義的リベラル、そしてとりわけ社会主義的リベラル（つまり旧左翼）——は信用できないし、実際には解放の主要な障害である、というのである(6)。

わたし自身は、アメリカの闘争の中心——コロンビア大学(7)——に巻き込まれ、その「革命」について二つの圧倒されるような記憶をもっている。ひとつは、学生の真の意気軒昂さである。彼らは個人的解放の過程として経験するものを、集団的な解放の実践を通じて発見した。第二は、この解放しようとする心情の放出が、ほとんどの教授陣や行政に、とりわけ際だって自らをリベラリズムと近代性の使徒と考えている人達に呼び起こした深い恐れであった。彼らはこの感情の急激なたかまりのなかに、技術の近代性の持つ明白な利益に対する不合理な拒絶を見たのだった。

一九六八年の世界革命は、燃え上がってそれから平常にもどった、あるいはむしろ抑圧された。一九七〇年までその革命は、多かれ少なかれどこにでも見られた。そのときには、それはなお地政文化に深い影響を与えていた。というのも一九六八年革命は、世界システムの地政文化におけるリベラル・イデオロギーの支配に衝撃を与えたからである。そこで革命は、十九世紀のリベラリズムの勝利が終わったのか、あるいは公的論議の欄外に追いやられたのかという質問を再開した。世界の右翼と左翼は共に、再びリベラルな中道路線 liberal center から離れた。いわゆる新保守主義は多くの点で、復活した十九世紀前半の旧保守主義であった。そして新左翼は、多くの点で、同じく十九世紀初頭の急進主義の復活であった。急進主義は十九世紀初頭にはまだ「民主主義」という用語で象徴されていたが、その用語は、後に中道派のイデオローグによって流用されたことを思い出して頂きたい。

リベラリズムは一九六八年には消滅しなかった。しかしそれは、地政文化を規定するイデオロギーとしての役割を失った。一九七〇年代になって、およそ一八五〇年と一九六〇年代の間に三つのイデオロギーが、事実上リベラリズムの単なる変種となったときに、そこに生じたこれらのイデオロギーの不鮮明さを元に戻して、イデオロギー的残像が三つ組の現実のイデオロギーに復帰するのが見られた。論争は一五〇年ばかり昔に戻るように思えた。それは世界が次のような二つの意味で進んだということを除いてはの話であるが。技術の近代性は、資本主義世界経済の社会的・経済的基礎を不安定にする恐れのある方法で、世界の社会組織を変形させた。そして世界システムのイデオロギー史は、今や、世界システムの政治的安定を維持する支配階層の現代的能力に不利に作用するひとつの思い出であった。

まず第二の変化を見てみよう。わたしが転換点として一九六八年をそんなにも強調することに驚く人がいるかもしれない。その人は、共産主義崩壊の象徴的な年である一九八九年が、近代世界システムにとって、もっと意味のある日付ではないのかと思うかもしれない。一九八九年は、資本主義に対する社会主義的挑戦の崩壊を、それゆえリベラル・イデオロギーの目標の最終的な達成を、また危険な諸階級の馴化や技術の近代性の長所の受容を事実上象徴したのではなかったか。もちろんそうではないし、明らかにそんなことをあらわしてはいなかったのである。わたしが述べたいのは、一九八九年は一九六八年の継続であり、一九八九年はリベラリズムの勝利を、したがって資本主義の永続性を書き記したのではなく、まったく正反対のことを、つまりリベラリズムの崩壊と、資本主義世界経済を支える人たちの途方もない政治的敗北とを書き記したのだということである。

一九七〇年代と八〇年代に経済的に起こったことは、世界経済におけるコンドラチェフ波B局面の下落、あるいは停滞の結果として、ほとんど到るところで国家予算がはげしく締め付けられて、福祉に対する否定的な影響が、とりわけ世界経済の周辺・半周辺地域で痛みを伴ってあらわれたということである。これは八〇年代の伸張した東アジア地域にはあてはまらなかった。しかしそのような下落の中でも、明らかに全般的な下落のゆえに成功する相対的に小さな地域というのは常にある。そして八〇年代の東アジアの成長は、決して全般的なパターンを否定するものではない。

そのような下落は、もちろん、近代世界システムの歴史では繰り返し起こった。しかしながら、この特別なコンドラチェフ波B局面の政治的結果は、以前よりずっと厳しい。それというのも、まさしく以前のA局面である一九四五年から一九七〇年の間は、見かけ上は民族解放運動と他の反システム運動の世界的な政治的勝利を記したからである。言い換えれば、まさしくリベラリズムは、一九四五年から一九七〇年にかけて、(民族自決権と経済開発において)世界的に非常にうまくいったように見えたからこそ、一九七〇年代と八〇年代の減退は、それだけ一層厳しいものだったのである。それは周辺・半周辺地域では、特別だがしかし唯一ではない裏切られた希望であり、打ち砕かれた幻想であった。一九六八年のスローガンは、それだけ一層妥当性をもつと思えるようになった。合理的改良主義は(ましてやそれが「革命的」な言辞で覆われていたときには)、むごい詐欺のように思えた。

いわゆる第三世界では、一国また一国と大衆が旧左翼の運動に反抗しその欺瞞を責めた。その大衆は何を代わりにすべきか知らなかったかもしれない——ここでは暴動が、あちらでは宗教的原理主義が、第三の場所では反政治 antipolitics がみられた——、しかし彼らは、旧左翼の似非急進主義は事実上、少数のエリートにのみ好都合の偽のリベラリズムであると確信していた。色々な方法で、これらの国の大衆はこうしたエリートを追い出そうと努めた。彼らは解放の近代性の代理人としての自分たちの国家に対する信頼をなくしてしまった。はっきりさせよう。彼らは解放への望みを失ったのではなくて、ただそれを達成する古い戦略への信頼をなくしただけなのである。

それにまた一九八九年から九一年にかけての共産主義の崩壊は、もっとも急進的な言辞でさえも何ら解放の近代性の保証人ではなく、多分技術の近代性の貧弱な保証人にすぎないということを発見するための、長いシリーズの単なる最後の出来事にすぎなかった。(8) もちろん一時的にこれら大衆は、自暴自棄になって、生き返った右翼の世界のスローガンである(それはアメリカや西欧でさえ見られない種類のものと言えよう)「自由市場」の神話を受け入れたが、しかしこれは一時的な妄想だった。わたしたちはすでにリトアニア、ポーランド、ハンガリー、その他において政治的なはねかえりを見つつある。

しかしまた、東欧においても世界の他のどこかにおいても、人民 people が合理的改良主義の約束のレーニン主義的ヴァージョンを、いつか再び(社会主義革命の名の下に)信じるようになるだろうとは思えない。これは世界資本主義にとってはもちろん、完全な失敗である。なぜなら世界システムの危険な諸階級の主要な抑制力としてレーニン主義への信頼が少なくとも五〇年間役だってきたからである。レーニン主義は実践的には人民の不可避的勝利を説く(それゆえ暗黙のうちに忍耐を説く）非常に保守的な勢力であった。レーニン主義という保護用のマントは、今や近代世界システムの支配層にとって失われてしまった。(9) 危険な諸階級は今や再び、本当に危険になるかもしれない。政治的に世界システムは不安定なものとなった。

まさに同じ時期に、世界システムの社会経済的基盤が深刻なほどに弱体化してきた。ここではそうした四つの傾向について論じるが、それによって組織的転換に関するリストを論じつくせはしない。

第一は、利用可能な安価な労働力の世界的プールの深刻な枯渇である。いままで四世紀の間、都市の賃金労働者は、彼らの労働に対して獲得できる剰余価値の分け前を上げるために、その契約力を繰り返し用いることができるようになっていた。それにも拘わらず、資本家はこちらも繰り返し労働力のプールを拡張して、以前は非賃金労働者であったはじめから非常に低い賃金を受け入れる用意のある、新しい集団を賃金労働市場に連れてくることによって、都市労働者の動向が利潤率に対して持っている否定的な影響に反撃することができたのだった。十九世紀において資本主義世界経済が、全地球を包含するまでに到る最終的な地理的拡張は、世界の労働力の脱田園化過程を加速度的に押し進めた。それは大いに進展して、近い将来実質的に完成されるだろう。(10) これは不可避的に、世界的生産の総費用に占める世界的な労働費用の割合の急激な増大を意味する。

第二の構造的問題は中間階層への締め付けである。中間階層は現存の世界システムの政治的支柱として正しく理解されてきた。しかし雇用者と国家の両者に対する彼らの要求は着実に拡大してきたのであり、個人あたりではかつてなく高い水準で、広範に拡大した中間階層を維持していく世界的費用は、個人的企業と国庫の両者によって支えるには、あまりにも大きくなりすぎている。これが福祉国家を後退させる、過去一〇年の多様な試みの背後にある事態である。しかし、二つに一つしか道はない。これらの費用増加を逆転できないとすれば、その場合には、国家も企業もともに重大な困難に見舞われるか、しばしば破産するだろう。あるいは逆転できるとすれば、その場合には、明らかに、現存の世界システムを強力に支えてきた層の間に、重要な政治的不満が生じるだろう。

第三の構造的問題は、エコロジー的な危機である。それは世界システムにきびしい経済的問題を提出した。資本蓄積は、今まで五世紀にわたって、費用を外部化する企業の能力に基礎をおいてきた。これは本来的には、大きな共同の費用を使っての、しかし企業にとっては実際には無料での、世界資源の過剰利用を意味した。しかしある時点で資源は使い尽くされ、否定的な作用をおよぼす毒性が維持不可能なレベルにまで到達する。今日わたしたちは、環境浄化のために多額の投資が必要とされていることを知っている。そして問題を繰り返さないためにも資源の使用を削減しなければならない。しかしそのような行為は、企業が叫んできたように、地球的規模の利潤率を引き下げるであろうということも、同様に、確かである。

最後に、第四の問題は、南北経済格差を倍加する人口動態上の格差は減少するのではなくむしろ一層開いていることである。これは南側から北側への移民運動を推進する信じられないほどの強い圧力を作りだした。それは今度は、北側において同様に強力な反リベラルの政治的反作用を生み出している。何が起こるかを予言するのはたやすい。障壁が増えているにも拘わらず、ノー・ナッシング〔一八五〇年代のアメリカで、カトリック教徒とアメリカ生まれでないものが公職に就くのを妨害した運動、党員がノー・ナッシング know nothing とよく言ったことからこう呼ばれている〕運動が増大するのと同様に、非合法な移民は北の到るところで増大するだろう。北側の諸国家内の人口動態上の均衡が急激に変化して鋭い社会的衝突が予期できるのである。

こうして今日、そして次の四〇年から五〇年の間に、世界システムは、激しい道徳的、構造的危機に見舞われるということになる。二つの近代性に関する冒頭の言説に戻るならば、起こっていることは、技術の近代性と解放の近代性との間に、ついに明確で隠しだてのない緊張状態が生まれたということである。一五〇〇年から一八〇〇年にかけて二つの近代性は縦隊になって進んでいるように見えた。一七八九年から一九六八年の間には両者の潜在的な対立は、二つの近代性は一体であるというふりをするリベラルなイデオロギーの成功した試みによって抑制されてきた。しかし一九六八年以来、その仮面は剝がされた。それらは相互に公然たる闘いの中にある。

二つの近代性の対立について、これまで述べた認識に関して、それを示す二つの主要な文化的兆候がある。ひとつは「新しい科学」つまり複雑系の科学である。過去一〇年の間に突然、非常に多数の物理学者や数学者が、少なくとも五〇〇年の間科学の唯一可能な表現であることを主張してきた、ニュートン＝ベーコン＝デカルトのイデオロギーに対して、反抗した。十九世紀におけるリベラル・イデオロギーの勝利と共に、ニュートン科学は普遍的真理として祭り上げられた。

新しい科学者たちは、ニュートン科学の妥当性に対してではなく、その普遍性に対して挑戦している。基本的に彼らはニュートン科学の法則は、現実の限定された特別の事例の法則であり、現実を科学的に理解するためには、言及の枠組みと分析用具とを大きく拡張しなければならないと論じている。それゆえ今日、わたしたちは混沌〔カオス〕、分岐〔バイファケーション〕、ファジー理論、フラクタルや、そしてもっと根本的なものとして時間の矢という新たな専門用語を耳にするようになっている。自然界とそのすべての現象が歴史化されるようになってきた[11]。新しい科学は明らかに線形 linear ではない。しかし技術の近代性は線形性 linearity の支柱のうえに建てられていた。それゆえ新しい科学は、技術の近代性に関して、少なくともそれが古典的に説明されてきた形式について、もっとも根本的な諸問題を提起している。

二つの近代性の対立を認識している二つめの文化的兆候は、主として人文科学と社会科学におけるポストモダニズムの運動である。ポストモダニズムは、わたしが明らかにできたかぎりでは、ポストモダンとはまったく異なっている。それは解放の近代性のために、技術の近代性を拒否する様式である。もしそのことが、この奇妙な言語形式においてもくろまれてきたとすれば、それはポストモダニストが、わたしたちの言説にリベラル・イデオロギーが持っていた言語学上の影響力から抜け出す方法を探してきたためである。ポストモダニズムは説明的概念としては、人を困惑させる。ポストモダニズムは告知的な教義としては疑いなく先見の明がある。というのも、わたしたちは実際に別の史的システムの方向に向かっているからである。近代世界システムは終焉を迎えつつある。しかしわたしたちが新たな世界秩序に現れ出るという希望を持つことができるまでには、少なくとも終末危機の、すなわち「混沌」の五〇年間がなお必要であろう。

今日、そして次の五〇年間にわたしたちがなすべき仕事は、ユートピア論 utopistics という仕事である。それはこの新しい社会秩序を想像し、創造のために闘う仕事である。なぜならば、ひとつの不平等な史的システムの終焉がよりよいシステムを生むだろうということを決して保障しないからである。闘いはまったく公然たるものである。わたしたちは今日、人類の解放を最終的に表現できるような、具体的な諸制度を明らかにする必要がある。わたしたちは現存の世界システムにおいて、見かけ上の人類解放という表現に対処してきた。その表現によって、リベラル・イデオロギーは、リベラルが事実上反対して闘っている現実を、つまり増大する平等と民主主義という現実を、わたしたちに信じさせようとしたのである。そしてわたしたちは、それ自体が解決の一部であるとともに、問題を構成しているといえる、失敗した反システム運動の幻滅を通り抜けて生きてきた。

わたしたちは、途方もなく世界的にひろがる多面的な会話 multilogue に従事しなければならない。なぜならば解答は決して明白ではないからである。しかも、現在を外観だけ別のものに変えて続けたいと望んでいる人たちは非常に強力である。どの近代性の終焉なのか。うわべだけの近代性を終わらせて、はじめての、真の解放の近代性の始まりにしよう。

8

リベラリズムの克服不可能な諸矛盾

――近代世界システムの地政文化の視点から見た人権と民族の権利――

フランス国民議会は、一七八九年八月二十六日に、人権宣言〔「人および市民の権利宣言」〕を採択した。(1) それ以来それが、今日人権と呼ばれるものの象徴的な主張となってきた。一九四八年十二月十日に国際連合〔以下、国連〕で、ほとんど欠席もなく満場一致で採択された世界人権宣言において、それは事実上再び承認されて最新のものになった。(2) しかしながら、少なくとも一九六〇年十二月十四日に国連が植民地解放宣言を採択するまでは、「民族 peoples」の権利に関して、人権宣言に対応するような象徴的な主張はけっしてなかったのである。(3)

一七八九年の宣言の前文では、その冒頭で、その趣旨が次のように述べられている。「人権についての無知、忘却、蔑視は、公共の不幸と政府の腐敗の諸原因にほかならない……」〔「人および市民の権利宣言」、高木八尺・末延三次・宮沢俊義編『人権宣言集』岩波文庫、一九五七年、一三〇ページ〕。わたしたちはかくして、啓蒙の文書にふさわしいものとして、無知の問題から始める。そしてその直接的な含意は、無知が克服されたとき、もはや公的な災難はないだろうということである。

どうしてフランス革命は、民族 peoples の権利に関する類似の宣言を作成しなかったのか。事実、グレゴアール Grégoire 神父は一七九三年に代表者大会に対して「国民の権利と相互義務、民族＝国民 peoples の権利」に関する法律の成文化に努力するようにと強く示唆した。しかしメルラン・ドゥ・ドゥエ Merllin du Douai は「これはフランス国民 people の代表者会議にではなく、むしろヨーロッパ国民 peoples の全体会議に提案されるべき申し出である」[4]と論じた。そしてこの提案は片づけられた。

その観察は適切だったが、当時はもちろんそのような全体会議などなかった。そして全体会議が、最初は国際連盟の、次に国連の形で、(多かれ少なかれ)ついに存在するようになったときには、そのような宣言は、即座には提出されなかった。一九四五年に自らの自由のための闘いで勝利した植民地保有の列強は、まだ植民地主義の非合法性を認めなかった。国連は、植民地世界のかなりの部分がすでにその独立を勝ち取った後の、一九六〇年の宣言において初めて、「基本的人権と人間の威厳及び価値と、男女および大小の諸国家の同権」〔「国連憲章」前文参照〕に対する忠誠を再承認したのだった。それによって、「あらゆる形態や表現をもった植民地主義を、迅速で無条件に終わらせる必要性を荘厳に声明し(た)」〔注(3)参照〕。

わたしは、人権や民族 peoples の権利が自然法に公式に登録されるものなのか、あるいはそうではないのかについて議論したいと思わないし、知的構築物としてのこれらの思想の歴史を展望したいとも思わない。むしろわたしは、リベラル・イデオロギーの鍵となる要因としてのそれらの役割について、それが十九、二十世紀の近代世界システムの地政文化となるかぎりで、それらを分析したい。わたしはまた、地政文化上の構築物が、その論理において自己矛盾的であるのみならず、それが提起する解決不可能な矛盾それ自体が、地政文化の本質的な部分をなしている場合を論じたいと思う。

世界システムは、一つの地政文化を、所定の史的システム内になじませるまでに、時間がかかるけれども、すべて地政文化を持っている。わたしは「文化」という言葉を、ここでは伝統的に人類学者によって用いられる意味で用いる。つまり、意識的にそして潜在意識的に、システム内の価値を支配し、構成員にそのシステムの正統性をよく受容させようとして一連の幻想を創造する価値と基本的規則のセットとしてそれを用いる。どの世界システム内にも、その地政文化上の価値の全部または一部を拒絶し、それに対して闘いさえする個人や集団がいつでもいる。しかしそのシステムの中核グループの大多数が、これらの価値を積極的に受け入れ、大多数の通常の人々が積極的に疑問を持たないでいるかぎりは、地政文化が存在し、その価値は広く行き渡っているといえるだろう。

さらに言えば、一方における基本的価値や宇宙論、目的論と、他方においてそれらを実行する政治との間を区別するのは重要である。ある集団が積極的に反乱を起こしているという事実は、必ずしも彼らが、そのシステムの基本的価値や宇宙論、目的論に対して、多分潜在意識的には賛成していないということを意味しない。それはただ、彼らがこれらの価値が公平に実行されていないと感じていることを意味しているのかもしれない。そして最後に、わたしたちは歴史的な過程に注意を払わねばならない。地政文化はある時期に存在し、その後支配することをやめるかもしれない。特に近代世界システムの場合には、その地政文化はフランス革命と共に登場し、一九六八年の世界革命と共にその広く行き渡っていた容認される可能性を失った。

近代世界システム――資本主義世界経済――は、十六世紀以来永らく存在してきた。しかしそれは、確固とした、適当な、どのような地政文化も持たずに三世紀間機能した。すなわち十六世紀と十八世紀の間には、中核グループの大多数が積極的に受け入れ、大多数の通常の人々が少なくとも消極的には受容したといえるような、資本主義世界経済内の価値と基本的規則のセットは存在しなかった。フランス革命は広い意味でそれを変えた。それは政治的変化の常態化と人民主権という二つの新しい原理を確立した。(5) これらの原理は大変すばやく、大変深く大衆の意識に根付いたので、テルミドールもワーテルローもそれらを取り除くことができなかった。結果的に、いわゆるフランス(そして実際には世界システムの到るところで)の王政復古は、いかなる点でも、いかなる意味でも、アンシャン・レジーム〔旧体制〕の真の復活ではなかった。

これら二つの原理について記すべき基本点は、それらがそれ自体で、そしてそれだけでも、世界システムに対するその含意において、かなり革命的だったということである。資本主義世界経済の正統性を保障するどころか、これらは長期にわたって、それを否定する恐れがあった。わたしが以前に「フランス革命は、――小部分では成功し、かなりの部分で失敗した――資本主義世界経済の最初の反システム革命を意味した」[6]と論じたのは、こういう意味であった。それゆえ、世界システムの中核グループが、より大きな地政文化を仕上げて押しつけることの緊急性を感じたのは、より大きな全体の中にこれらの思想〔政治的変化の常態化と人民主権〕を埋没させることによって、これらの思想を抑制するためであった。

このより大きな地政文化の仕上げは、イデオロギーをめぐる論争という形をとった。わたしはイデオロギーという用語を、ここではまったく独自の意味で使っている。わたしは十九世紀に発展した三位一体的イデオロギー trinity of ideologies ――保守主義、リベラリズム、社会主義――は、事実上、ひとつの問題への応答であると思う。それは、変化の常態化と人民主権という二つの概念が広範に受容されるとすれば、良き社会を安定させるのにもっとも適する政治綱領は何かという問題である。

その答えは非常に簡単であった。これらの概念にショックを受け、それを根本的に忌み嫌っている保守主義者は、大衆行動に最大の警戒を向けるように主張した。彼らによれば、政治変化は、自分たちに味方するような要求が圧倒的なものになるときにのみ生じるべきだし、そのときでさえも、混乱を可能なかぎりの最低限におさえて、変化を進めるべきだというのである。人民主権に関しては、実力のある権力が伝統的にそれを行使し、持続性のある伝統の知恵を代表する人たちの手にその主権が実際に譲り渡されるときに、それはもっとも賢明に利用されると論じた。

社会主義者（あるいは急進主義者）は、それと反対の見解だった。彼らは変化を歓迎し、より平等な社会をめざす変化の達成速度を最大限にするために、人民がその主権を、完全に直接的に、行使することを要求した。

保守主義者と社会主義者の立場は、可能な限りゆっくりか速くか（！）というように、はっきり断絶していて理解しやすかった。平等化傾向に可能な限り強く抵抗するか、可能な限り不平等な構造を多く除去するか（！）現実の変化はほとんど不可能だと信じるか、たったひとつのことが、現存する人為的な社会的障害物を克服するならば、何事も可能だと信じるか（！）これらは右翼対左翼というよく知られた構図をなしていて、それ自体が、フランス革命から直接派生した一対の用語なのである。

しかしそれでは、一方で保守主義に、他方で社会主義に対立することを主張したリベラリズムとは何か。答えは公式には明確だが、実質的にはあいまいであった。公式用語ではリベラリズムは中道 via media、あるいは（二十世紀の自己描写によれば）「生命中枢」であった。[7] 速すぎず遅すぎず、ちょうど良いスピードで（！）というのである。しかし実質的な用語では、これは何を意味しただろうか。この点でリベラルは、実際に、自分たちの内部では、めったに意見の一致をみることができなかった。特定の時期に、特定の場所の範囲内でさえそうだったし、異なった場所と時代にいたリベラルの間では確実に一致できなかった。

結局、イデオロギーとしてのリベラリズムを定義づけてきたものは、その綱領の明快さではなくて、むしろ過程を強調する点であった。たしかにリベラルは政治的変化の不可避性を信じたが、彼らはまた過程が合理的である限りで、つまり社会的決定が注意深い知的分析の産物であるかぎりでのみ、政治的変化が良き社会につながると信じたのである。それゆえ、現実の政策は、そうした合理的決定をする最大の能力を持った人達によって、つまり技術者、あるいは専門家によって考案され、実行されることが不可欠だった。必要な改革をもっともよく仕上げて、自分たちの住んでいるシステムを完成できるか、あるいは完成するのは彼らだった。というのも、リベラルは、明らかに、少しも急進的などではなかったからである。彼らはシステムを完成しようとしたが、転換しようとはしなかった。というのは、彼らの見解では、十九世紀の世界はすでに人類の進歩の絶頂、あるいは最近復活した言葉によると「歴史の終わり」だったからである。もしわたしたちが人類史の最後の時代を生きているのであれば、そのときには当然、わたしたちの主要な（実際にはわたしたちの唯一可能な）仕事は、そのシステムを完成すること、つまりは合理的改良主義に没頭することとなる。

近代の三つのイデオロギーは、それゆえ、一七八九年以来近代世界を支配している大衆的信念に対処する、三つの政治的戦略となってきた。この三位一体的イデオロギーに関して、もっと興味ある事柄が二つある。第一は、三つのイデオロギーのすべてが公式には反国家であるが、実際には国家組織の補強のために機能したということである。第二は、三つのイデオロギーのうちでリベラリズムが、すぐにそして明確に、勝利したことである。それは一対の政治的発展によって理解可能である。時が経って、保守主義者も社会主義者もともに、その政治綱領を、リベラルな中道 liberal center から隔てるのではなく、むしろそれに近づけた。そして別々に補完的な方法で行動して、リベラルな政治綱領を実行するのにリベラルズの頭文字「L」それ自体よりははるかに多くの、事実上大部分の責任を持ったのは、保守主義者と社会主義者であった。これは、リベラル・イデオロギーが勝利したときに、リベラルな諸政党が消える傾向にあった理由である(8)。

勝利したリベラル・イデオロギーの枠組み内では、人権とは何か、そしてそれらはどこから来ると思われているのだろうか。たしかにこの問題に対する答えは異なっていた。しかし一般には、リベラルにとってその答えは、人権は自然法において備わっているというものだった。そのような答えは、対抗的な要求に抵抗する強力な基礎を人権に与える。しかしいったんこのような主張がなされると、また人権の特別リストが数え上げられると、多くの諸問題が残されたままとなる。誰がこれらの権利を数え上げる道徳的（法的）権利を持っているのか、もし一組の権利が、他の組の権利と対立した場合、どちらが優先し、誰がそれを決定するのか。権利は絶対的なものなのか、それともその利用の結果に関する何らかの合理的認識によって制限されるのか。（この最後のジレンマは裁判官オリバー・ウェンデル・ホームズ Oliver Wendel Holmes〔一八四一—一九三五年。一九〇二年連邦裁判所判事となる。リベラルな憲法解釈の立場に立ったことで知られている〕の、言論の自由は混み合った劇場で、「撃て」という権利を含んでいないという有名な申し立てに反映されている）そしてとりわけ、誰が人権を行使する権利を持っているのか。

最後の問題は、驚くべきことのように思えるかもしれない。「すべての人」と答えるのが正しいかどうかも、はっきりしていないのだろうか。本当にはっきりしていないのである。事実、このように言ったものはかつて絶対にいないのである。たとえば、幼児が、少なくとも彼らのすべてが、これらの権利を持っていないことは、幼児は自分自身や他の人のために、それを賢明にあるいは安全に行使する精神的な能力を持っていないという明白な根拠によって、ほとんど一般に認められている。しかしもし幼児でなくて、引き続いて高齢者、小さな子どもたち、反社会的行為者、重罪犯人はどうか。そしてその結果としてそのリストは、若い人たちは、神経症患者は、兵士は、外国人は、貧乏人は、女性はというように無限に拡張されるかもしれない。無能から有能を区別する自明な線はどこにあるのか。もちろんそのような自明な線はないし、たしかに自然法から演繹できる線もない。かくして、これらの人権が誰に適用されるのかということを定義することは、不可避的に絶えず起こる現在の政治的問題であるということになる。

誰が人権を持っているのかという定義は、今度は、誰が人民の権利の行使を要求するのかということと密接に結び付いている。そしてここで、フランス革命から出てきたもう一つの概念、つまり市民概念が浮かんでくる。というのも、人民主権の行使をもっとも明確に公認されている人々は「市民」だったからである。しかし誰が市民なのか。これは疑いもなく「王」、あるいは「貴族」、あるいは「有産者」をすら越えた大きな集団であると考えられている。しかしそれはまた「すべての人」というには、はるかに小さく、「所与の主権国家の地理的境界内に住んでいるすべての人」よりは、ずっと小さい。

そしてその中にこそ一つの物語が横たわってる。主権者の権威は誰の上にあるのか。封建システム内では、権威は分割された。一人の人間が何人もの領主に臣従できたし、実際、しばしばそうだった。それゆえ領主は、臣下に対する議論の余地のない権威を頼りにすることはできなかった。近代世界システムは、国家間システム内に位置して、それによって抑制される主権国家が、その領土内に集まるすべての人に対する排他的な支配権を主張するような、根本的に異なった法的・道徳的な組織を生みだした。さらにこれらの領土のすべては、地理的に、つまり測量者の測定によって制限されていたし、そうして他の領土とは別個のものだった。付言すれば、国家間システム内のいかなる地域も譲渡されなかった。

こうして「臣下」が「市民」に転換させられたそのときすぐに、現在の住民は「市民」と「非市民」（あるいは外国人）に分割された。外国人はさまざまな姿でやって来た。彼らは一方の極における長期的（生涯ということさえある）移民から、他方の極における通過客にまでおよんでいた。しかしどの場合でも、そのような外国人は市民ではなかった。他方、十九世紀初頭には国家は「地域 regions」や「地方 localities」の寄せ集めだったので、現実の市民は、それをいかに定義しようとも、普通、彼ら自身はまったく異なった背景――異なった言語を話し、異なった習慣を持ち、異なった歴史的記憶の伝達者であった――を持った人であった。それゆえに、いちど臣下が市民になるや、市民は積極的に国民 nationals に、つまり他の社会的忠誠よりも、国家への忠誠を優先する人に転換させられる必要があった。このことは容易ではなかったが、しかし、人民主権の行使によって多分に不合理な集団間の抗争が生まれないようにするためには、不可欠のことであった。

それゆえ、イギリスやフランス、アメリカのような国家は、その市民の間に国家意識 nationalism という観念を育成しようとしていたのに、[9] ドイツやイタリアのような他の場所では、前国家的 prestate ナショナリストが、同様に、そうした国家意識を育成する国家を生み出すために闘っていた。初等学校と軍隊という二つの制度は、ほとんどの十九世紀の国家の中で、そのような国民的一体性の観念を促進するという主要な責任を与えられた。この仕事をもっともよくした諸国がもっとも隆盛をきわめた諸国であった。ウイリアム・マクネイルが書いているように、

こうした環境の下で、個々の国家的支配権内でのエスニック的均一性というフィクションは、最近の諸世紀にその根を持っている。その時期に、幾つかのヨーロッパの指導的諸国は、適当に理想化され任意に選ばれた未開の先祖に立ち戻ったのだった(フランスやイギリスが、彼らがそれぞれの国語を受け継いだその後の支配者や侵入者をすすんで無視して、その推定上の国民的祖先として、古代ガリア人とブリトン人を選んだことを知るのは、たしかに愉快なことである)。エスニック的均一性というフィクションが隆盛を極めたのは、特に一七八九年以後に、あらゆる成年男子がその中で武器使用の訓練を受け、国民的団結という観念によって統一され、進んで従順に指導者を選ぶような、そういう新しい無教養な政治組織の持つ実践的な優位さが、

人口のより少ない部分に限定して戦争への動員をする政府に対抗して、その力を見せつけたときである。(10)

もしそのことをよく考えるならば、初等教育と軍隊のいずれもが人権を守るための実践においてはそれほど知られた存在ではなかったのである。それらはともに上意下達で、権威主義的組織である。普通の人々を市民的有権者と市民的兵士にすることは、他の国家に対抗する場合でもまた国内の一般市民の暴力と階級闘争を最少化するという観点からも、国家的結合力を確実にしたいならば非常に有益であるかもしれないが、しかしそのことは人権の促進と実現にとって実際には何をすることになるのだろうか。

資本主義世界経済の中核諸国のための、十九世紀リベラリズムの政治的プロジェクトは、選挙権、福祉国家、国民的一体性という三重の合理的改革プログラムを提供して、危険な諸階級を飼い慣らすことであった。その希望と前提は、普通の人々が報酬の制限付き移譲に満足して、それゆえに事実上「人権」の充足を求めて圧力をかけないことであった。人権、自由、民主主義というスローガンの宣伝は、それ自体が危険な諸階級を飼い慣らす過程の構成部分であった。危険な諸階級に与えられた社会的譲歩の貧弱さは、二つの事実がなければ、より顕著になったかもしれない。一つは、中核諸国の全般的な生活水準は、周辺地域からの効果的な余剰の移転から利益を得ていた。そして二つめは、それぞれの中核諸国の地域的民族主義は、「未開人」に対する「文明化」された諸国民の集団的民族主義として仕上げられた。今日わたしたちは、まさにこれらの国家で、まさしくこの時期に、公然と成文化されてあらゆる社会組織や公的言説に深く行き渡っている一つの教義を人種主義と呼ぶのである。以上のことは、少なくとも、ナチスが人種主義をその論理的結論まで、つまりその極限の見解にまでつきつめて、それによって西洋世界を恥じ入らせて、その結果部分的にしかすぎないとしても公式には人種主義の理論的否認へと進ませるようになるまでは、真実なのであった。

誰が「未開人」なのか。植民地の人々がきっとそうだ。白人に対して黒人と黄色人、「西洋」に対して「東洋」、西欧の「歴史的民族」に対して東欧の「歴史なき」民族がそうである。キリスト教徒に対してユダヤ教徒がそうである。初めから「文明化」された諸国民の人権は、彼らが「文明化」されているという想定にその根拠を持っていた。帝国主義の言説はコインの表面だった。人権を尊重すると主張する諸国の義務は、それゆえ、人権を尊重しないで「野蛮」な習慣を持ち、それゆえに子どもたちのように世話を受けて教育されねばならない人々を、「文明化」することだった。

それに続いて「民族 people の権利」がごくわずかの特定の人々には残しておかれたが、その他のすべての人々の権利はまったくかえりみれらなかった。実際、「未開人」に民族 peoples としてのその権利を是認することは、実は、これらの人々の個人的「人権」を否定することになると考えられた。この二組の権利〔民族の権利と人権〕は、十九世紀には一方と他方が直接的に対立するものとされた。世界が両方の権利を持つことのできる方法はなかった。

十九世紀のリベラリズムは、自分が解決に着手した問題を解決した。変化の常態化と人民主権の原理の普及しているような世界システムがある場合に、理性と善意と能力と財産を持った上流階層の人たちは、「危険な諸階級」が計画を覆すのをどのようにして防ぐことができただろうか。その答えは、適当な量の合理的改革を実行することによって達成できるというものであった。この答えは、実際には人権の行使できる集団を人民のある部分に制限し、また、そもそも主権を行使できる人民をより一層厳格に制限することを意味していた。しかしながら、リベラリズムの論理では、権利は理論的には普遍的だったので、その制限は複雑な理由を用いて、もっともらしく正当化されねばならなかった。したがって理論的に権利は普遍的だと主張されたが、リベラルが最もしたくなかったのは、これらのリベラルな諸原則が、文字どおり、つまり真に普遍的に適用されることだった。これらの原則が、文字どおり適用されないようにするために、リベラリズムは強制力を必要とした。その強制力が性差別と結びついた人種主義だった。しかし、もちろんこのことはリベラルによって公言されることなどできなかった。というのも、人種主義も性差別も、定義上は反普遍主義であり、反リベラルであったからである。エドワード・サイード Edward Said は、このリベラリズムの第二の顔が持つ精神とその結果を非常にうまく把握した。

後進的、退化した、非文明的、遅れたなどと種々に名付けられたその他の人とともに、東洋人は生物学的決定論と道徳的・政治的訓戒から構成された枠組みによって観察されてきた。東洋人は、こうして、西洋社会において嘆かわしい外国人としてその特徴が最もよく描写されるような一体性を共通して持っている一団（義務を怠る人、精神病者、女性、貧乏人）と結びつけられた。東洋人として注目されることは滅多になかった。彼らは市民として、あるいは民族 people としてすらなく、解決され制限されるべき、あるいは――植民地列強が彼らの領土を公然と熱望したときに――引き継ぐべき……問題として理解され、分析された。

わたしが論じたいのは、比較的無害な言語学的な副次的産物〔オリエンタリズム――著者〕が、政治運動を操縦し、植民地を支配して、白人の困難な文明化の使命を代弁するほとんど黙示録的な声明を作成する能力へと変態したことである。すべてこれは、いわゆるリベラル文化つまり、包括性、多元性、偏見のなさという自慢の基準に対する関心に満ちた文化の内部で作用するなにかである。実際に起こったことは、リベラルとはまったく反対のことだった。つまり原則と意味が、「科学」の仲介によって「真理」へと硬化したのであった。というのも、もしそのような真理が、わたしが示したような方法で、東洋を不変の東洋的なものとして判断する権利を保有したならば、そのときその真理の不偏性 liberality とは、圧迫と唯心論的偏見の一形態以外のなにものでもないからである。(11)

二十世紀に起こったことは、リベラルによれば、人種主義と性差別によって圧迫された人たちが、彼らが理論的には持っている権利を、人権と民族 peoples の権利の両方の形で主張したことだった。第一次世界大戦は、政治的中間休止といえた。中核国家の間の秩序の混乱、すなわち一九一四年から一九四五年まで続いた「三十年戦争」は、新たな運動のための空間を開放した。

世界的場面において最も当面する問題は、植民地主義／帝国主義、つまりヨーロッパ諸国（しかしまたアメリカや日本も）による、アジア、アフリカ、カリブ海諸国の広大な部分の法的支配であったので、最も当面する要求は、人権よりは民族 peoples の権利であった。この要求の正統性は、ウッドロー・ウィルソン大統領がグローバルなリベラリズムの要点として、「民族自決権」のテーマを作成したときに、彼によってもっとも華々しく承認された。もちろんウィルソンは、自決権は、民族がその用意のあるときに、賢明に、整然と、合理的に少しずつ与えられるようにするつもりであった。そのときまでこれらの民族は、（一九四五年の国連憲章の言葉を用いるならば）「信託統治」されるということであった。

保守主義者は、予期しうるように、さらにもっと慎重で、何らかの「用意」が必要だとしても、それは確定できないほど、遠い将来にのみ起こりうると考える傾向があった。保守主義者は、しばしば、民族 peoples の権利に反対するために、二十世紀前半の人権というテーマにまで後退した。彼らの論じるところによると、これら植民地の住民は、真の「民族 peoples」ではなく、単なる個人の寄せ集めである。その個人的人権は、個人が十分な教育を受け、十分な西洋的生活スタイルを身につけて、彼自身――まれに彼女自身――が「文明化された人格」の地位に到達したことを示せるようになったときに、承認されるものであった。これは多くの植民地列強（たとえばフランス、ベルギー、ポルトガル）における、公式的な同化主義者の論理であった。しかしその他の植民地列強は、非公式であったが、同様の分類法を使い、人権を少しずつ分け与えるという方法を実行した。

第一次世界大戦の当時、根本的に反システム的で反リベラルであった社会主義者たち、つまりボルシェヴィキ（レーニン主義者）と第三インターナショナルは、民族 peoples の権利についてのすべての話には、最初から非常に懐疑的であった。それによって彼らは、ヨーロッパ中産階級の民族主義運動を連想した。長期にわたって彼らは、その概念に公然と敵対してきた。それから一九二〇年になって、どちらかといえば突然に、彼らはコースを根本的に変えた。バクー東方民族会議(12)でヨーロッパ／北米内の階級闘争の戦術的優先権は、反帝国主義の戦術の優先権に好都合なようにひっそりと棚上げされた。第三インターは、反帝国主義というテーマによってほとんどのヨーロッパの共産主義政党と、少なくとも、より急進的なアジア（そして他の周辺地域部分）の民族解放運動との間の政治的同盟を構築しようと望んだ。しかしそうすることで、レーニン主義者は、事実上、民族自決権というウィルソン主義的大目標を遂行する点で、リベラルに加わったのだった。そして第二次世界大戦後にソ連が、多かれ少なかれ、政治的に親密に結びついていた一連の諸国において、「社会主義建設」を促進するための積極的な政策を追求したとき、ソ連は低開発国の経済開発という、世界的なリベラルの大目標の遂行に、事実上参加していたことになる。

それゆえわたしたちは、一九四五年から一九七〇年の間は、もうひとつのリベラリズム神格化の時期だったと言うことができる。もし一九一四年以前の数十年間に、リベラリズムがヨーロッパで勝利しているように見えたとすれば、一九四五年から一九七〇年にはリベラリズムは世界中で勝利しているように見えたといえよう。リベラリズムの世界のスポークスマンであるアメリカは覇権強国であった。その唯一の理論的敵対者であるソ連は、民族 peoples の権利という点では実質的になんら異ならない戦術的大目標を遂行していた。それゆえソ連は、そのことで実際には、アメリカが世界システムの危険な諸階級を飼い慣らす手助けをしていたことになる。さらに言えば、このリベラルな政策は実際にこれら危険な諸階級に対して成果を上げているように見えた。民族解放運動は第三世界の至るところで権力に近づいたか近づきつつあった。そして、それらはその上に至るところで、ソヴィエト圏の共産主義政権を通じてのみならず、西欧や英連邦内の白人諸国 the White Commonwealth nations における社会民主主義政党の強力な役割で、権力（少なくとも部分的な権力）を、獲得したように見えた。そして、一九四五年から一九七〇年の間の、信じられないほどの地球的規模の経済拡張の一部としてであるが、実際に、すべての周辺諸国の経済成長率は、かなり高かった。この時期は楽観主義の時代であった。それはヴェトナムのように、闘争が非常にどう猛で破壊的に見えたところにおいてさえそうだった。

ほとんど黄金時代と見える時期を振り返ってみれば、人権への関心のいずれにしても、それがいかに欠けていたかが際だってくる。至るところで人権の欠如やその役割の減退が目立っていた。それは、東欧における追放裁判から、第三世界諸国における種々の形態の独裁（しかしまたアメリカにおけるマッカーシズムやドイツ連邦共和国における職業禁止 Berufsverbote〔政治上不適格な人に対するもので、公職禁止令など）も忘れてはならない）に至るまで、人権の勝利の時代などではまったくなかった。しかしより一層重要なのは、その時代は、世界の政治運動において、人権に対する言葉の上での関心がそれほど強い時代ではなかったということである。人権という大義の擁護者は、どこにおいても冷戦の闘争における国民的団結を脅かすものと見られた。そして第三世界の諸国のうち、ソヴィエト圏と最も密接に結びついていた国よりも、西洋と最も密接に結びついていた国の方が、人権の承認の程度がより大きいというわけでもなかった。さらにアメリカ／ソ連のそれぞれが、お互いの勢力範囲で示した人権への関心は、宣伝放送に限られていて、現実の政治に重大な影響を持たなかった。

それ以来何が起こったか。主に二つのことである。

第一は、リベラルな地政文化に挑戦した一九六八年の告知的で告発的な世界革命であり、それに続いて、リベラルの譲歩のパッケージが、不毛であったことを示す証拠が、一九七〇年代に現れ始めた。一九六八年に学生とその同盟者が至るところ——西洋諸国、共産主義圏、周辺地域——で言っていたことは、リベラルなイデオロギー（言葉上は異なるが、実質は同様のソヴィエト的変種を含む）は、一組の詐欺的約束からなっているということであり、その実体は、実際に、世界の人口の大多数にとって、大部分否定的なものであるということだった。もちろん革命家は、彼らの国の特定の表現で——それはアメリカ、ドイツ、チェコスロヴァキア、中国、メキシコ、ポルトガル、インド、日本において異なっていた——話す傾向があった、しかし同じテーマが再現された。(13)

一九六八年の世界革命は、世界システムを分解しなかった。それからはほど遠かった。しかしそれは、リベラリズムを、世界システムを規定するイデオロギーとしての地位から追い払ってしまった。保守主義も急進主義も、ともにリベラル的中道から立ち去って、多かれ少なかれ十九世紀前半の彼らの地勢的位置に戻った。そしてそれによって、人権と民族の権利の双方が持つ革命的意味あいを制限するために、リベラリズムが確立しようと努力した微妙なバランスを崩してしまった。

第二の主要な変化の衝撃を、すなわち世界システムの社会経済的組織化の衝撃を見れば、どのようにこのバランスが崩されたかが理解できる。およそ一九六七年から七三年の時期以来、世界経済はコンドラチェフ波B局面に、つまり停滞の時代にあった。この停滞はほとんどの周辺地域の経済的利益を事実上無効にした。東アジアの一角は例外だった。その一角は、特定の種類の生産を世界経済の特定の区域へ再配置する場所となっていたのであり、そのような例外はコンドラチェフ波B局面においては、正常な姿なのである。それはまた、（さまざまな速度で）北の労働者階級の実質所得の低下をもたらした。最盛期は過ぎ去った。そしてごまかしは途方もないものとなっていた。世界のリベラル勢力（そしてその事実上の同盟者である世界共産主義運動）によって抱かれた生活展望の、着実で秩序だった改善への希望が崩れた。そしてその希望が崩れたとき、それまでは民族 peoples の権利は事実上意義を持つ程度にまでは獲得されていたのだが、その権利の程度が今や受益者と思われていた人たち自身によって問題にされた。

ポスト一九四五年の時代に、それまで民族 peoples の権利の成功した成果として考えられていたものが、新たにその意味を問われて、二つの政治的結果が生み出された。一方で、多くの人達が新たな「民族 peoples」の権利の追求にとりかかった。多分彼らは、自分たちの持っている「民族 people」の権利が認められてこなかったのだと考えた。それゆえ女性、ゲイ、レスビアン、身体障害者、老人のような他の集団や準民族 quasi peoples のための要求に同意する、現存国家内の新たなそしてより戦闘的なエスニシティ、分離主義者、「少数派」民族 peoples の要求が出てきたのである。そして他方では、もし民族 peoples の権利が報われてこなかったとすれば、そのときにはどうして、民族 peoples の権利を獲得することのために、人権への関心を抑制する必要があるのだろうかという疑問が生じた。それゆえソヴィエト圏や第三世界の一党支配国家や軍事独裁制の中で、人権の即時実行を要求する突然の盛り上がりがあったのである。これがいわゆる民主化運動であった。しかし西洋世界内部でもまた、これは、これまで人権の表現をひどく制限してきた組織を解体するときであり、同様に、アメリカにおける「プライヴァシーの権利」のような新しい権利を作り出すときであった。

さらに誰もが、自らの国の人権について語り始めるように見えたのみならず、誰もが他の国のために人権について語り始めた。たとえば、人権をアメリカの外交政策の関心事とみるカーターの宣言、ヘルシンキ協定、アムネスティ・インターナショナルや「国境なき医師団 Médecin de Monde」のような運動の広がり、人権を一般的問題として、はっきりと優先的問題として議論しようとする第三世界の知識人の意気込みがある。

最近の一〇年から二〇年の間の二つの運動――その権利が確認される必要のある新しい「民族peoples」の探索と「人権」に関するより激しい要求――はともに、一九六八年の世界革命を生み出すことにもなった一九四五年から一九七〇年の時期のごまかしへの反作用であった。その革命は明らかに、グローバルなリベラリズムの希望が裏切られたことと、合理的改良主義のプログラムを提供してきた世界リベラリズムのふらちな意図というテーマに集中してむけられたものであった。二つの反応は、最初は一つのものであるように見えた。「新しい」民族peoplesの権利を主張していた同じ人がまた、より大きな人権を要求していた。

しかし一九八〇年代後半までには、とりわけ共産主義の崩壊によって刻印されるかつてのアメリカの覇権システムの地政学上の大変動に伴って、二つの運動は別々に、それどころか敵対的な方法で、動き始めた。一九九〇年代まではすべての運動は、「新しい」民族peoplesの権利に明確に対抗して（再度）人権というテーマを用いた。これがアメリカの新保守主義的な、ポリティカル・コレクトネス反対のキャンペーンにみられるものかもしれない。しかし「国境なき医師団」や「干渉権droit d'ingerance を守るためのフランス知識人の同盟」[14]が主張する、干渉するという声明、つまり今日のボスニアやソマリアに、明日の中国やイランに、そして明後日のアメリカにおける黒人支配の市政（どうしてそれがないと言えるだろうか）に干渉するという声明には、ちょうど同じようなことがみられるのかもしれない。

リベラリズムは今日、自らの論理によって窮地に陥っている。リベラリズムは人権の正統性を主張し続けており、そしてそれに比べるとちょっと小さい声ででではあるが、民族peoplesの権利ということも主張し続けている。それでもまだ本気で主張しているのではなくて、民族peoplesの権利が完全に実行される事にならないように、民族peoplesの権利を主張しているのである。しかしそうすることは、次第に難しくなってきている。そしてリベラルは自らが言うように、危険と困難の狭間に捕らえられて、大部分が保守主義者に、ほんのときたま急進主義者に変わることによって、その真の色合いを示している。

一つの単純で、非常に重要な、そして当面の問題と直接関連する、移民の問題を取り上げよう。移民問題の政治経済学は非常に簡単である。世界経済は二つの点で、つまり社会経済的、人口動態的に、これまでより以上に分裂している。南北格差は大きく口をあけており、あらゆる兆候から見て次の数十年になお一層拡大するだろう。その結果がどうなるかは明らかである。南側から北側への移民の異常に大きい圧力が存在する。

これをリベラル・イデオロギーの観点から見てみよう。人権という概念は明らかに移動の権利を含んでいる。リベラリズムの論理ではパスポートもヴィザも必要ではない。誰がどこで働こうとも、移り住もうとも、たとえばアメリカ国内や今日の多くの主権国家内におけるように、またもちろん、リベラルな国家を装っているどのような国の内部においても、それは許可されるべきである。

もちろん実際には北側のたいていの人は、国境開放という考えに文字どおり仰天している。過去二五年間の政治はまったく正反対の方向に動いてきた。イギリスはそのかつての植民地臣民に対する新しい障害の早期の建設者であった。一九九三年だけでも、三つの主要な動きがあった。ドイツ議会は東欧の人々が現実に来ることができる今という時点になって、「難民」の受け入れを厳しく抑制した。（邪悪な共産主義者がその民衆 peoples を行かせないといって非難するのは良き見せ物であった。しかしわたしたちは、今日、邪悪な共産主義者がもはや権力をもたず、移民を制限する立場にないとき、何が起こっているかを見ている。）フランスでは、政府が旧植民地からの移民を制限するのみならず、フランスで生まれた移民の子どもたちが市民になることさえも、より困難にする法律を通過させた。そしてアメリカでは、一九九三年に、最大の州カリフォルニア——それと関連がないとは言えない事実は、カリフォルニアがまもなく非白人多数派になると予期されている州だということである——の知事がわたしたちの最も崇敬する伝統の一つ、つまりアメリカの土壌に生まれた者なら誰であれ、生まれながらアメリカ市民とするという出生地主義 jus solo を廃止するように、合衆国憲法を修正することを要求している。

イギリス、ドイツ、フランス、アメリカにおいて提起されている議論とは何か。それはわたしたち（北側）が、全世界の重荷（つまり経済的重荷）を引き受けることができないということである。それではなぜそうできないのか。ほんの一世紀前、この同じ北側が未開人の間における「文明化使節」という「白人の重荷」を引き受けていたのだった。今や未開人、つまり危険な諸階級は、もう結構、わたしたちを文明化することなどやめてくれと言っている。それよりはわたしたちに幾つかの人権を、つまり自由に動き回り、見つけたところで仕事に就く権利を与えよ、と言うのである。

リベラル・イデオロギーの自己矛盾は全体的である。人類すべてが平等の権利を持ち、すべての人が平等の権利を持つとすれば、わたしたちは、資本主義世界経済がこれまでずっと持ってきたし、そして将来もずっと持つと思われる特定の不平等なシステムを維持できないだろう。しかしもしこの不平等なシステムが公然と認められるならば、そのときには資本主義世界経済は、危険な（つまり財産を奪われた）諸階級の目には何の正統性も持たないだろう。そして、このシステムに正統性がないならば、それは生き残りはしないだろう。

その危機は全体的である。つまりジレンマは全体におよんでいる。わたしたちは次の半世紀にその結果を経験することになるだろう。ではどのようにして、わたしたちは共同でこの危機を解決するのか。どういう種類の新しいシステムをわたしたちは建設するのか、それはより良いものか、それともより悪いものか。わたしたちは多かれ少なかれ、人権や民族 peoples の権利を認めるのかどうか。一つのことは確かである。そのシステムは、わたしたちが今日まで二世紀の間知っていたような、イデオロギーとしてのリベラル・イデオロギーに基礎を置くシステムではないだろうということである。

9 開発の地政文化か、地政文化の転換か

開発という用語は一九五〇年代以来、社会科学と公共政策の領域で広範に流布した用語である。文化は一九七〇年代に多くの輝きを付与され、新たに強調されて、これらの領域に再導入された用語である。

この用語史を説明するのは、そう難しいことではない。開発という用語の出現は、ポスト一九四五年の時代における、いわゆる第三世界の政治的登場の直接的結果のひとつであった。世界システムの周辺地域の民族 peoples は、二つの主要目標つまり世界システム内でより大きな政治的自治とより大きな富を獲得するために、効果的に組織的な団結をすすめようとしていた。より大きな自治とは、植民地化されてきた民族にとっては政治的独立を、すでに主権を持っている国家にとってはより強力な民族主義的 nationalist 政府を意味した。一般的にはこの目標は、一九四五年から一九七〇年におよぶ時代に、ほとんどすべての周辺地域であれこれの形態で達成された。その正統性は

国連の機構においてのみならず「民族自決権」という概念の広範な受容、およびそれと平行した帝国主義の正統性の否認によって裏書きされた。

より大きな富という目標も同様に正統化された。しかしながら、表面的レベルにおいてさえ、それを達成するのは、より大きな政治的自治を達成するという目標よりも、はるかに困難であった。しかしここでもまた、一九四五年から一九七〇年の時代は良い年であるように見えた。世界経済の注目すべき拡大があり、そして世界のほとんどすべての部分では、一九二〇年から一九四五年の間よりはこの時代のほうがうまくいっているように思えた。富のさらなる増大に対する見通しでは、楽観主義が広く行き渡った。「工業」諸国と「農業」諸国の間で、(あるいは「発展した」諸国と「低開発」諸国との間で、後の言葉で言えば「北側」と「南側」の間で)、重大な格差のあることが認められていたが——一九五〇年代以前から、格差が拡大しつつあることにすでに気づきつつあった人々がいた——、それでもなお、何らかの方法で周辺地域の絶対的(そして相対的)貧困は克服されうるものと信じられていた。この格差を克服する過程が開発と呼ばれるようになったものである。

すべての国の(経済的)開発の可能性は、保守主義者、リベラル、マルクス主義者によって同じように共有される普遍的信念となった。それぞれが、開発を達成するために提案した方策をめぐって、猛烈な論争が起こった。しかし開発の可能性自体を疑うものはいなかった。こういう意味で、開発という概念は世界システムの地政文化的基盤の基本要素となった。それは一九七〇年代を「開発の一〇年」と称した国連の満場一致の決定に具現されていた。

しかし、開発にとってこれ以上に悪いタイミングはなかった。世界経済の拡張、コンドラチェフ波A局面は頂点に達していた。世界経済は経済停滞のコンドラチェフ波B局面に入りつつあった。停滞とは、すべての人の絶対的富が必然的に低落することを意味しない。むしろB局面は、この停滞がたいていの人にはあてはまるが、すべての人々にとっては必ずしもそうだとはいえない時代である。ある人々、ある地理的場面によっては、B局面が個人的、地域的に実際にたいへん有利になることがある。

しかしながら、一九七〇年から九〇年におよぶ時代に経済的に損害をこうむった（こうむり続けている）広範な大多数の人々にとって、とりわけ彼らが開発の可能性という地政文化上の信念に傾注するようになっていたために、このB局面は、幻想から大きく目覚める時代となった。開発は道しるべになっていた。それが今では幻想のように思えた[1]。

これが「文化」という概念が登場した場所である。たしかに文化は、以前に一九四五年から一九七〇年の開発論争のときに議論された。しかしそれは、主に「邪魔者」として議論されたのだった。多くの理論家の見解では、とりわけリベラルなイデオロギストの見解では、それが唯一そういう見解ではないとしても、文化とは「伝統的なもの」を、すなわち「近代的なもの」に対抗して提出された概念を表す。周辺地域の人々は、多くのいわゆる伝統的価値を信じ続けていて、それが彼らを最も急速に発展させるような実践に参加させないのだといわれた。彼らはそれゆえに自らを「近代化」する必要があったのである。これは容易な仕事ではないと考えられた。それにも拘わらず、啓発された地域の政府は、国際的行政機関やすでに「開発された」国家の政府の援助を受けて、この近代化過程を、事実上スピードアップするような「改革」に着手したといえよう。この地域改革という仕事に対する、外部からの援助の主要な形態は「技術援助」と呼ばれた。技術的という言葉は二つの基本的な特徴を強調するものと考えられた。その一つは、援助は科学的には自明であり、そしてそれは私心がないものといわれていた。二つめは、「技術的」とは「ただ技術的にすぎないこと」を意味し、それゆえに暗黙の内に「政治的無関心」を意味していた。

一九七〇年代には、技術的援助も国民的改革もうまくいっているようには思えなかった。たいていの国の経済状勢は目に見えて悪化していた。「援助」は科学的知識をただ送り届ける問題にすぎないという考えは、関心を引かなくなった。技術援助には私心がないという考えは、非常に高い外部負債、資本逃避、投資の減少という循環に多くの国が入るにつれて苦い果実を生むように思われた。

そのひとつの結果は、開発の概念に最も「忠実」だった人々の多くが、そのイデオロギストを攻撃し始めたことである。彼らは実際次のように言った。あなた方(政治家や社会科学者)は、経済開発は普遍的に可能で、意図的な政治的変化(リベラルな改良主義か、革命的な転換かのいずれか)がそれに至る道であるとわたしたちに告げた。しかし、それは間違っていることがはっきりとわかった。かつて経済開発を信じてきたこれらの人々の間には、希望が奪われ、かなえられなかったという認識が生まれた。希望のための新しい候補を登場させよう！　もし政治経済学を変えることが、もはや、追求すべき前途有望で妥当な道筋ですらないと考えられるのならば、言い換えれば、もし一九四五年から一九七〇年にかけての時期に説かれたような開発が実際はごまかしであったのなら、そのときには多分、救済は文化を再主張することのなかに見出されるかもしれない。一九四五年から一九七〇年の年月には、できるだけ急速に取り除かれるべき「障害」として議論されてきた「文化」が、今では、経済的・政治的立場の退歩、崩壊、悪化に対する抵抗の城壁として、装いを変えて登場した。それはすべてのものが広範な商品化にさらされた結果であった。文化は悪者であることをやめ、英雄となった。

その結果としてわたしたちは、ユネスコ共催の「文化と開発」と題する——それは単なる「開発」ではなく「持続可能な開発」の意味だが——会議に臨むことになる。この同じユネスコが、一九五三年にマーガレット・ミード Margaret Mead が世界精神衛生連盟のために行った研究を出版した。それは、ここでの話題について、まったく違ったアプローチをとっていた。この研究は二つのユネスコの決議[2]にしたがってとりおこなわれた。これらの決議は引用するに値する。第一の、一九五一年の決議である第三—二三一号は、ユネスコに「非工業化諸国と工業化途上にある諸国への、近代技術の導入によって引き起こされた緊張を取り除く可能な方法を研究するように」要請した。一九五二年の第二の決議、第三—二四号は、ユネスコに「人民 people の社会的進歩を保証するために、彼らの文化的価値に敬意を払って、工業化途上にある諸国への近代技術の導入を調和的に行う方法に関する研究を奨励するよう」要求した。

これらの決議は印象的である。ユネスコがそのとき実際に言っていたことは、近代技術が周辺に導入されつつあるということだった。もちろんこのことはよい。しかしそれは文化的、人格的（研究は個人の精神衛生に焦点をあてていた）両面で緊張を生み出す。誰かがこれを「調和させる」必要がある。この決議の文法は、「調和させる」についてくる「……と」〔前置詞 with〕が欠けているので、ひどいものである。そもそも近代技術が何と調和させられるべきかが不確かである。しかしその意図はただ人民 people をなだめることであったと想定できるかもしれない。「文化的価値」は「尊敬」に値するけれども疑わしかった。ユネスコは、文化的価値に対する信心 piety がたとえなんであろうとも、とりわけ「人民 peoples の社会的進歩」を保証したかったのである。

しかしながら今日では、「文化」はもはや祈願して、それから無視するような単なる信心ではない。それは非難するために祈願する鬨《とき》の声となった。鬨の声であるこの「文化」とは何か。そしてなぜわたしたちは「開発」に「持続可能な」という形容詞をつけ加えたのか。人は持続不可能な方法で開発することができるのか。これらの疑問に対する答えは、科学的に自明ではない。それらはもちろん、今日全般的に意見の一致した事柄ではない。現時点での答えは、実際には、その人の出身によってたいへん様々である。

第一の問題は、わたしたちは誰の「文化」、あるいは「諸文化」について、話しているのかということである。文化は二つのまったく正反対の使い方のある言葉である。それは、二人あるいはより多くの個人に共通のものを示している。しかしそれはまた、二人あるいはそれ以上の特定の個人に共通しないものをも示す。いわば文化は、人々を統合するものである。しかしそれはまた、人々を分断するものである。(3) わたしたちが今日、「開発」との関係で「文化」の問題を取り上げるとき、文化を人々を分断するものという意味で用いている。わたしたちは朝鮮 korea「文化」が、中国「文化」やイギリス「文化」と違うという事実について話をしよう。

問題は何が朝鮮文化、あるいは中国文化、あるいはイギリス文化なのかということである。それは一九九三年に朝鮮半島、中国、イギリスの多数の人々によって説かれ、多少は守られる価値と習慣の集合なのか。あるいは一九九三年と一七九三年の両時点で朝鮮半島、中国、イギリスの多数の人々によって説かれ、多少は守られる価値と習慣の部分集合なのか。あるいは一九九三年と九九三年の両時点でか。わたしたちが「朝鮮」文化、「中国」文化、「イギリス」文化という慣用語によって意図していることは、ちっとも自明のことではない。さらに言えば、これらの形容詞によって言及される単一文化があるということもまったく自明ではない。文化は時間がたてば、これらの名前によって指示される境界内の地域空間を越えて、そしてもちろん階級を越えて変化する。それゆえマーガレット・ミードがおこなったように、わたしたちは文化的価値を尊重しなければならないというときには、わたしたちが論じているのは誰の文化的価値なのか、あるいはどちらの文化的価値なのかを知る必要がある。そうでなければ、その関連ははなはだあいまいすぎるのである。

同様に、わたしたちが「持続可能な開発」というとき、その指示する対象は不明である。もし朝鮮半島、中国、イギリスが「発展している」ということならば、わたしたちが実際に意味しているのは、実際に韓国 South Korea なのか、中国南部、イギリスの南部諸州なのか、あるいは本当は全州なのか。これら特定の事例のおのおのにおいて、一九九三年には、南部地域は経済的に北部地域よりはうまくいっているために、そしてこれらの事例のおのおのにおいて異なった理由があるために、南部地域と北部地域の差は、過去二五年間拡大してきたのみならず、少なくとも続く二五年間はより一層拡大し続けるように思われる。

開発の地政文化は三つの信念から構成されている。(a) 現在あるいは将来国連のメンバーである諸国は、政治的に主権者であり、少なくとも潜在的には経済的自治権をもつ。(b) これらの諸国家のおのおのは、国民的「文化」を持っている、それは実際に唯一のものか、あるいは主要で根本的な唯一のものである。(c) これらの諸国は、それぞれ時がたてば、別々に「発展」するかもしれない(これは実際にはOECD〔経済協力開発機構〕の現在のメンバーの生活水準に到達することを意味するようにみえる)。

わたしは最初の二つの見解が、必ずしも正しいとは思わない。あるいは、それらの意味を慎重に限定するときにのみ正しいと思う。独立国家の政治的主権という最初に主張された真理は、その大部分が、軍事的に非常に強力な国にとってさえも、フィクションである。さらに経済的自治という概念は完全にごまかしである。第二の真理――国民的「諸文化」の存在、それも国に一つの――に関しては、この方法で指摘できるような何かがあることは疑いない。しかしそのような国民的「諸文化」は凝集的で、明確な、比較的変化しない行為の様式などではまったくない。むしろそれらは、構築され、そして規則的に再構築される神話である。たしかに朝鮮半島、中国、イギリスでは人々が信じるものとその振るまい方に大きな違いがある。しかしそれぞれの国家で比較的間断のない歴史的系譜を持った単一の国民的文化があるとか、国内の文化的相違は無視されても問題ないとかいうように論じるのははるかに困難である。

資本主義世界経済の枠組み内において、すべての国家に、国民的発展の可能性があるということは、まったくありえない。資本蓄積の過程は、剰余価値が空間的にも階級の点からも、不平等に分配される階層制度を必要とする。さらに資本主義生産の発展は、歴史的な時間の経過の中で、人口動態上の両極化によって倍加された、世界人口の社会経済的両極化の絶えざる拡大をもたらしたし、実際にそれを必要とした。そういうわけで一方では、幾つかのいわゆる国民的発展が常に可能であり、それが実際、このシステムの周期的過程であるというのは正しい。しかし同様に正しいのは、至るところにおける報酬の不平等な分配は、歴史的、理論的に不変なので、世界経済の一部におけるどのような「開発」も、事実上、世界経済のどこかにおけるなんらかの「停滞」「発展の後退 de-development」「低開発」の裏返しをなしているということである。このことは一八九三年においては、一九九三年に劣らず正しかった。実にそのことは一五九三年においてもそれに劣らず正しかったのである。ところで、わたしはX国が（今日、昨日あるいは明日）「発展」することが不可能だとは言っていない。わたしの言っていることは、わたしたちの今のシステムの枠内では、すべての国（あるいは多くの国でさえ）が、同時に「発展」する方法はないということである。

このことは、すべての国が新しい形式の機械化生産、発展した情報科学技術、高層建築物や幾つかの他の外観を持った近代化の象徴を導入できないということを意味しない。それらの国はある程度はできるのである。しかしこのことは、その国、あるいは少なくともその人口の多数が、事実上一層暮らし向きが良くなることを必ずしも意味しない。明らかな「発展」にも拘わらず、国も国民 people も共に事実上、暮らし向きがより悪くなるかもしれない。これはわたしたちが今「持続可能な開発」について、つまり統計的妄想ではなく、現実的で持続的なものについて論じている理由である。そしてもちろん、これはわたしたちが文化について論じている理由である。というのも、それはすべての「開発」が良いのではないということを、示唆しているからである。つまりわたしたちが特定の地域的文化価値を積極的で、そしてその保存が地方集団のみならず、全世界にとってもまた大きなプラスになると信じる場合、それをとにかく維持するか、多分補強しさえするような「開発」のみが、良いということを示唆しているからである。

以上のことが、本章のタイトルを、「開発の地政文化か、あるいは地政文化の転換か」、というように質問の形式にした理由である。開発の地政文化——「近代化」と「開発」のプログラム、つまりたいていの国にとっては必ず無駄になるに違いないプログラムをあらゆる国に追求させるようにさせる文化的圧力という歴史的構築物――は、わたしたちが今日陥っている袋小路へとわたしたちを導いた。わたしたちは一九四五年から七〇年にかけて説かれたような「開発」に幻滅を感じている。わたしたちはそれはどこへも通じていないことに気づいている。

それゆえわたしたちは、オールタナティヴを探し求めているのである。しかし、それも、「国民的発展」のオールタナティヴな道としてさらになお洗練されたものを探し求めているのである。昨日は、それが国家計画と輸入代替物であった。今日は、それは構造調整（ショック療法）と輸出志向的取引への特化である。そして二、三の場所では、それは不明確な第三の道である。わたしたちは合い言葉から合い言葉へ、熱狂的に、絶望的に、ときには冷笑的に走る。その過程では少数者が成功しさらに良くなるが、しかしたいていは失敗する。わたしたちは次の三〇年間もこの回転籠の中で過ごすのだろうか。わたしたちはそれを望まない。というのもきっとわたしたちは気が変になり、むかむかと腹をたてるだろうからである。実際にある程度、むかむかと腹をたてることは、わたしたちがすでにしていることである――サラエヴォからモガジシュへ、ロサンジェルスからロストックへ、アルジェから平壌へと。

開発の地政学が提起した不可能なジレンマに対する、ありそうもないオールタナティヴな解決法を無意味に探すかわりに、地政文化の転換に、わたしたちの注意を向けるべきである。それはまさしく、わたしたちのすぐ目の前を進んでおり、わたしたちはどこに向かっているのか、そしてどこに行きたいのかという問題を提起している。

開発の地政学への幻滅は改良の手段としての、そして個人的安全の砦としての国家への信頼を喪失させた。これは自己強化の循環を始めることになった。国家に与えられる正統性が少なくなればなるほど、それだけ一層、国家が秩序を押しつけ最低水準の社会的安寧を保証することが困難になる。そして国家が、その大方の存在理由である、これらの機能をはたすことが困難になればなるほど、国家に与えられる正統性はそれだけ少なくなる。

そうした展望は人々を驚かせる。国家組織の権力と正統性が(たいていの人が安全と安寧のオールタナティヴな保証人を認めないほどにまで)絶えず増大した五〇〇年間のその後になって、国家が突然その霊気を失い始めた。(もちろん、多くの地域が近代世界システムに編入されたのはより最近のことなので、世界のすべての部分で五〇〇年ということではなかった。しかしそのような地域にとっても、それらが近代世界システム内に含まれてきた限りでこの叙述は正しい。)驚いた人たちは保護を探し求める。彼らは保護を求めて「集団」——エスニック集団、宗教集団、人種的集団、「伝統的」価値を体現している集団——に頼った。

同時に、そして国家主導の、国家が是認または支援する行動を媒介とした改良主義に幻滅したまさにその同じ過程の一部として、「民主化」の大波が、つまり単なる選挙権をはるかに越える政治的平等への要求の大波があらわれてきた。この「民主化」の要求は、単に独裁主義国家に対してのみならず、リベラル国家に対しても同様に提起された。というのもリベラル国家は、概念としては民主化を促進するためにではなく、それを実際に防ぐために発案されたものだったからである。

最近二五年間における「民主化」への要求は「集団」のための――リベラルでない国家内では「多数派」のための、しかしリベラルであることを主張しているような国家内では「少数派」のためにさらに一層激しく――より多くの権利を要求するという形をとってきた。もちろん「少数派」というのは相対的な概念である。「少数派」は数字上では、人口の五〇パーセント以上となることがあるかもしれない。南アフリカの黒人、グアテマラのインディオ、世界のあらゆる国の女性は、統計はどうあれ、彼らが政治的社会的に抑圧されている集団であるために、そのような「少数派」である。しかしもちろん、アメリカの黒人、ドイツのトルコ人、トルコのクルド人、日本の韓国・朝鮮人は(社会的、統計的両面で)同じくそのような少数派の例である。

「集団」の方向への新しい旋回は次のように二つのまったく異なる、ほとんど矛盾する原因を持っている。一方では、それは恐怖、崩壊、とりわけ一層の崩壊への恐怖によって煽られている。そして他方では、被抑圧者の自己主張によって、彼らの真に平等な世界への積極的な要求によって煽られている。このように集団を新たに信頼させるようになった二重の原因は、異常な混乱に結びつきうる。旧ユーゴスラヴィア国家の崩壊とともに生じたことほどこのことをよく例証するものはない。数年前までユーゴスラヴィアは、国内の集団間紛争をいかに賢明に避けるかのモデルとして考えられていた。今日世界と旧ユーゴスラヴィアのすべての住民は、絶え間なく拡大し悪化する大虐殺の前に運命の身をゆだねているようである。

人々が信頼をおくこれらの「集団」は、わたしたちが「文化」について語るときに話しているのと同じ存在ではないのか。わたしたちはその特有の文化を主張することで自由になる。わたしたちはそれを自己を防衛し、自己の権利を確保して、平等の扱いを求めるために利用する。しかし同時に、わたしたちがその特有性を主張するときはいつも、わたしたちは他の人の主張と衝突し始める。先の例に戻れば、旧ユーゴスラヴィアでは、数年前にセルビアがコソボの自治的地位を無効にしてから、国家の政治的解体が始まった。コソボについては二つの明白な事実がある。事実の一つは、今日人口の大部分が宗教ではイスラム教徒で、もともとアルバニア語を話していることである。二つ目の事実は、たいていのセルビア人はコソボをセルビア文化の歴史的中心地と考えていることである。コソボなしのセルビアは文化の歴史を奪われたセルビアである。これら二つの事実から出てくる要求を、同時に満たすことは容易ではない。

セルビア人にとってコソボのないセルビアは、エルサレムのないイスラエルのようなものである。だが他によい例があるではないか！　このような「文化的」要求は実際にクウェートに対するイラクの要求と異なっているのか。そしてもしそうなら、どのように異なっているのか。果てしない暴力を生む、要求と対抗要求との泥沼となる恐れがある事態から、どのようにしてわたしたちは抜け出ることができるのだろうか。現状は、世界に武器を一時的、直接的に分配することで維持されているが、そうした現状に我慢するようにとの主張を事実上隠蔽することになる、見せかけの普遍主義に基礎をおいた平和主義を説くのは、たしかに無駄で、さらに言えば偽善的であろう。

事実は、わたしたちがひどく不平等な世界に生きていることであり、誰かがそれを少しでも改善しようと努力することを思いとどまらせる道徳的権利はないということである。それゆえわたしたちは、すべての人にとっての「持続可能な開発」を望まねばならないし、それぞれの集団、それぞれの国の「文化的」保全に対する要求を認めなければならない。もしこれらの要求がわたしたちの今日の問題を引き起こしているとすれば、それは要求がなされたからではなく、世界システムの抑圧機構が弱体化しているからである。わたしたちが踏み込んだこの大きな世界的混乱は、被抑圧者の闘争によってではなく、彼らを抑圧する組織の危機によって引き起こされている。

この大きな世界混乱の時代、史的資本主義というわが近代世界システムの危機の時代には、わたしたちが全体像を明確に描くことができるときにのみ、前方に進み出ることができるのである。なぜならばこの時代は、二重闘争——直接的生き残り闘争と今のシステム的混沌からゆくゆくは現れるだろう来るべき史的システムを形成する闘争——の時代となるだろうからである。現存組織の中心的特徴——階層的不平等——を再生する方法で、新たな構造を作り出そうと努力している人たちは、見せかけの転換、不平等には手を付けないでおく表面的転換のプロジェクトに代わる、歴史的オールタナティヴの出現を阻止するために、わたしたちの注意を、直接的な生き残りに向けさせようとしてどんなことでもするだろう。

史的システムが危機にあるという事実は、人々が、自分たちのしてきたのと同じ種類のこと（あるいは少なくともそのうちの多く）を、日々し続けないとか、あるいはしようと試みないということを意味しない。市場向けの商品の世界生産は続くだろう。国家は軍隊を持ち、戦争を遂行し続けるだろう。政府はなおも、その政策を維持するために警察力を用いるだろう。資本蓄積は困難が増大するにも拘わらず、進行し、世界システムの社会経済的両極化は深まるだろう。そして国家も個人もともにシステムの序列上の上昇移動を推進しようと、あるいは少なくとも下降移動は防ごうとなお努力するだろう。

しかしその場合、これまでの五〇〇年とは大きな違いが一つある！　システム内の変動は常に広く鋭くなるだろう。史的システムが比較的安定していたときには、大きな行動（たとえば、いわゆる革命）は、システムの働きに比較的小さな影響しか与えなかった。しかるに今では、小さな行動ですら——現存システムの改革の際によりは将来の代替システムあるいは諸システムの輪郭を決定する際に——比較的大きな影響を与えるかもしれない。それゆえ、人間の行動への報酬は、潜在的に非常に大きい、そして無為と指導を誤った行動への罰も同様に大きい。

それゆえに、五〇〇年を越えるわたしたちの現存システムとその地政文化に関する反システム的文化批判を見てみよう。過去二五年以上もの間、たいへん声高な批判が四つの中心問題——唯物論、個人主義、自民族中心主義、プロメテウス的衝動〔技術進歩への衝動〕の破壊性に集中した。これらの批判のそれぞれは非常に強いものであったが、しかしそれぞれに、効果的な説得力が大いに欠けていることがわかった。

一　唯物論への批判は、大変明白なものであった。富、快適さ、物的利益の追求は、一般に、精神的価値としてときに引き合いに出されるような、他の諸価値の否定に行き着くか、実際にそのように強いてきた。これは、国家やすべての主要な社会制度を、宗教から分離させる情け容赦のない傾向の結果であった。この宗教からの分離は、国家システムの本質的な支柱となっていた。それは無限の資本蓄積が可能な枠組みを提供した。実際、わたしたちの史的システムの規定的特徴である無限の資本蓄積は、唯物論的価値の精髄をなす。

この批判に関しては、歴史的に二つの問題があった。第一に、それは新しい特権階層にとって代わられつつある古い特権階層の利益のためになされる傾向があった。それゆえ、それはしばしば誠実な批判とは言えなかった。それはとても反唯物論的などではなくて、誰の牛が突き刺されるかという利益をめぐる問題だった。それは強者への批判としてではなく、その抗議運動がいくぶん無政府主義的形態を取っていた弱者への批判として用いられていた。それゆえ、それは生け贄を非難する表現形式であった。

第二には、反唯物論的批判は、唯物論が誇張されていると論じるときにのみ、意味を持つ。「〔生活の〕基本的必要物」（それ以上のなにか）と呼ばれるようになったものを満たすことは、唯物論的ではなく、生き残りと人間的尊厳の問題である。反唯物論は、無産者には決してそれほど説得力のあるものではなかった。そして資本への接近の不公平な差別を基礎とした階層的システムでは、反唯物論は、頂点で行われていることに最も近い見解を持っている中間幹部 middle cadre にとってもまたそれほど説得的ではなかった。

二 個人主義への批判

個人主義への批判は、唯物論への批判に由来している。唯物論的価値を高く評価するシステムは、万人に対する万人の狂ったような競争を是認する。結局、これは、せいぜいのところ、核家族（死亡率の状況の結果であるが）へのいくらかの忠誠によって修正された、完全に自己中心的な世界観につながる。批判者は個人主義の代わりに「社会」、「集団」、「共同体」を、しばしば「家族」を誇りにした。そして全人類の優位について語る批判者もいた。

ここでは批判者は、その個人的切望を幾つかの集団的目標に従属させるよう、大きな集団の人々に納得させることができたという意味で、多少ともうまく成功した。しかしこの集団性への献身はもろいことがわかった。これらの集合体は、それができあがるといつでも、ある種の政治権力を獲得して、集団的利益を追求するその能力を制度化しようと努めた。これによって彼らは、個人、とりわけ集団の指導者個人の決断では力が及ばなくなっている、近代世界システムが作用する過程に再加入するのである。アクトン卿が言ったように、権力は「腐敗する」。しかしそれは単にどの権力でもそうだったのではなく、資本蓄積に水路を開くための途方もない機会を備えた、この独特な史的システム内の権力がそうなのであった。

腐敗は集団性の迷いをさますという不可避的な効果をもたらした。個人主義的目標を犠牲にした人達は、他の人が彼らに代わって単に利益を得ただけだということや、長期的には、彼らはそれほど目立ってより裕福にはならない（実際には、しばしばより悪くなる）、ということがわかった。

三

第三の批判は、自民族中心主義に関する批判であった。そして最も顕著なのは、史的システム内の支配的で悪意に満ちた形態、すなわち人種主義をその裏面として持ってきたヨーロッパ中心主義に関する批判である。批評家は、ヨーロッパ中心主義の粗雑なバージョンが人種主義として現れていること、それが「劣等」とラベルを貼られた集団に対する社会的差別や分離につながっていることを指摘した。しかし批判者は、さらに先に進んだ。彼らによれば、ヨーロッパ中心主義は洗練された、つまりより「リベラル」な顔を持っている。つまりそれは普遍主義の顔である。

ヨーロッパ人は、彼らの価値を普遍的価値と規定するように装って、世界の他の部分に彼ら特有の価値を押しつけた。そして彼らは、彼ら自身の支配と物的利益を促進する方法で、それを断行してきた。実際に、最終的で最も洗練された自民族中心的普遍主義は、能力主義の概念であった。それは「ネズミの競争のように狂った競争」が公正であると定めるが、遺伝学的ではなく、社会的に決められている異なったスタート地点から、競争者がレースを始めるという事実を無視してきた。

この批判は非常に強力であったが、強者の側の非常に初歩的な各個撃破戦術の結果、無効なものにされてしまった。自民族中心主義への攻撃が元気を回復したとき、優越していると考えられる人と、劣っていると考えられる人との間の分割線は、上層内にいる最も活発な抗議者を含めて、絶えず移動した。そのことによって、抗議者は自分たちの所属する線を変更した。世界システムには絶えざる人口動態上の両極化があるので、上層の人々の割合をほぼ安定的に保つためにだけ分割線を移動することは容易であった。しかし政治的には、それは抗議者のそれぞれの世代が、事実上、新たに出発しなければならないということを意味してきた。

四

最後に、プロメテウス的衝動への批判は最も新しい、しかし多くの点で、もっともめざましいものとなってきた。資本蓄積を促す圧力は技術進歩に（最も悪くて中立的で、最も良い場合には効果的に）つながってきたのみならず、巨大な破壊にもつながってきた。「疎外」や「アノミー」という用語で提出される、史的資本主義の社会心理学的腐食物についての関心は、エコロジーという用語で提出される、史的資本主義に関する地球物理学的腐食物についての関心とつながってきた。

今日、史的資本主義の自己破壊は巨人となってきており、急速に進んでいることが認められている。しかしこの批判も、病気の回復可能性という点で、その限界を持っていた。疎外やアノミーは治療法の商品に変わってきた。エコロジーは、環境浄化と資源再利用の商品に変えられつつある。わたしたちは、破壊の原因を根絶する代わりに、引き裂かれた布地の修理をしようと努力している。

この新しい史的システムへの変遷の時代に、今日わたしたちの前におかれている挑戦とは、史的資本主義に関する四つの批判——深い批判であるが、しかし不十分な説得力しかない方法で公式化されてきた批判である——を取り上げ、それらを、過去の（不完全な）批判者が陥った罠に落ちないような、オールタナティヴな社会秩序の積極的なモデルへと変形させることである。わたしたちはラディカルでなければならない——すなわち、わたしたちは問題の根本まで行かなければならない。そしてわたしたちは、真に根本的な再構築を提案しなければならない。これが少なくとも五〇年間のプロジェクトである。それは世界的なプロジェクトであり、地域行動がこの構築の主要部分でなければならないとしても、地域的、部分的に実行されることはできない。そしてそれは人間的想像力の完全な利用を必要とする。しかし、それは可能である。

それは可能だが、決して確実なものではない。自己の勝利への過信は、わたしたちの努力を無効にするだろう。わたしたちが探さなければならないのは、むしろ冷静さと夢想とのほどよい結びつきである。そしてわたしたちはそれを世界のあらゆる片隅の、もっとも見知らぬ場所で見つけるかもしれない。

10 アメリカと世界——今日・昨日・明日

神はアメリカに三度、その祝福を与えたといえそうだ。現在と過去と未来に。まずはそのように見える。というのも、神の方法は神秘的で、わたしたちは確信をもってそれがわかると言い張ることができないからである。わたしの言う祝福とは、現在の繁栄、過去の自由、未来の平等である。

これらの祝福のそれぞれは、いつも世界の基準によってアメリカを評価することを意味した。自らを世界から疎遠だと考え、とりわけヨーロッパから離れたと考えるアメリカの長い歴史にも拘わらず、アメリカの自己規定は、常に事実上、世界の観点でなされていた。そして世界のその他の地域でも、今まで約二〇〇年の間、いつもその注意を何よりもアメリカに向けてきた。

神の祝福という問題はそれが代償を伴うということである。そしてわたしたちが喜んで支払おうと思っている代償は、常にわたしたちが公正であろうとすることである。それぞれの祝福にはそれぞれの矛盾が伴っていた。そして祝福を受けた人が、代償を払った人であると必ずしもはっきりしているわけではない。わたしたちが今日から明日へと進んでいくとき、それは、再びわたしたちの祝福の数をかぞえ、その罪を評価し審判の結果を眺めるときなのである。

今日

わたしの言う今日というのは、一九四五年に始まり一九九〇年に終わった。この時代、今ではもはやそうではないとしても、明らかにこの時代においては、アメリカは世界システムの覇権強国であった。この覇権の源は、わたしたちの繁栄であった。この覇権の結果は、わたしたちの繁栄であった。この覇権の兆候は、わたしたちの繁栄であった。この並外れたまれな特権に値する何をわたしたちはなしただろうか。わたしたちは偉大に生まれたのか。わたしたちは偉大さを獲得したか。偉大さはわたしたちに押しつけられたのか。

現在は一九四五年に始まる。世界はちょうど長くて恐ろしい世界戦争から抜け出たところだった。その戦場は全ユーラシア大陸、つまり西の島であるイギリスから東の島である日本、フィリピン、太平洋諸島まで、そしてユーラシアの北部地域から南の北アフリカ、東南アジア、マレーシアにまでおよんだ。この広大な地域の至るところで、世界生産の基礎である人命と物質的蓄積の巨大な破壊が行われた。破壊の程度は地域によって異ったが、この広大な地域のほとんどいかなるところも損害をこうむらないところはなかった。その設備と国内のインフラが無傷で残った唯一の主要な工業地域は、実に、北アメリカだけであった。アメリカの諸工場は爆撃されなかったのみならず、戦時計画と動員によって新たなレベルの効率を獲得したのである。

アメリカが、すでに、世界の他のすべての国を合せたのに（少なくとも）匹敵する生産機械をもって戦争に加わって以来、戦時におけるアメリカ以外のすべての国の機械設備の破壊は、生産力と効率において巨大な格差を生み出した。アメリカの企業が二五年間にわたって、かつてなかったほど全盛を極めるようになる可能性を生み出したのは、この格差だった。これらの企業は、その企業の労働者の実質賃金を相当程度増大させることによって唯一繁栄できるのだが、それを確実にしたのはこの格差であった。実質賃金のこの上昇——言い換えれば、住宅、自動車、家庭の耐久消費財の所有、さらに加えて教育機会の大幅な拡大（特に大学教育）——が、アメリカ人には周知の、世界を驚かせる繁栄の中味であった。

繁栄とは、とりわけ機会である。すなわち楽しみ、創造し、分かち合う機会である。しかし繁栄はまた重荷である。そして繁栄が課す最初の重荷は、それを維持させる圧力である。誰が生活の良き状態を放棄したいだろうか。禁欲者という少数派や、恥と罪の意識から特権を捨てたいと思う別の少数派は常にいた。しかしたいていの人にとって良き生活を断念することは、聖人か狂気の印であり、いかに賞賛に値しようとも、自分たちのためにならないことである。国としてのアメリカの行動は、一九四五年から一九九〇年の間は正常であった。アメリカは繁栄していたしその繁栄を維持しようと努めた。

わたしたちの国――その指導者も、また市民も――は、明確な国家目標として、幸福（多分、トーマス・ジェファーソンが独立宣言で書いたようなユートピア的でロマンチックなイメージ）ではなくて、繁栄を追求した。わたしたちの国は、手にした繁栄を維持するためにアメリカのために何を選んだのか。最も近い一九四五年以後の年月という観点から見れば、アメリカは三つのことを必要とした。それはその巨大な産業的貯蔵場のための顧客、交易が低価格で遂行されうるような世界秩序、生産過程が中断されないような保証であった。

三つのいずれも、一九四五年時点で達成するのは、それほど容易には思えなかった。アメリカに信じられないような刃を与えた世界戦争のほかならぬこの破壊が、同時に、世界のより富裕な地域の多くを貧しくしたものだった。ヨーロッパとアジアは飢餓状態であり、その住民がデトロイトの自動車を持つ余裕などまったくありえないことだった。戦争の終結はヨーロッパや北アジアにおいてのみならず、戦争地域外の多くの地域、後にわたしたちが第三世界と呼ぶようになる諸国においても、非常に多くの「民族的 national」問題を未解決のままに残した。社会平和は遠いように思えた。そしてアメリカでは人々は、棚上げされてきたが、戦時の政治的団結によってはなんの解決もされなかった、一九三〇年代の自分たちの分裂的な社会抗争を再開する構えを取っていた。

アメリカは、予期されていたほどの躊躇もなしに、その繁栄とさらなるその拡大への希望に対する脅威を除去するために、必要なことを実行しはじめた。アメリカは国民的利益への貢献のために、理想主義を呼び出した。アメリカは自らと自らの善良さを信じ、自分たちが公正で賢明だと考える方法で世界に貢献し、指導しようと努めた。その過程で、アメリカは多くの拍手を獲得し、他からの憤激もかった。アメリカは憤激に傷つき、拍手によって心暖まるのを感じたが、しかしとりわけアメリカは、自らのために、またアメリカが正義の道であると考えたことのために、計画した道を追求するように強いられていると感じた。

アメリカは戦後世界を回想し、四つの偉大な成果を賛美する傾向がある。この成果のゆえにアメリカは、自らをおおいに誇りに思っているのである。その第一は、破壊されたユーラシア大陸を再建し、この大陸を前進中の世界経済の生産行動へ再度組み込んだことである。第二は、世界システムにおける平和の維持、つまり核戦争と軍事侵略の同時の予防である。第三は、かつての植民地世界の大部分の平和的な独立であり、それには経済発展のための有益な援助が同時に行われた。第四は、アメリカ労働者階級の経済的幸福と完全な政治的参加への統合であり、それと共にアメリカにおける人種的分離と差別の終焉である。

第二次世界大戦が終わった直後に、ヘンリー・リュース Henry Luce〔一八六八—一九六七年。アメリカの出版業者、『ライフ』を創刊〕が、今や「アメリカの世紀」であると声明したとき、彼が指し示したのは、まさにそうした成果への期待であった。これは実際にアメリカの世紀であった。これらの成果は本当であった。しかしそれぞれがその代償を伴っていたし、それぞれが予期せざる結果を伴っていた。正しいバランスシートは、わたしたちがよく慣れ親しんでいるものよりも、道徳的にも、分析するにしてもはるかに複雑である。

アメリカがユーラシア大陸の再建のために、助力しようと努めたことは、もちろん本当である。アメリカは、一九四五年には、集団的にはUNRRA（国連救済復興機関）を通じ、そして個別にはCARE（対外アメリカ援助物資発送協会）の物資を通じて直接の援助を提供した。アメリカはその後すぐに、マーシャルプランを通じて最も顕著にみられるように、より本質的で長期的な援助方法を採用した。多量の資金と政治的エネルギーが、一九四五年と一九六〇年の間に、西欧と日本の再建のためにつぎ込まれた。これらのイニシアチヴの目的は明確だった。つまり破壊された工場とインフラの再建、国際的分業によく組み込まれた安定した通貨を持つ機能的市場システムの再創造、十分な雇用機会の確保である。アメリカがしたのは、直接的経済的援助にとどまらなかった。アメリカはまた、戦間期の緊張と結びついた保護主義的障壁を防ぐような、ヨーロッパ間組織の創生を促進しようと努めた。

たしかにこれは、単純に利他的なものではなかった。アメリカは、生産的企業が効率的で有利に生産するために、それらの企業にとっての重要な外国顧客部門を必要とした。再建された西欧と日本は、まさしくそれに必要な根拠地を提供することを期待された。さらにアメリカは、世界の闘技場で、その政治的合図を受けとめる信頼できる同盟者を必要とした。西欧諸国と日本が、この役割を最も果たしそうな諸国であった。この同盟はNATO（北大西洋条約機構）や日米安保条約のような形でのみならず、それより以上に、アメリカの「指導」下でのこれら諸国の緊密な持続的政治的共同関係として、制度化された。その最終結果として、少なくとも初めは、国際政治のすべての主要な決定は、一組の強力な衛星国のほとんど疑問の余地のない黙認と支持を得て、ワシントンで執り行われてきた。

アメリカが世界政治の闘技場で認めた唯一の重大な障害は、ソ連だった。ソ連は、アメリカとはまったく異なる、敵対的ですらある政治的目標を追求しているように思えた。ソ連はこのまったく同一の時期に、ポスト一九四五年の世界における、唯一異なった重要な軍事強国であり、表向きは世界革命に専念する、世界共産主義運動の政治的中枢であった。

戦後のアメリカとソ連の関係を論じる際には、わたしたちはヤルタと封じ込め政策というアメリカの政策を表現する二つの暗示語句を用いがちである。それらはやや異なっているように見える。ヤルタは、それが西洋の「ペテン」に類するものではないとしても、皮肉な取引という趣を獲得した。封じ込め政策は、それとは対照的にソ連の拡張を止めるアメリカの決心を象徴している。しかし現実には、ヤルタと封じ込め政策は、二つ別々の、もちろん対立する、政策ではなかった。それらはまったく同一のものであった。取引が封じ込め政策になったのだった。たいていの取引と同様に、それは基本的に強者（アメリカ）によって弱者（ソ連）に提起され、それが相互の利益にかなうという理由で、両者によって受け入れられた。

戦争はソ連軍がヨーロッパの東半分を占領し、アメリカ軍が西半分を占領することで終わった。

境界はエルベ川あるいはシュテェティンからトリエステの線上であり、チャーチルが一九四六年に「鉄のカーテン」と呼ぶようになったものである。表面的には、この取引は単にヨーロッパにおける軍事的現状維持と平和とを定めたものだったが、それはアメリカとソ連が、それぞれの地域内で、彼らの好むどのような政治的配置でも思い通りにできることを意味していた。この軍事的現状は——それをヤルタと呼ぼうが封じ込め政策と呼ぼうが——一九四五年から一九九〇年まで両者によって几帳面に尊重された。それはある日「偉大なアメリカの平和」と呼ばれるようになり、郷愁をもってゴールデン・エージとして回想されることになるだろう。

しかしこの取引は、あまり議論されないが、三つの追加条項を持っていた。最初の条項は世界経済の作用を扱わなければならなかった。ソヴィエト区域は、再建に際してアメリカの援助を要求したり受けとったりすることを予定されていなかった。それらはみかけ上は、経済的自給自足の殻に撤退することを許可されたのだったが、実際には要求されたのだった。アメリカにとって有利な点が幾つかあった。ソヴィエト区域の再建費用は、莫大なものになる恐れがあった。そしてアメリカは、すでに西欧と日本を援助するために十分以上にその手をふさがれていた。さらに言えば、ソ連（および中国）が再建されたとしても、それがアメリカの輸出にとって急速に利用できる重要な市場を提供できるかどうかは、なんら明らかではなかった——それはきっと西欧や日本が提供するような市場とは比べものにならないだろう——。再建のための投資は、それゆえに十分に割の合うものではなかったのである。ヤルタは短期的には、アメリカにとって掛け値のない正味の経済的利益を意味した。

第二の追加条項は、イデオロギーの闘技場においてであった。それぞれの側は相互非難の音量を上げることを認められたのであるが、これは実際に、上げるようにと強く奨められたものであった。ジョン・フォスター・ダレス〔一八八八―一九五九年。アイゼンハワー政権の国務長官〕は中立主義は「道徳に反する」と唱え、スターリンがそれに同意した。いわゆる共産主義世界と自由世界の闘争は、それぞれの陣営内の厳しい国内支配、すなわち西では反共マッカーシズム、東ではスパイ裁判と追放を可能にした。実際に支配された――西と東の両方で――のは、現存の世界秩序、すなわちアメリカの覇権の下で、いわばその補完的帝国主義的代理人といわれるソ連とのなれあいによって、復興し繁栄している資本主義世界経済に対し、根本的に疑問をだそうと望むすべての分子という意味での「左翼」であった。

第三の追加事項は、ヨーロッパ外の世界――わたしたちが後に第三世界と呼び、もっと最近では南側と呼ぶようになったもの――のいかなるものも、ヨーロッパにおける偉大なアメリカ的平和やその制度的基礎であるヤルタ‐封じ込め政策の原則に疑問を呈することを認められることはなかった。両者ともにこれを守ることを誓い、最終的にそれを尊重した。しかしそれは、理解することの困難な追加事項であったし、実施することは更に一層困難であることがわかった。

一九四五年当時アメリカは、第三世界の激動を実際起こったようには、予想しなかった。アメリカは、第三世界の問題をウィルソン主義的世界観で、しかし熱意なしに取り組んだ。アメリカは民族自決権に賛成した。アメリカは彼らの経済的福利の改善に賛成した。しかしアメリカは、その問題が急を要するとは考えなかった（その言辞にも拘わらず、ソ連もそうしなかった）。一般的にアメリカは、ソ連および西欧との関係を優先した。一九四五年にはヨーロッパ諸国はまだ、アフリカ、アジアのかなりの部分、およびカリブ海地域の植民地保有列強であり、各国それぞれの速度とスタイルで変化を追求しようと決意した。それゆえそれらの諸国は、他の領域への干渉や国内問題へのアメリカの干渉にすら同意したほどには、植民地の領域ではとても黙従しようとしなかった（ソ連が、西欧の共産主義諸党との間に同様の困った問題を持っていたことに注目すべきである）。

ヨーロッパの重い足取りとソ連の躊躇のせいで、当初のアメリカの立場は、第三世界で進行中の政治闘争に巻き込まれるのを最小限にとどめるということであった。しかし実際、西欧は、植民地世界では、自ら予期していたよりはるかに、政治的に弱体であることがわかった。そしてソ連は、レーニン主義的なイデオロギー的言辞と矛盾しないようにするという圧力があったために、自らが望んでいた以上に、積極的活動家になることを強いられた。それゆえアメリカも同様に、幾分はより積極的な役割を強いられたのであった。トルーマン大統領は、経済開発のための援助の原則として「ポイント・フォー〔一九四九年一月にトルーマン大統領によって発表された開発途上国への技術援助計画〕」を声明した。それは彼の演説の重点のなかでも最後のものにすぎなかったが、わたしたちにとって忘れられないものである。アメリカは西欧諸国に、植民地独立の過程の速度を上げ、その過程の正当な結果として、その政治的独立を受け入れるようにという、非常に穏やかな圧力をかけ始めた。

それに加えてアメリカは「穏健」な民族主義的指導者を育成し始めた。「穏健」という定義は振り返ってみれば、非常にはっきりしているように見える。「穏健」な民族主義運動は、一方で政治的独立を得ようとしながら、その国が、国を越えた投資の可能性を含めて、世界経済の生産過程へと統合されるのを受容（拡張さえも）する用意があった。いずれにせよアメリカは、その政策を、アメリカの反植民地主義への歴史的関わりを維持し完成するものとして了解したが、その関わりは国家としての自らの起源に由来するものであった。

最後に、国内戦線は無視されたのではなかった。わたしたちはしばしば、一九三〇年代にアメリカがいかに争いに悩まされたのかを忘れている。当時わたしたちは、孤立主義かそれとも干渉政策かという世界の事件に関わるわたしたちの役割について、立派に一人前の、かんかんがくがくの論争に巻き込まれていた。また資本と労働との間の鋭い階級闘争もあった。戦後の時代の国民的英雄のひとりウォルター・ルーサー Walter Reuther〔一九〇七―七〇年。全米自動車労組を拠点に積極的に活動した〕は、一九三七年の座りこみストの間に、デトロイト橋で頭を強打されて傷を負ってしまった。南部ではクー・クラックス・クランが非常に強かったし、黒人はまだリンチされていた。戦時中は数年間の社会的休戦が続いたが、しかし多くの人は戦争の終結によってアメリカ国内の社会的抗争が再燃することを恐れた。しかしアメリカが一九三〇年代におけるように分裂したままで留まるならば、覇権強国になることは困難だったろう。そして生産が絶えずストライキや労働争議によって混乱させられるならば、アメリカの経済的優位があるといっても、そのことから完全な利益を得ることは困難になっただろう。

ごく短期間のうちにアメリカは、その国内を整理したように思えた。いまでは世界の闘技場で「その責任を取る」用意のあるアメリカのために、ヴァンデンバーグ上院議員は「超党派的外交政策」という考えを送り出したが、彼のこの象徴的だがしかし非常に意味のある転換によって、孤立主義は葬り去られた。前述のウォルター・ルーサーによって率いられた一九四五年のゼネラル・モーターズの大ストライキは、次の二五年間にわたって組合が組織されている主要産業すべての範となるような、一つの妥協をもって終わった。その妥協とは、ストライキをしないこと、生産性の上昇、最終製品の値上げというような固い約束と引き替えに相当程度の賃上げをするということであった。再統合〔一八六七年から七七年における南北戦争後の南北の統合をさす〕後の黒人と白人の合法的隔離というモデルを終わらせるために、重要な二つの歩みがなされた。一九四八年のトルーマン大統領による軍隊における白人と黒人の統合と、一九五四年のブラウン Brown 対教育委員会訴訟における、隔離は違憲とする最高裁の全員一致の裁定（プレッシー Plessy 対ファーガソン Furguson の判決の場合とは逆に）がそれである。アメリカは自らに大変な誇りを持ち、ヴォイス・オブ・アメリカ〔アメリカ政府の海外放送〕は、自由へのわたしたちの実際的参加を誇る気持ちを隠さなかった。

一九六〇年までにアメリカは、その目的を立派に達成したように見えた。新たな繁栄が見られた。都市近郊は栄えていた。高等教育や健康管理のための設備が法外に拡大した。国内の空と道路の本当のネットワークが構築された。西欧と日本は元気になって帰ってきた。ソ連はうまく抑制されていた。アメリカの労働運動は、左翼を追放して、ワシントン体制公認の構成員となった。そして一九六〇年は、アフリカの年であった。その年に、四つの異なったヨーロッパ国家の昔の植民地である一六のアフリカ諸国が、その独立を宣言して、国連に加盟した。その年のジョン・F・ケネディの選挙は新しいアメリカの現実を神格化するように思えた。権力は今世紀に生まれた新しい世代に渡ったと、彼は言った。それゆえに、古い世代の躊躇や不十分さから完全に解放され、永遠の繁栄とおそらく拡大していくと思える自由の世界に、完全に結びついた新しい世代に権力が渡ったのだと、彼は示したかったのだろう。

しかしながら、繁栄の代償が明らかになり、予期せぬ結果が感じられ、その制度的諸組織がこなごなにならないまでも、少なくともぐらつきだし、震動し始めさえしたのは、明らかにこの時点であった。アメリカの繁栄とともに、世界の繁栄とともにすら、国際的にも、アメリカ国内でも、富者と貧者、中核と周辺、包摂されるものと排除されるものとの間で格差の拡大が現実化した。一九六〇年代にはこの格差は、相対的なものにすぎなかった。一九七〇年代に、そして一九八〇年代にはより一層、格差は絶対的なものになった。しかし相対的な格差ですら、いや多分とりわけ相対的な格差が、トラブルを引き起こした。このトラブルは世界的であった。

西欧と日本のトラブルは、一見したところ、比較的無害なものに見えた。一九六〇年代までにこれらの諸国は、アメリカに「キャッチアップ」した——とりわけ生産性において、それから少し遅れて生活水準において。一九八〇年代までにこれらの国は、生産性でアメリカを凌駕し、生活水準でアメリカと並ぶようになった。これがトラブルの「無害な」形態と呼びたいものである。というのもそれは、アメリカの覇権を拒否する静かな形態を、明らかに、静かで未来に対して自信に満ちているがゆえに、それだけ一層有効な拒否の形態を生んだからである。わたしたちの同盟者は、たしかにアメリカへの謝意のために、自制していた。それにもかかわらず、これらの諸国は、世界システムにおける個々の役割を主張するために、少しずつ政治的な保護から抜けだそうと試みた。アメリカはその同盟者を抑制するために、その制度的・イデオロギー的強さのすべてを用いなければならなかった。そしてこれは一九八〇年代の終わりまでは、部分的に成功した。

しかし他のところでは、反乱は「無害」というわけにはいかなかった。東欧諸国のたいていの人々は、左翼も右翼もともに、ヤルタ協定の正統性を受容することを拒んだ。初期の冷戦のイデオロギー的緊張には、アメリカあるいはソ連のいずれかが耐えられなかった。アメリカ上院は一九五四年にマッカーシーを非難したし、フルシチョフはソ連共産党第二〇回党大会において、スターリンの罪を暴露し非難した。東欧の人々は拒まれていた行動の自由を再獲得するために、あらゆるイデオロギー的結合のゆるみを利用した。こうしたことは一九五六年に、ポーランドとハンガリーで、一九六八年にチェコスロヴァキアで、そして一九八〇年に再びポーランドでも非常に顕著に見られた。これらの政治的反乱のすべては、アメリカに対してではなく、直接的な意味でソ連に向けられたので、アメリカは遠慮なく干渉するようなことは決してなかった。こうしてアメリカは、ソ連との取り決めを忠実に守り、一方ソ連は、自由に、反乱を抑圧するために必要な手段をとった。

第三世界では、ことの成りゆきはほとんど制御できなくなったが、それはまさしく初めからそうだった。スターリンは、国民党と協定を結ぶように中国共産党に圧力をかけた。中国共産党は彼を無視し、一九四九年に上海に進軍した。アメリカにとって本当の心配は、中国が今やソ連の操り人形になることではなくて、そうでなくなることであった。その恐れは正しいことがわかった。一年以内にアメリカ軍は、ただ現状を維持するためだけに、朝鮮半島での長期で費用のかかる軍事作戦に巻き込まれることになった。インドシナでは、平和的で穏健な植民地独立など生じなかった。初めはフランスが、それからアメリカが、かなり長くより一層費用のかかる戦争に引き込まれた。それは、結局、アメリカが軍事的に敗北することになる戦争だった。中東のための無気力なシナリオ——保守的アラブ諸国とイスラエルを加えてすべての国が間違いなく親西欧であった——は、ナセルとナセル主義の隆盛によって転覆され、それは北アフリカからイラクまで種々の形で繰り返された。アルジェリアの独立戦争は、フランス第四共和国を揺るがせ、アメリカの保護にもっとも共鳴していない人物であるシャルル・ド・ゴールを、フランスの権力につけることになったのである。そしてラテンアメリカではカストロが、キューバで権力に就くとともに、積年の政治的騒動は新たなより急進的な形を取った。

第三世界のこのような反乱は(東欧の場合と異なって)、主としてソ連に対してではなく、事実上アメリカに対して向けられたので、アメリカは遠慮なく干渉した。そしてアメリカはかなり激烈にそれを実行した。もしも過去四五年のバランスシートを調べるならば、アメリカは軍事的にも政治的にも勝ったり負けたりしたと言えよう。アメリカの主要な力は、敵対していると思う諸国（ヴェトナム、キューバ、ニカラグア）を懲らしめる経済的な能力であった。わたしが思うに、決定的に重要な注目点は、これらのあらゆる事件において、ソ連が地球的規模では、それほど大きな役割を演じなかったということである。一方では、第三世界の運動はアメリカの世界秩序に挑戦的態度をとったが、それらの運動にとってソ連はその世界秩序の一部であり、その勢力は地域的なものだった。第三世界の運動からみて、偉大なアメリカの平和は第三世界の人民の利益に役立たなかった。他方では、これらの反乱でアメリカは、一九四五年の時点でそれまでに想定されていたよりもはるかに多くの、軍事的・政治的注意を第三世界に向けざるを得なかったのに、事実は、その運動のいずれも、単独ではそしてそれらすべてを集めてさえも、偉大なアメリカの平和を解体するか、あるいはアメリカの繁栄を即座に脅かすことはできなかったということである。それにも拘わらず、アメリカにとってのその代償は次第に高くなっていった。

その上、国内でも払うべき代償があった。第三世界の秩序を維持するコストがそれであった。その最も壮観な例が、ヴェトナム戦争であった。生命と政府の財政的安定のためのコストはともに高かった。しかし最終的に最も高くついたのは、国家の正統性にかかるコストであった。ウォーターゲート事件〔一九七二年の、選挙に絡む盗聴計画事件〕は、もし〔ニクソン〕大統領自身がすでにヴェトナムで傷ついていなかったならば、決して大統領を辞職に追い込むことはなかっただろう。

相対的に権利を喪失するというコストもあった。労働組合の政治的支配層への統合、法的隔離の終焉、熟練労働者や中産階級の所得増大が実現したために、排除される程度がどれくらいかが重要な問題になったのは、明らかであった。アメリカは一九四五年以前の人口のほんの少数だけが繁栄していた状態から、一九四五年以後には大多数が繁栄している、あるいは少なくとも適度に繁栄していると感じるような状態に変化した。このことが、新しい意識――最も顕著なのは黒人の意識、女性の意識、そして後には他の少数派集団の意識――の形を取って、排除されている人達のために行動するきっかけとなった。

一九六八年には、これらの挑戦のすべて――アメリカ帝国主義への憤り、ソヴィエトの補完的帝国主義とそれがアメリカとなれあうことへの憤り、抵抗するという旧左翼の前提を共謀するようになるまでに変形して、旧左翼運動をシステムへ統合したことに対する憤り、抑圧された少数派層や女性(後に他のあらゆる種類の集団――身体障害者、ゲイ、先住民等に拡大した)の排除への憤り――が、まとめてひとつの大きなるつぼに投じられた。アメリカと西欧、チェコスロバキアと中国、メキシコとインドにおける一九六八年の世界的爆発は、怒りの炎が世界システムを維持する勢力の管理下に置かれるまで、多かれ少なかれ三年間続いた。炎は余塵へと縮小したが、しかしその過程で、それは偉大なアメリカの平和のイデオロギー的支柱に深刻なダメージを与えた。この平和が終わるようになるのは、いまや時間の問題に過ぎないだろう。

偉大なアメリカの平和は、その起源をアメリカの経済的強さに持っていた。その強さの報酬がアメリカの繁栄であった。今やアメリカの成功の中で無効になろうとしている。ほぼ一九六七年から始まった西欧と日本の再建の結果、これらの諸国がアメリカと肩を並べるまでになった。さらになお、それによって達成された世界生産の総体が、世界経済の長期の下降——わたしたちがその中でずっと住んできたのであり、アメリカの繁栄を壊し始めたものでもある——を引き起こした。一九六七年から一九九〇年までアメリカは停滞の流れをくい止めようと努めたが、しかし二十有余年の経過の後となっては、必要とされる努力は、あまりにも大きくなっていた。流れを止める二つの方法があった。ひとつはニクソン、フォード、カーター各大統領の「低姿勢」であった。それはイランでつまずいた。第二は、レーガンとブッシュ両大統領の偽物の男らしさであった。それはイラクでつまずいた。

アメリカの覇権の喪失の恐れを「低姿勢」によって解決するという試みは、三辺主義 trilateralism、OPECによる石油価格値上げ、ヴェトナム後症候群という三つの主要な支柱を持っていた。三辺主義とは、西欧と日本に決定権上の部下の地位を与えることによって、両者の政治的な自治の獲得を防ごうとする試みであった。三辺主義は軍事政策、政治戦略、世界金融協定において重大な影響をおよぼすOECD諸国の脱落に、機先を制する程度には成功した。西欧と日本は形の上では、アメリカのリーダーシップを尊重し続けた。しかし現実には、美辞麗句を除けば、アメリカの覇権の地位が結局は、経済的土台の欠如のゆえに不可避的に崩れ落ちることを知っていたので、世界生産過程における相対的立場の改善をあくことなく追求した。

ＯＰＥＣの石油価格値上げは、この石油輸出業務におけるアメリカの主要代理人（サウジアラビアとイランのシャー）のリーダーシップの下で、世界の余剰資本を中央ファンドに汲み上げ、それからその大部分を国への借款の形で、第三世界と社会主義諸国に循環させ、これらの諸国の短期的安定と工業生産のための世界市場の人為的維持のためにもともと計画されたのだった。ＯＰＥＣの石油価格値上げに伴う副次的利益として想定されたことは、それが西欧と日本を、アメリカ以上に大きな困難に陥らせ、それによってそれらの国を競争でスローダウンさせることであった。第三の結果は、ＯＥＣＤ諸国の、しかも特にアメリカのインフレを刺激して、実質賃金を減少させることであった。一九七〇年代を通じて、ＯＰＥＣの石油価格値上げは世界経済に望み通りの影響を与えた。それは実際、アメリカの経済的優位が低下するのをスローダウンさせるのに役だった。

「低姿勢」の反応の第三の側面は、ヴェトナム後症候群であった。それはニクソンに対する反発ではなく、中国に対する開放とインドシナからの撤退というニクソン戦略の実行であった。それに続いて不可避的に、アンゴラに対するクラーク修正条項や、手遅れになったもののニカラグアのソモサやイランのシャーへの支持を撤回するなどの展開が見られた。ソヴィエトのアフガニスタン侵入ですら、この展開を促進した。というのは、それはソヴィエトの政治的エネルギーを信じがたい状況の中で泥濘にはまらせて、イスラム世界で優位を獲得することを不可能にさせ、アメリカがだれ気味の西欧にイデオロギーの火を再び送るための口実を与えたからである。

アメリカが明らかに考えに入れなかったことは、ホメイニ師に率いられた運動が、第三世界が戦後に知っていた民族解放運動とはまったく異なった型であるということだった。中国共産党、ヴェトナム独立同盟、ナセル主義者、アルジェリア民族解放戦線、キューバの七月二十六日運動、アンゴラのアンゴラ人民解放運動（MPLA）——これらすべては、アメリカの覇権と現存の世界システムに対抗したが、しかしそれにも拘わらず、十八世紀的啓蒙的世界観の基本的枠内で行動したのだった。彼らはシステムに反抗したが、しかしまたシステムの中にあった。これが、いったん権力を握っても、彼らみんなが結局はシステムの継続的な組織にそれほどの大きな困難もなく組み込まれうる理由である。

ホメイニはそうしたものとは無縁であったといえよう。彼は悪魔を見たときに、それが悪魔だとわかった。第一の悪魔はアメリカで、第二の悪魔はソ連だった。ホメイニは、米ソいずれかの利益に役立つようなゲームの規則ではプレイしなかったといえよう。アメリカは、そのように基本的に他と異なっているものを扱う方法を知らなかった。それがホメイニがあのようにアメリカに大いに恥をかかせ、それによって、一九六八年の新左翼と排除された者たちの世界革命がなしたよりも有効に、アメリカの覇権を浸食できた理由である。ホメイニはカーターと「低姿勢」を破滅させた。

そこでアメリカは最後のカードをきった。レーガンの偽物の男らしさがそれである。敵はホメイニよりはカーター（ニクソンとフォードを暗示して）である、とレーガンは言った。解決方法は権力風を吹かすことであった。同盟者に必要なのは三辺主義のようなつまらないものではなくて、再イデオロギー化であった。同盟者はアメリカに対して、その「低姿勢」を続けることで応じた。アメリカは第三世界に対しては、グレナダに侵入し、リビアを爆撃し（一回）、裏切ったパナマにおけるその代理人ノリエガを結局は退却させた。第三世界はこれに応えて、アメリカをレバノンから離れさせるために二〇〇人の海兵隊員を自爆攻撃した。国内の大衆に対しては、インフレによってではなく、組合攻撃（手始めは飛行管制員組合）や国民所得の富裕層への再分配、多くの中間所得者を低所得の職に転職させる深刻な景気後退によって実質賃金を切り下げた。世界経済の債務危機に直面して（それはOPECの石油価格値上げという途方もないペテンの直接的結果である）、途方もないアメリカの負債という重荷があったために、アメリカは世襲財産をその同盟者に安く売り払うことでアメリカにおいて軍事的ケインズ主義を実施した。そのことは長期的なアメリカ通貨の収縮を招かざるを得なかった。そしてもちろん、公然と悪の帝国を非難せざるを得なくなった。

ロナルド・レーガンは、自分がゴルバチョフを登用するようにソ連を脅したのだと信じているかもしれない。しかしゴルバチョフが登場したのは、アメリカがもはやソ連との特別の協定を維持するほどには十分強くないことを明らかにしたためである。ソ連は今や独力で行動することを、冷戦の約束なしに独力で行動することを強いられたので、ひどい状態になった。なんとか持ちこたえて、一九五〇年代と一九六〇年代の世界経済の大きな拡大期を通じて、相当な成長を示しさえしたソ連経済は、あまりにも構造的な柔軟性を欠いたために、一九七〇年代と一九八〇年代の世界経済の大きな停滞にうまく対処できなかった。そのイデオロギー的元気さは、完全に雲散霧消してしまった。

レーニン主義的開発主義は、他の種類の開発主義——社会主義的なものあるいは市場経済——が最近五〇年間そうであったのと同じく、不効率であることがわかった。

ゴルバチョフは、もしソ連が二十一世紀に重要な権力を維持しようとすれば、ソ連（あるいは、多分ロシアというほうがよりよいだろうが）にとって利用可能な唯一の政策を追求した。彼にはソ連という見せかけの帝国にあるその資源が枯渇するのを阻止する必要があった。こうして彼は第一に、（アフガニスタンからの撤退やミサイルの撤去などにより）外見上の単独軍縮によって、冷戦のもつ軍事的外観（今や冷戦の政治的団結は過ぎ去ったので）を除去する速度を、無理に早めようと努め、それによってアメリカに先例にならうようにと強制した。第二の仕事として、彼はまた同様にますます御しがたくなる東欧における帝国の負担を投げ出す必要があった。東欧諸国はもちろん喜んでその願いをいれてやった。東欧は少なくとも二五年の間、それ以上なにものも望まなかった。しかし一九八九年の奇跡〔東欧の民主革命〕は、アメリカがその伝統的立場を変えたからではなく、ソ連が変えたために可能になったのである。そしてソ連はアメリカの強さのゆえにではなく、アメリカの弱さのゆえにその立場を変えたのだった。ゴルバチョフの第三の仕事は、今や解き放たれた民族主義の扱いを含めて、ソ連を存続可能な国内構造に戻すことであった。ここで彼は失敗した。

一九八九年の奇跡（一九九一年にソ連ではクーデターが続いたが、それは失敗した）は、疑いもなくソ連の民衆を含む東欧と中欧の民衆への祝福であった。それは真の祝福とはならないだろうが、少なくとも再起の可能性を開いている。それにも拘わらず、それはアメリカにとっての祝福ではなかった。アメリカは冷戦に勝ったのではなくて、冷戦に負けたのだった。というのも冷戦は勝つためのゲームなどではなくて、むしろ踊るためのメヌエットだったからである。ついにそれをゲームにしてしまうことで勝利したが、それはあまりにも大きな犠牲を払って得た勝利であった。冷戦の勝利は、実際にはソヴィエトの盾というアメリカの覇権と繁栄の最後の主な支柱を取り除いてしまった。

その結果が、イラクとペルシャ湾岸危機であった。イラクはクウェートに対する要求を突然見出したのではなかった。イラクは、少なくとも三〇年の間、こうした要求をしてきたのだった。なぜイラクは侵入するのにちょうどこの時期を選んだのか。直接の動機は非常にはっきりしているように見える。イラクは、一〇〇カ国もあるその他の諸国同様に、OPECの石油詐欺の破局的結果と、それに続く債務危機から被害をこうむっていた。これは特にイラクの場合には、費用がかかり無駄に終わったイラン・イラク戦争によって更に悪化させられた。この戦争で、イラクは、見かけほど奇妙ではないが、イランのホメイニの力を弱らせようとしたアメリカ、フランス、サウジアラビア、ソ連の連合によって煽られていたのだった。一九九〇年にイラクは没落しないと決意した。そしてクウェートの石油収入を奪う（そしてついでに世界への負債の相当な部分を清算する）ことが、解決法であるように思えた。

しかしサダム・フセインはどのように立ち向かったのか。わたしは彼が計算違いをしたとは思わない。彼は大変よく計算したと思う。彼は「一切」を賭けていた。彼は二枚の強いカードを持っていた。カードナンバーの1は、ソ連はイラク側には立たないだろうという情報だった。彼が五年前にクウェートに侵入していたら、この侵入は核攻撃の可能性を伴うアメリカとソ連の衝突を急速に引き起こしただろうし、それゆえにちょうど同じように急速に、アメリカとソ連との協定という通常の道をたどることになっただろう。その時には、イラクは一九六二年のキューバがそうだったように、後に引く以外の選択はなかっただろう。イラクはソヴィエトの束縛から解放されたがために、クウェートに侵入できたのだった。

フセインの第二の強力なカードは、地域であった。新しいゴルバチョフ外交に沿って、アメリカとソ連は、いわゆる地域紛争を解決する過程に入った。つまり一九七〇年代と一九八〇年代にもっとも力強く続けられてきた四つの地域、インドシナ、南アフリカ、中央アメリカ、中東における対決的な争いをもはや続けないということであった。最初の三つの地域では交渉は進行中であった。中東においてのみ、このような交渉は行き詰まった。イスラエルとPLO（パレスチナ解放機構）の交渉が暗礁にのりあげ、アメリカがイスラエルに交渉を続けさせる政治力を持たないことがはっきりしたときに、イラクは舞台の袖から中央に動いた。交渉が続いていた限りでは、サダム・フセインは何もできなかった。というのも彼はパレスチナ住民やアラブ世界から交渉をダメにしたと非難されるリスクを負うことができなかったからである。しかしいったんイスラエルが交渉をダメにするや、サダム・フセインはパレスチナ住民の解放者としてのポーズを取ることができた。

イラクの計算にはもう一つ、最後の要因があった。アメリカはたとえ何があろうと、負けるだろう。もしアメリカが何もしないなら、サダム・フセインはアラブ世界のビスマルクになる途上にいることになる。そしてもしアメリカが、現実にそうしたように、サダム・フセインに対抗してアメリカ軍の直接使用を中心とする反イラク軍事連合を形成するならば、彼は倒れるかもしれない（これがこのゲームは「一切」を賭けていたという理由である）、しかしアメリカは勝てないだろう。フセインもブッシュも軍事衝突以外の結果を受け入れることができなかったので、戦争は闘いの最初から避けられなかった。イラクはもちろん軍事的には破滅的な敗北を喫したし、莫大な人命とインフラの破壊を伴って敗北した。しかしイラクが政治的に敗北したと論じるのは、まだあまりにも早すぎる。

アメリカは世界に向かって、自国が事実上世界で最強の軍事強国であることを証明した。しかし一九四五年以来はじめて、意図的な軍事的挑発によって、その事実を示すことを求められたことは、注目に値する。そうした状況で勝つことは、すでに部分的には敗北を意味する。というのは、もしある挑戦者が敢えて挑戦できるならば、第二のより注意深い挑戦者は挑戦する決心をし始めるかもしれないからである。ジョー・ルイス Joe Louis〔一九一四―八一年。アメリカ人でボクシングのヘビー級チャンピオン。一九三七年以来一九四九年までに二五回のタイトルを防衛した〕でさえも疲れてしまったのである。

アメリカの軍事力の誇示は、アメリカが経済的に弱体であることを明確にした。広く注目されたのは、アメリカの戦費が、他国によって賄われたということであった。アメリカがその費用を賄えなかったからである。アメリカは自分が今や世界の外交的ブローカーであると声高に叫んだ。しかしながらアメリカは尊敬される年長者としてではなく、大きな棒切れをふるうが、しかし経済的な粘土の足を持つ強国として、その役割を果たしている。

ブローカーであるということは、持続的な結果を生み出せるときにのみ強みとなる。こうしてアメリカは、中東で、第二の「一切を賭ける」ゲームを自力で始めることを強いられた。もしアメリカがイスラエルとPLOの間の重要な協定をもたらしうるのならば、誰もが拍手するだろう。しかしこのような結果はありそうに思えない。もしもこれからの二、三年以内にわたしたちが失敗して、この中東でのさらなる戦いへと向うならば、それは今度は核兵器を使った戦争になる可能性がある。そしてアメリカは非難の矢面に立ち、保守的アラブ同盟は崩壊し、ヨーロッパは救済不可能な状態をなんとかするようにと助けを求められるだろう。もしこうした通りにことが運んだとすれば、サダム・フセインはアメリカと闘って負けなかったと自慢できる立場を失わないのではないだろうか。世界におけるアメリカの権力にとって積極的な意味をもつものは、ペルシャ湾岸戦争からはなにも現れなかった。

一九八〇年のイラン危機と一九九〇年のイラク危機とは、相互にまったく異なっていた。それらは偉大なアメリカの平和に対する第三世界の反応の二つのオールタナティヴ・モデルであった。イランは西洋的価値を根本的に拒否するという方法で反応した。イラクの反応はまったく異なっていた。イラクの政権はバース党〔一九四三年創設のアラブ復興社会党の通称〕であり、バース党はアラブ世界では最も世俗化した運動である。イラクの反応は結局は軍事的反応であって、南北の間の新たな力関係を押しつけるに必要な、十分近代的な軍事力に基礎を置いて、大きな第三世界諸国家を建設しようとする試みであった。これらは未来の二つの顔である。アメリカの「低姿勢」はホメイニによって打ち倒されてしまった。アメリカの「偽物の男らしさ」はサダム・フセインによって打ち倒され、アメリカの繁栄の全盛期は今や終わった。その足場は取り去られた。その基礎は砕け散っている。

わたしたちは、一九四五年から一九九〇年までのアメリカの覇権の時代をどのように評価すべきだろうか。一方では、それは偉大なアメリカの平和と偉大な物質的繁栄の時代であった。それはまた、比較史的基準では、多くの争いがあったにも拘わらず、あるいは多分その争いが取った形のせいで、少なくともその大部分は寛容の時代であった。しかしそれは生き残るためには、あまりにも多くのものの排除を基礎にしてうち建てられたのだった。そしてそれは今や終わった。

わたしたちは、ここでアメリカの未来に入っていこう。それについてわたしたちは絶望に陥る場合と、非常な希望を持つ場合の両方の根拠を持っている。しかしわたしたちは、アメリカの過去を観察するまでは、どちらの風が吹くのか知ることができない。

昨日

アメリカの過去の物語をいつから始めればいいだろうか。わたしは、この物語を幾分慣例に従わずに、二つの重要な事件——権利の章典の採用と、ヴァーモント共和国の一三州の国家連合への加盟承認――を根拠にして、一七九一年から始めよう。

アメリカの自由については、権利の章典以上に重要な象徴的で具体的な根拠はない。わたしたちは当然それを歓迎する。わたしたちはそれが憲法の最初の一〇箇条修正条項として、やっと一七九一年になって採用されたことを忘れがちである。つまりこれらの条項は、元の憲法が一七八七年に執筆されたときには、存在しなかったという事に注目すべきである。それに対する強い反対があったためである。幸いにも、結局は、これらの条項に反対した人たちは戦いに敗れた。しかし基本的人権へのアメリカの関わり合いは、建国の父たちにとって自明であるなどということはまったくなかったことを、思い出すのは有益なことである。わたしたちはもちろん、憲法が奴隷制を是認し、先住アメリカ人を政治から除外したことを知っている。それは白人移住者の産物としての憲法であった。彼らの多くは、しかしそのすべてではないが、少なくとも彼ら自身のために、基本的人権を彼らの政治組織に持ち込みたかったのである。

ヴァーモントの加盟承認は、より一層のアンビヴァレンス〔相矛盾する感情〕を指し示している。ヴァーモントは周知のように、独立宣言を発した一三の植民地の一つではなかった。というのもヴァーモントは一七七七年になってはじめて、自治的な存在であることを声明したが、一七八四年までは大陸会議によって自治的存在としての承認がなされず、一七九一年に〔ヴァーモントが所属していた〕ニューヨーク州が異議を撤回してはじめて、事実上、国家連合への加盟が認められたのだった。承認のための争いは、アメリカ独立戦争の多くのあいまいさを例証している。一三の植民地がイギリスからの独立を求めて闘っている間に、ヴァーモントは自らの独立のためにニューヨーク（そして程度はより少ないがニューハンプシャー）と闘っていた。ヴァーモントのイギリスに対する態度は複雑であった。それは非常にしばしば大陸会議の側にたったものの、その指導者の何人かは、一七七一年から一七九一年のその時々でイギリスと準公式の交渉をしたのだった。

何をめぐって争いになったのか。一方では人権である。ヴァーモントが一七七七年に州憲法を採用したことによって、奴隷制を廃止し二十一歳の男子に普通選挙権を与えた最初の州となった。ヴァーモントはその当時は先駆的立場に立っており、それ以来その位置に留まろうと努力したように見える。ヴァーモントの憲法は、ニューヨークがその前年に採用した憲法、つまり奴隷制がなお重要であり、一八二七年に至るまで廃止されず、参政権が厳しく制限された寡党政治的憲法と実際に鋭い対照をなしていた。

しかし他方でそれは、道徳的美徳をいささかも持ち合わせていない土地投機師の複合的な集団の間の、単なる争いでもあった。ニューヨーク州が一七七七年から一七九一年にかけての、アメリカの組織へのヴァーモントの加盟を妨げたのは、その土地投機師の利益を守るためであった。そしてニューヨーク州が一七九一年にその異議を撤回することになったのは、ケンタッキーが合衆国への加盟申し込みをしたために、〔定員二名枠の〕上院選挙を考慮していたニューヨークが、その「南」の州と均衡させるために、「北」の州としてヴァーモントを望んだからであった。こういうわけで一七九一年は一八六一年を予示していたのだった。

どういう意味で、そして誰のためにアメリカは「自由の国」だったのか。異なった諸集団を独立戦争に駆り立てる多数の動機があったと通常言われている。プランテーション所有者、大商人、都市賃労働者、小農はまったく異なった利害を持っていた。それらの動機の幾つかだけが、人権あるいはより大きな平等を必要としているにすぎない。多くの人はイギリスの課税とアメリカの急進主義に対して、彼らの所有権を安全に守ることに、はるかに多くの興味を持っていた。たとえば、先住アメリカ人の土地を没収する権利は、イギリスがそれを維持することにあまりにも気乗り薄ではないかと、白人移住者たちが恐れている権利のひとつであった。

それにも拘わらず、アメリカ革命は自由の名のもとに行われた革命であった。そして独立宣言の起草者はそれを世界に宣言した。それは結局、革命であった。それは、「すべての人間は平等に生まれている」のみならず、その政府は「生命、自由、幸福の追求」を保証する人たちによって設立されること、またどのような政府であれ、「これらの目的について破壊的」になる場合には、「それを作り替え、廃止することが人民の権利」となることを、最も力強い流儀で再度断言した。それゆえ革命は、たとえ「思慮分別のせいで、……長い間に確立されてきた政府が小さい一時的な原因で代えられるべきではないと考えるとしても、正当であるのみならず、義務的である……」。

母国への反乱から生まれた、新しいアメリカ合衆国は、「統治される者の同意」を有する政府を生み出すという、意識的に構成された社会的契約を主張する、起草された憲法によって正統化され、まさにこの政府からの保護を一字一句書いた権利の章典によって裏付けられて、自らとヨーロッパ世界にとって、希望と合理主義と人類の可能性ののろしであるように見えた。それが説く自由は三つの部分からなるように見えた。つまりそれは国家およびいかなる社会組織にも相対する個々人の自由（最も顕著なのは言論の自由）、他のより強力な集団に対する集団の自由（最も目立つのは、宗教の自由）、そして外部からの支配に対する人民全体の自由（独立）である。

このような権利は、当時どこにおいても知られていなかった。しかしそれらの権利は、フランス革命が一八一五年になると王政復古で終わって、いったん不首尾に終わったように見えたので、他のどこよりもアメリカにおいてこそ、より確実でより広い範囲に流布するように思えた。さらに自分たちの国で抑圧されていると感じているヨーロッパ人にとっては、アメリカはフランス革命の標語である「才能に開かれた職業機会 la carrière ouverte aux talents」を実際に遂行している個人的機会の国として、彼らを手招きしていた。開かれた国、たいそう人口の少ない国であるアメリカは、移民を望み、その子どもに即座に市民権を与えた（出生地主義 jus soli）。それは、広大で新鮮で、とりわけ新しかった（封建的な歴史によって打ちひしがれていなかった）。

あるいは、そのとき以来ずっと、わたしたちはそう言ってきた。そしてそのとき以来ずっと、あちこちでそう信じられてきた。そして、もしわたしたちがそのことは白人にとってだけ、それも主に白人の男性にとってだけであり、かつ長い間西欧プロテスタントの白人男性にだけ真実であったことを忘れないという条件をつけてならば、そのことは実際にほとんど間違いのないことであった。ヨーロッパ白人のこの政治的卓越は、アメリカにだけ特別のものではなかった。要点は、普遍的自由というその宣言にも拘わらず、アメリカがこの点に関しては、他の国となんら異ならなかったということである。この特権的な集団にとってアメリカは、その歴史を通じて非常に多くの提供すべきものを持っていたのである。境界が拡大した。いわゆるフロンティアが開拓された。移民は同化された。そしてこの国は、ジョージ・ワシントンが強く願ったように、「外国の影響という狡猾な策略」からは〔いわゆるモンロー主義によって〕免れていた。こうしてアメリカは機会の国であるのみならず、避難の国ともなった。

非常に有名になった言葉で、一八五八年にアブラハム・リンカーンが言ったのは、「わたしはこの政府が半ば奴隷、半ば自由ということに永久には耐えられないと思う」というのがある。回顧してみて彼は正しかったのか。奴隷解放宣言にも拘わらず、憲法修正案第一三、一四、一五条にも拘わらず、ブラウン対教育委員会の訴訟すらあったにも拘わらず、わたしたちは、長い間、半ば奴隷、半ば自由であることに耐えてこなかっただろうか。わたしたちの歴史において、単に肌の色や他の不適切なことのせいで、人々が、それもかなり多数の人々すらもが、被害を被ったり奪われたりしていないと言えるようなときがあっただろうか。

わたしたちは冷静に、丹念にわたしたちの歴史を見て、人口の半分のまさに現実の自由が、他の半分の自由のまさに現実的な欠如という犠牲を払っていなかったかどうかを尋ねてみなければならない。〔人種隔離主義という〕緩やかに規定された）奴隷制度は、単なる時代錯誤でそれを乗り越えることがわたしたちの歴史的運命だったのか、それともアメリカン・ドリームの組織的基礎であり、不可欠の付随物であったのか。アメリカのジレンマは知恵と合理性によって克服されるべき矛盾だったのか、あるいはそれはわたしたちのシステムを支える建築用ブロックだったのか。

事実としては、わたしたちが過去から現在に移動したちょうどそのとき（つまり一九四五年の時点で）、わたしたちの記録は幾つかの点で光輝いていた。しかし他の点ではまったく惨めだったということである。単に南部においてのみならず、北部の大都市や大きな大学においても、小規模のアパルトヘイトが存在した。一九七〇年代になってはじめて、わたしたちはその記録のこのような悲惨な面を広く認めて議論さえもする用意ができたのだった。そして今日でさえ、その議論の多くはなおも反啓蒙主義的である。

古代ギリシャは、市民のための自由と平等な政治参加と、（異質の foreign）ヘロット〔古代スパルタの奴隷〕のための奴隷制度を含むシステムを発達させた。わたしたちは一方での暴政、専制政治あるいは絶対君主制と他方での共和政民主主義あるいは民主的共和政の間の対比に基礎をおく、わたしたち自身の政治的画像を発展させた。わたしたちはその政治的伝統の源泉の一つである一二一五年のマグナカルタ（大憲章）が、貴族たちがイギリス王に、農奴の権利ではなく、王に対する彼らの権利を保証するように押しつけた文書であったということを忘れている。

頂点にいるひとりの人、あるいはごくわずかの人が、その他すべての人々を支配し搾取できるような、専制システムについて考えよう。実際にはしかし、頂点にいるごくわずかの人が底辺からあまりにも多くのものを引き出すには、その政治的能力において限度がある。その生計をたいへん快適なままに維持するために、彼らは実際にはそれほど多くのものを必要とはしない。しかしわたしたちが頂点にいるこの集団の大きさを拡大し、また頂点の集団を、集団内における相互の政治的権利において、より平等になるようにさせるときには、底辺からより多くのものを引き出すことが可能になる。実際に、頂点のそうした人々の必要物を供給するには、より多くのものが必要である。頂点の半分のための完全な自由を伴う政治組織は、底辺の半分にとって考えうる最も過酷な形態でありうる。そして多くの点でそれは最も安定的でありうる。多分、半分自由で、半分奴隷の国は、長期間耐えることができるだろう。

まさしく、上方への個人的な移動の可能性は、国としてのアメリカが開拓し、制度化して、その他の世界が借用したものであるが、それは半ば奴隷で、半ば自由な社会を維持する上で、最も有効な道具の一つである。上方への移動性は、社会的両極化の現実を正当化する。それは陰に取り残された人々に昇進可能性という幻覚を与える一方で、多くの潜在的な抵抗のリーダーを底辺の半分から取り去ることによって不安を最小にする。それは改善の追求を、他者との競争に変換する。そしてある層が、多かれ少なかれ、昇進するときにはいつでも、底辺に入るその他の層が常に存在する。

しかしながらそれは、一つの否定面を持っている。自由と改善可能性というイデオロギーは普遍的な原則である。そして他の半分を自由にするために半分を奴隷にすることが必要とされるので、それは不安を助長する。それゆえG・ミュルダール〔スウェーデンの経済学者。一九四四年『アメリカのジレンマ』刊行〕はアメリカのジレンマについて話すことができたし、わたしたちの歴史は彼の言葉を証明したといえるだろう。というのはわたしたちは悪魔と激しく闘ってきたからであり、そして罪を犯したために神の怒りをいつも恐れなければならないからである。この神を恐れぬ傲慢さとカルヴァン主義的な深い罪の意識との結合は、アメリカの歴史全体を通じて、その出身にもまた信仰にも関係なく、全てのアメリカ人にとっての日々の糧となってきたのだった。

それゆえある意味で、一七九一年（あるいは一七七六年、または一六〇七年）から一九四五年までは、わたしたちの現在にいたるひとつの長い前奏曲であった。わたしたちは国中に自由を宣言した。わたしたちは自然を変形するために、そして一九四五年の経済的巨人になるために懸命に働いた。わたしたちは繁栄を得るためにその自由を用いた。そうすることで、わたしたちは世界に対して手本を示した。もちろんそれは不可能な手本であった。もしわたしたちの国が半ば自由で半ば奴隷であるならば、世界もまたそうだった。もし自由の代償が奴隷制であり、繁栄の代償が悲惨であり、包摂の代償が排除であったならば、どのようにして、誰もがアメリカが象徴するものを獲得できるだろうか。すべてのアメリカ人はどのようにそれを一様に獲得できるだろうか。それがわたしたちの歴史的ジレンマ、歴史的運命、歴史的監獄であった。

奴隷制度に対する最も初期の公式の異議申し立ては、一六八八年にジャーマン・タウンのメノナイト教団によってなされたといわれている。その申し立ては「これらの貧しい黒人は、あなた方が奴隷を維持するのに持っている権利と同じくらいに、その自由のために闘う権利をもっていないというのか」というものだった。もちろんこの合衆国で自由を完全に共有していなかったすべての人々は、いつもメノナイトに対して、持っていると答えた。彼らは権利を持っていた。そしてそのためにできるかぎりうまく闘った。彼らがとりわけ熱心に闘ったときには、彼らはいくらかの譲歩を受け取った。しかし譲歩は決して要求に先行しなかったし、政治的に必要とされる以上に気前よく与えられるものでもなかった。

自由の祝福は真の祝福となった。しかしそれは道徳的な責務ともなっていた。というのもそれは常にいく人かのためだけの祝福であったし、そして今日に至るまでもそうでしかなかったからである。たとえいく人かが多数に代わったとしても、あるいは(再度繰り返すが)おそらくいく人かが多数に代わったときの方がとりわけ道徳的責務になっただろう。

このようにして、わたしたちは一七九一年から一九四五年へと〔モーゼに率いられて〕「協調を乱すことなく」シナイを渡った。そして神の道を歩んで、一九四五年から一九九〇年へとミルクと蜜の土地に到達することを確実にしている。わたしたちはいまや約束の地から追い出されることになるのだろうか。

明日

没落はそれほど恐ろしいものなのか。多分それは、あらゆるものの中で最大の祝福である。再度言えば、「わたしは奴隷にもならなければ、主人にもならないだろう」と言って、道徳的名声を響かせたのはアブラハム・リンカーンであった。わたしたちは世界の主人であったし、（あるいはわたしたちのいく人かがそう言うように）多分恵み深く情け深い主人であった。しかし、それにも拘わらず主人であった。その日は終わった。主人としてわたしたちは愛されてきたし、また憎まれてもきた。わたしたちは自分自身を愛したが、憎みもした。わたしたちは、より均衡のとれた未来像に到達できるのだろうか。多分できるだろうが、それは今すぐにではないと、わたしは思う。わたしたちは歴史の軌道の第三部に到達しつつある。それはことによると、なかでも最も困難の多い、最もわくわくする、最も激烈な部分だとわたしは思う。

わたしたちは没落した最初の覇権強国ではない。イギリスがそうだった。オランダ連合州（＝オランダ北部地域の州の連合体）がそうだった。そして、少なくとも地中海世界経済のコンテクスト内部ではヴェニスがそうだった。これらの没落はすべて、緩やかで、物質的には比較的快適だった。覇権強国には多くの金があったし、五〇年から一〇〇年の間はその金で暮らすことができた。過度に贅沢できないことは疑いないが、わたしたちは国としてごみ箱に打ち捨てられはしないだろう。

というのも一つには、わたしたちに戦いを強いてくるイラクのような成り上がりものを防ぐにはわたしたちはあまりにも弱くなったという事実、あるいは少なくとも非常に高い政治的代償を払うことなしに闘うには、あまりにも弱体化してしまったという事実にも拘わらず、ほぼしばらくの間はわたしたちは世界で最強の軍事国家として留まるだろうからである。そしてわたしたちの経済はよろめき、ドルが滅びつつあるけれども、多分次の五年から一〇年以内に起こるだろう世界経済の主要な拡張では、非常にうまくやれるだろうことは疑いない。たとえわたしたちが、いつかは生じる日本－アメリカ経済カルテルの下位のパートナーになるとしても、地球全体の総収入における報酬は高いだろう。そしてアメリカは政治的に、たとえいくつかの強国のうちの一つにすぎなくなるとしても、影響力の大きい強国に留まるだろう。

しかし心理的には、この衰退はひどいものとなるだろう。国民は高い位置にいた。しかしわたしたちはそこから降りてこなければならない。世界の指導権という責任を、優雅に効果的に果たすには三〇年必要だった。わたしたちがいま委ねられようとしているより低い役割を優雅に効果的に受け入れるには、少なくとも三〇年かかるだろうことは疑いない。

地球的規模の収入が減少するので、それが少しの低下にすぎないとしても、誰が生活水準の低下の重荷を負担するのかという問題が、直ちに緊急に生じるだろう。わたしたちはすでに、住宅貯蓄金融の失敗という莫大な浪費と盗みに対して誰が支払うべきか、債務という重荷を減少させるために誰が支払うべきかについての現在の論争の中で困難を経験しつつある。わたしたちのエコロジー的な感覚が速やかに育つにつれて――そしてそれは疑いなく成長し続けるが――、アラスカでのエクソンの石油流出や、ラブキャナル〔ナイアガラの滝近くの運河〕の化学物質汚染および来るべき数十年間には疑いなく明らかになる、はるかに重大で危険な廃棄物の堆積を修復するのに、誰が支払うことになるのだろうか。それらのことは実際にはブードゥー経済学 voodoo economics〔魅力的だがある期間有効に機能しない経済知識〕であった。そしてレーガンの時代だけがそうだったのではない。金額の大きくふくらんだ請求書や支払う資金がないこと、枯渇してしまった信用ほどに人々を反省させるものはない。なぜなら信用とは信頼できることであり、アメリカの経済的信用はいつの間にかすばやく消え去っていたからである。疑いもなくわたしたちは、蓄えに寄食し、偉大なアメリカの平和とわたしたちの過去の偉業のすべての甘い記憶に対してヨーロッパ・日本が与える慈善によって食べていくだろう。しかし結局これは、ホメイニがアメリカの大使館員全員を監禁した以上に、一層アメリカに恥をかかせることになるだろう。

それではわたしたちは、国として何をするつもりなのか。基本的に二つの道がわたしたちの前に開かれている。一つは激しい社会的衝突という緊張した道であり、そこでは反抗的な下層階級が残忍性と偏見とをもって強力に抑圧される――これは一種のネオファシストの道である。二つめには国民的連帯の道がある。それは社会的緊張を共有して、共同で対応する道であり、そこではわたしたちは、自由と繁栄の祝福を越えて平等の祝福へと、多分完全な平等ということはできないが、それにも拘わらず、多数の排除を伴わない、現実の平等の祝福へと移動するだろう。

わたしはネオファシストの道を、可能性の低い箱に分類するという楽観主義的な道を取ろうと思う。ネオファシズムが不可能だとは思わないが、わたしたちの国の伝統には、ネオファシスト運動の成功に不利に作用するものが多くある。さらに言えば、ネオファシスト運動の成功は一つの飛躍となるので、わたしたちがこの先、そのような飛躍をするほどまでにすっかり絶望的になるとは思わない。むしろわたしたちはかつて可能だと夢見たより以上の、そして他のいかなる国も知らないほどの平等の実現に出会いつつあると思う。これが第三の神の祝福である。そして他の二つの場合と同様に、それはその代償と予期し得ぬ結果を伴っているだろう。

わたしたちが次の三〇年間に、生活機会と生活報酬の平等の領域へと著しく前進する理由は、非常にわかりやすいものである。それはわたしたちの以前の二つの祝福、自由と繁栄の直接的結果である。たとえ実行においては不完全であったとしても、わたしたちは、積年の自由へのイデオロギー的、制度的な傾倒のゆえに、政治的に組織する意志と能力がある場合には、真に民主的な決定に敏感に反応するような政治組織を発展させてきたのである。もしわたしたちが不平等な分配に関する四つの主要な闘技場――性、人種とエスニシティ、年齢、階級――を取り上げるとすれば、公平な分け前以下のものしか受け取っていない人々は、彼らが事態をそのように判断すればのことだが、合計すれば、投票者の多数になることは明らかである。

これが繁栄の時代が、入っていく場所である。格差と排除を強調し、当時開発された言葉でいえば「意識」を生み出したのは、明らかに繁栄するアメリカの実現であった。この意識の最初の爆発が一九六八年に見られた。それは次の一〇年に予想されるかもしれない第二の意識の爆発のほんの予行演習にすぎなかった。この意識は意志を与えるであろう。そして繁栄は能力を与えた。今日世界のどの国においても、不利益をこうむっている階層が、そのように物質的に強く、どんな場合でもその政治闘争を賄うに足るほどに強力であるような国はアメリカ以外にはない。そして最後に、不可避的な分け前の削減が動機を生み出すだろう。導火線には火がつけられるだろう。

議会は、何がそれに点火するのか知らない。要求は全面的、同時的に生じるだろう。そして、わたしの見解では、アメリカは非常にすばやく保守主義者、現状維持、自由市場経済学の世界的リーダーであることをやめ、恐らく世界で最もよく社会福祉を志向する国家に、それも最も発展した再分配組織を持った国家に変わるかもしれない。今日、誰もが社会主義は死んだ思想であると語っているという事実がなければ——言葉にできないことをささやくとすれば——、アメリカは半社会主義国になると考えることすらできるかもしれない。それが起こるかどうかは、誰にもわからないだろう。ひょっとすると共和党が、十九世紀にディズレーリとビスマルクが行ったように、その指導さえするかもしれない。この見込みによってショックをうける人がいたり、あるいは、意気盛んになる人がいたりするかもしれないが、わたしたちの感情を表明するのはしばらく待とう。

わたしはさらに二つの仮定を設定しよう。一つは、わたしたちの自由の伝統は、この新しい平等主義によっては決して害されないだろうということである——最高裁はわたしたちの市民の自由の定義をさらに拡張するだろう。国家の警察権力は個人の権利を犠牲にしては成長しないだろう。そして文化的・政治的多様性は繁栄するだろう。第二の仮定は、この新しい平等主義は、わたしたちの生産の効率に否定的な影響を及ぼさないだろうということである。以前に述べた理由で、わたしたちは、多分、一人あたりでは、低いGNP（国民総生産）を持つことになるだろうが、しかし新しい平等主義はその原因となるのではなくて、それに対する応答になるだろう。そしていずれにせよ一人あたりGNPはそれでも高いだろう。

そのときにはもうユートピアにたどり着いているだろうか。絶対にそうではない。というのもユートピアの代償は非常に高く、驚くような予期せぬ結果となるだろうからである。基本的な代償は排除であろう。わたしたちが国家内の排除を除去するときには、世界レベルでの排除を強調することになるだろう。多分アメリカは、はじめて半ば奴隷、半ば自由であることをやめるだろう。しかしそれによって、世界は更に一層先鋭に半ば奴隷、半ば自由ということになるだろう。もしわたしたちが一九四五年から一九九〇年にかけて、人口の半分に人口の他の半分を高い所得水準で支えるように求めたとすれば、わたしたちの人口の九〇パーセントを適度に高い所得水準で支えるためには何が必要かを想像してもらいたい。それにはさらに一層の搾取が必要になるだろうし、それは本質的には第三世界の人々からの搾取となるに違いない。

この道に沿っていけば二〇年後に何が起こるかを考えることは困難ではない。まず第一に、アメリカに対するプレッシャーは、わたしたちの全歴史でかつて経験したことがないほどに大きいものとなるだろう。十九世紀にアメリカが魅力的に見え、ポスト一九四五年の時代にはより一層そうであったとして、わたしの二重の予言――公正に富裕で高度に平等主義的な国と、経済的には非常に両極化した世界システム――が正しいとなれば、アメリカは二十一世紀にはどのように見えるだろうか想像してみよう。移民の送り出しと吸収とは最高点に到達するだろう。何百万あるいは何千万にすら達する非合法移民を、アメリカはどのようにストップできるだろうか。とめられないだろうというのがその答えである。

そのうちに北側――北アメリカのみならずヨーロッパや北アジア――の繁栄から、ずっとより効率的に閉め出され、移民しないで南側の国内に留まる人たちは、きっと地域を追って、イランあるいはイラクのどちらかの例にならい始めるだろう。アメリカは（実際にはヨーロッパや日本と同様に）、地球が火の玉になるというもっともらしい恐れのせいで、それについて何かしたいと思うだろう。ブラジルやアルゼンチン、イスラエルやイラク、南アフリカやパキスタン、そしてまもなくその他の多くの国でもそうなるだろうが、核兵器が秘密裡に開発されつつある――すでに完全に開発されているかもしれない――ということを忘れてはいけない。アメリカの偉大な平和の時代に、アメリカとソ連の取引のせいで、事実上の可能性が非常に低いときに、わたしたちは核のホロコーストを恐れたのだった。核戦争が起こる見込みは、多分地域的にすぎないとしても（しかしそれは非常に恐ろしい）、次の五〇年間には、はるかにより現実的である。

南における大規模な非合法移民と地域核戦争の脅威に直面して、アメリカは何をするつもりだろうか。可能性は半社会主義アメリカが、要塞のアメリカとなることだろう。第三世界の戦争の希望のなさと犠牲から遠ざかろうとして、アメリカはその富と世襲財産を保護し始めるかもしれない。移民の流れをとめるのに失敗すれば、アメリカは市民と非市民の資格の間に溝を作る方向に向かうかもしれない。そうなれば、アメリカはすぐにでも、賃労働者勢力の底辺の三〇パーセントが、あるいは五〇パーセントまでもが、選挙権がなくて社会福祉への接近が制限される状態にいることを知ることになる。そういうことが起こるとすれば、わたしたちは時計を一五〇年から二〇〇年前に巻き戻してしまったということになるだろう。いわば一八〇〇年から一九五〇年までのアメリカと西洋世界のすべての物語は、労働者階級の政治的、経済的、社会的権利の拡大の物語であった。しかしそれが、市民だけに限定されるならば、そのときには政治的、経済的、社会的権利から排除された居住人口の大部分とともにわたしたちは出発点にもどるということになる。

わたしたちの問題はそこで留まらないだろう。環境を損なわない、きれいなアメリカに至る最も早くほとんど金のかからない道筋は、どこかに――第三世界や公海や宇宙にすら――ごみを捨てることであるとすでに気づきつつあるし、わたしたちは気づくことになるだろう。もちろんこのことは、ただわたしたち自身の問題を五〇年間引き延ばすにすぎないし、その五〇年間と同じくその後も、他の人の問題を増大させるという犠牲を払って行われることである。しかし、追いつめられながら五〇年間も問題を延期するというのは、なんの魅力もないことだろうか。五〇年後には今日の成人有権者のほとんどは死んでいるだろう。

こうしてアメリカの第三の祝福である平等は、せいぜいが、アメリカに二五年から五〇年の時間的余裕をもたらしたことになるということだろう。この線上のどこかで、二〇二五年か二〇五〇年に最後の審判の日が来るだろう。そしてそのとき世界は、今日アメリカが直面しているのと同じ種類の選択に直面するだろう。世界システムが抑圧的な再編に向かうか、それとも平等主義的な再編に向かうかのどちらかであろう。しかし世界的規模での平等主義的再編は、単に今日のアメリカ国内での平等主義的再編が必要とするよりも、はるかに大きな財とサーヴィスの再配置を必要とするだろう。

もちろんこの箇所でわたしたちは、現存のシステムの継承について、そしてそのシステムが何か根本的に異なったものによって交替することについて話しているのである。そして結果がどうなるのかを予言するのは、本質的に不可能である。わたしたちは、分岐点〔バイファケーション〕に到達することになるだろうし、その無原則な動揺は実際には計り知れないものとなるだろう。わたしたちができることのすべては、頭脳を明晰にして活動的になることである。というのはわたしたち自身の行動がこの動揺の一部であり、結果に対して深い効果を与えるだろうからである。

わたしは、来るべき五〇年に関するわたしの未来像をはっきりさせようと試みた。それによると一方では、より裕福化する北側、比較的国内的には平等な北側（その市民にとって）があり、アメリカは経済的にあるいは地政学上ですらもはや先頭ではないが、社会的平等では先頭である。他方では、次第に不利になっていく南側は、北側へ個々に移民の道を歩もうと試み、そのことで北側の内部に南側を生み出す人口の大部分と共に、しばしば西洋が抱いているすべての価値に敵対して、世界システムを次第に崩壊させるほどの軍事力を用いる用意がある。

ある人はこれは悲観的な未来像だというだろう。わたしは、それは現実的であるのみならず、楽観的でもあると答えよう。というのは、それは意志のドアを広く開け放つからである。現存の世界システムを継承する際に、わたしたちは実際には、はるかによりよいものを生み出すことができる。ただそのようにすることは、決して歴史的に不可避的なのではない。わたしたちはチャンスをつかまえ、救済のために闘わなければならない。わたしの現実主義の一部は、アメリカは単独で救済を達成できないと主張することである。アメリカは一七九一年から一九四五年までそれを試みた。一九四五年から一九九〇年までは他の方法でそれを試みた。アメリカは一九九〇年から、およそ二〇二五年までは、なお別の方法で、再度、これを試みるだろうとわたしは予測する。しかしアメリカが、全人類が救済されない救済などはないと理解できないかぎり、アメリカもその他の世界も、わたしたちの世界システムの組織的危機を乗り越えることはないであろう。

アメリカ的例外主義に関する結尾

アメリカは、自分たちはいつも例外であると信じてきた。しかもわたしは、アメリカに対する三つの連続的な神の祝福について分析しようとすることで、その信念に都合良く行動してしまったのかもしれない。しかしながら、アメリカが例外的でないということのみならず、アメリカ的例外主義 exceptionalism さえも例外的ではない。アメリカは、自国の思想家が、自国を世界の他の諸国全体と異なって歴史的に独特であると証明しようとした近代史の唯一の国ではない。わたしはフランスの例外主義者に会い、ロシアの例外主義者にもあったことがある。インド、日本、イタリア、ポルトガル、ユダヤ、ギリシャ、イギリス、ハンガリーの例外主義者もいる。中国とエジプトの例外主義は国民的性格の紛れもない現れである。そしてポーランドの例外主義は、その他の例外主義と好敵手である。例外主義は、わたしたちの世界が生み出したほとんどすべての文明の骨の中にある骨髄である。

わたしはアメリカの精神は、長い間、神をも恐れぬ傲慢さとカルヴァン主義的罪悪感との結合だったと主張した。たぶんわたしたちは、ギリシャ人が傲慢さで意味したものは、人間が神になるという決意であるということを忘れていないだろう。そしてカルヴァン主義的神学は常に、もしわたしたちが神は全能であると信じるならば、それは論理的には、どれもが前もって運命づけられているると言い張れないということに拠点を持っていたのだということを忘れていないだろう。なぜならもし運命づけられているのならば、それはそのことによって神の力を制限するだろうからである。

多分新しいエルサレムは、ここにも、エルサレムにも、どこか他にもない。多分約束された土地は、ただわたしたちの地球、わたしたちの故郷、わたしたちの世界であろう。多分神が選んだ唯一の人々は人類である。多分わたしたちは、わたしたちが試みるならば、自らを救うことができるだろう。

Ⅳ　社会主義の死滅か、瀕死の資本主義か

11 転換の戦略・戦術としての革命

フランス革命は失敗したのか。ロシア革命は失敗したのか。これらは以前なら、二つの馬鹿げた質問のように思えたかもしれない。それらはもはや馬鹿げた質問とは思えない。しかしわたしたちはそのような質問にどう答えるのか。

革命とは奇妙な言葉である。もともとそれは、語源学的な意味では、起源の地点に復帰する循環運動を意味するために用いられていた。それは今でもそのことを意味するために用いることができる。しかしそれはやがて意味が拡大して、単に方向転換を意味するようになり、そしてそれから転覆を意味するようになった。『オックスフォード英語辞典』は早くも一六〇〇年には、政府に服従している人による政府の転覆という意味で、その語法を記録している。しかしもちろん政府の転覆は、起源の地点への復帰という概念と必ずしも一致しないわけではない。その主唱者によって「革命」と呼ばれる幾多の政治的な事件は、侵害された権利の回復であり、それゆえ以前のより良いシステムへの復帰であると主張されてきた。

しかしマルクス主義の伝統では、革命は直線的な進歩の理論のなかにしっかりと位置づけられてきた。ヴィクター・キールナンが、革命はある生産様式から他の生産様式への「大きな激変をもたらす跳躍」を意味すると主張したときに、それは最もよく表現されていると、わたしは思う[1]。それでもほとんどの概念と同様に、単にそれを定義するだけでは不十分である。それはなんらかのオールタナティヴと対抗させられねばならない。そして周知のように、再びマルクス主義の伝統では（しかしそれのみではないが）、「革命」に対するオールタナティヴは「改良」である。

十九世紀後半と二十世紀の論争で、改良に対する革命の関係は、緩やかな集団的変化に対する迅速な変化、小規模の変化に対する大規模な変化、逆転可能な変化に対する不可逆的変化、改良的（それゆえ親システム的）な変化に対する転換的（それゆえ反システム的）な変化、効き目のない変化に対する有効な変化を意味するようになった。もちろん、わたしは革命を論じるために用いた特徴づけをそれぞれの論議に与えることによって、これらの二律背反の議論のいずれか一方に肩入れしてきた。

つけ加えれば、マルクス主義の伝統自体の中にあいまいさがある。マルクス主義者はしばしば政治革命（それは表面的現象たり得る）と社会革命（本当のもの）との間を区別した。付言すればマルクスとエンゲルス自身は、産業革命というような概念に対して革命という言葉を用いるのが嫌ではなかったし、「産業革命」はフランス革命よりも、より重要でより根本的であると示唆することさえいとわなかった。もちろんこの示唆は、史的唯物論という基礎的哲学的先入観とぴったり調和していたが、しかしそれは必ずしも自発的政治行動への大きな支援とはならなかった。それゆえ諸党派のマルクス主義の伝統において、とりわけボルシェヴィキの伝統において、ますます象徴化されるようになったのは、あの革命、つまりプロレタリアートによるブルジョア政府の暴力的転覆という革命であり、少なくとも大衆的、進歩的勢力による反動的政府の暴力的転覆という革命であった。

これであいまいさの問題は終わったのではない。「暴力的転覆」という概念は自明ではない。いわゆる自然発生的反乱、あるいは現存権力組織の崩壊は、革命を構成するのか、あるいはそのような反乱がそのときに革命政党によって導かれるならば、それが唯一の革命なのか。いつフランス革命が起こったのか、それはバスティーユへの攻撃とともになのか、それともジャコバン党員たちが実際に権力を握ったときなのか。ロシア（十月）革命は、伝統的に冬宮の襲撃とともに始まると考えられてきた。しかし後になって、「革命」は国家権力の現実の掌握以前に始まると考えられた。つまり長期のゲリラ戦によって、権力掌握に次第に導くことが基本だと考えられた。その全体をひっくるめて、毛沢東が「持久戦」と特徴づけたものである。その結果として、持久戦は国家機関の掌握の前のみならずその後でも（「文化革命」）、革命過程の基本的要素として重視された。

そして最後に残っている一つのあいまいさが注目されねばならない。バクー東方民族会議の後で、反帝国主義闘争は「革命的」行動として分類されたが、そのような反帝国主義革命と社会主義革命との理論的関係は決して完全に明らかになっていたわけではなかった。それはこの問題でなんらの意見の一致もなかったせいである。アルジェリア革命は、ヴェトナム革命と同じ範疇に属するのか、あるいはまったく異なっているのか。現実的には多くの軌道が存在した。キューバでは「革命」は権力掌握前にはマルクス主義的でも、社会主義的ですらなかったが、その後にマルクス主義的、社会主義的になった。ジンバブエではそれがたどった道は、言葉上ではその逆であった。

とにかくわたしたちが今日はっきりと知っているように、その結果は異常に雑多なものとなってしまった。メキシコ革命は、今日、それほど革命的な結果を生み出したようには思えない。そして中国はどうか。ロシアの革命家たちは、いまやひとつの歴史的な思い出となり、そして今のところロシアでたいへんな栄誉を受けているわけではない。したがって至極もっともと思える最初の疑問は、いわゆる革命的軌道は改良的軌道と比べて、実際に多少は有効であったのかどうかということである。もちろん、わたしたちは社会民主主義的改良についても同じように懐疑的な論評ができる。労働党はどのように根本的にイギリスを転換できたのか。あるいは、まさにスウェーデン社会民主党はどうだったか。中国からスウェーデン、メキシコまでほとんど誰もが「市場」について語っている一九九〇年代に、一五〇〇年から二〇〇〇年の革命的伝統が成果をあげたのかどうかと疑うのは当然のことだろう。

それ以上にわたしたちは、革命的行動と改良的行動の区別が、それほど大きかったのかどうかについても疑っていいだろう。長期の巨大な「革命的」事件として認められてきた特定の諸政党、特定の社会運動、特定の社会行動の複合体は、そのすべてが（多分例外なしに）諸戦術の転換の軌跡として描くことができる。つまりそれらは、ある時点では革命的（あるいは暴動的、急進的、転換的）に見え、他の時点ではそれほど革命的ではないことが、はっきりとわかるようなものであった。

現に存在する革命的指導者たちは、しばしばジグザグの形で、一方の端での「裏切り」と他方の端での「冒険主義」との間で、いつも中間のコースを取ろうと試みてきた。もちろんある人の「冒険主義」は、別の人にとっては「真に革命的な献身」であった。ある人の「裏切り」は、別の人にとっては「一歩後退、二歩前進」だったのである。

多分今は、相互に石を投げ合うのをやめ、過去二世紀以上にわたって世界中で左翼的政治活動に加えられた客観的な圧迫と、転換に対する隠れた圧力の強度を冷静に観察する時期である。与えられたものから始めよう。わたしたちは非常に不平等で抑圧的な資本主義世界システムのなかに住んでいる。それは世界生産の拡大に成功し、それによって世界システムの主要な受益者たちの手にかなりの経済的力を与えてきた。利益を得ている人たちは、多かれ少なかれ、このシステムをあるがままに維持したいし、現状を維持するためにかなりの政治的エネルギーを注ぐつもりであると想定していいだろう。わたしたちは利益を得ていない人たちが、同じ程度の熱情をもってそれを転換したいと望んでいると想定できるだろうか。無知、恐怖、無関心というような幾つかの理由で、そのようには想定できない。さらに個人の上方への移動性が、被抑圧者内部の利口な少数派のためのはけ口を提供している。その上、非受益者たちは受益者たちよりも――経済的、軍事的に――弱体である。

政治的力と社会心理学的態度とのこの不調和は、世界の左翼が十九世紀に自らを意識的に組織し始めて以来直面した、まさに基本的なジレンマである。改良と革命の論争が問題にしていたのは、この不調和について、わたしたちは何をなすべきかという論争であった。回想してみれば、驚くべきことにそれぞれが与えた答えが相互にいかに似ているかがわかるのである。集団的な自己教育は、無知を克服するだろう。集団的な自己組織化は、恐怖と無関心を克服するだろう。組織的な階級文化は、潜在的な逃亡者に現在の運動と将来の政府の指導的役割を提供することによって、彼らが個人的な社会的移動性によって誘惑されないようにするだろう。そして受益者と非受益者との間の社会的力の不均衡は、受益者から国家機関の支配を奪うことによって克服可能である。

これが今まで百五十有余年もの間、主要な運動が実行し続けてきたことである。中国共産党や南アフリカのANC（アフリカ国民会議）、オーストリア社会民主党――三つのよく知られた例を挙げれば――の戦略と戦術は、その歴史的環境がいかに異なっていたと仮定しても、著しく類似していたのである。わたしたちは三つの運動のすべてが堂々たる成功をかちえたのか、それとも悲惨な失敗をしたのかのいずれかに分類できるのである。三つのそれぞれについて、成功についての異なるランク付けを与えるような分析を受け入れることは困難であろう。それらの運動は、大衆動員の能力において、そして個々の国で幾つかの重要な改良を達成した点で、堂々たる成功であった。その結果、今日の状況は、およそ一九〇〇年頃の状況とは根本的に異なり、ある人々にとっては、またある点では根本的に改善されたのである。それらの運動は、わたしたちが、どちらかといえば一九〇〇年よりもさらに不平等な資本主義世界経済になおも生きているという意味では、悲惨な失敗であった。これらの国のそれぞれには、なお多様な形態の抑圧があり、そしてこれらの運動は、幾つかのそうした形態の抑圧に対する現在の抵抗を促進するよりは、むしろ色々な方法でそれを阻止してきたのである。

カップは半ばまで満たされたのか、あるいは半ばまで減らされてきたのか。多分わたしたちは間違った質問をしている。問題は十九世紀と二十世紀において、これらの運動のそれぞれにとって、振り返ってみて妥当で、またもっと多くの達成が可能であったといえるような歴史的にオールタナティヴな戦略があったのかどうかということである。わたしはそれは疑わしいと思う。仮想現実を基礎にして歴史を書き直すのは、多くの点で愚かな行為である。しかし、現実に現れたオールタナティヴな運動は、これらの例の場合には、そのシステムの非受益者の観点からは、明らかにそれほど有効ではなかったために、失敗したように思えるし、支配的な運動によって達成された改良の総計は、たとえ三つの国のいずれにおいてもポスト資本主義のユートピアが達成されていないとはいえ、何らかの価値があったように思えるのである。まるで反対の評価がなされうるのである。

このように言ったとしても、二十世紀（そして十九世紀）に革命的行動に費やされた、信じられないほどの社会的エネルギーを考慮するならば、その全体の結果には非常に失望させられるのである。わたしは、あらゆる型の旧左翼はこの時点までに「問題の一部」になったという一九六八年の革命家たちの意見を共有している。しかしそのとき以来、世界の左翼は動いた。一九六八年の世界的な革命は、自らを反システム的であると考えている至るところの勢力に計り知れない影響を与えた。わたしたちの分析方法によって、六つの主要な結果が明らかとなる。わたしはそのそれぞれについて簡潔に述べたい。

(1) 二段階戦略――まず国家権力をとり、それから社会を転換する――は（ほとんどの人にとって）自明の真理の地位から、疑わしい命題という地位に変わってしまった。

(2) 各国の政治行動は、それが単一の団結した党によって導かれるならば最も有効であるという組織論の想定は、もはや広く受け入れられない。

(3) 基本となる資本主義内の唯一の闘争は、資本と労働の間の闘争である――そしてジェンダー、人種、エスニシティ、セクシュアリティ等に基づく闘争は、すべて二次的、派生的で原始的なものへの逆行である――という概念は、もはや広く信頼されていない。

(4) 民主主義は、革命的行動を妨害するブルジョア的概念であるという考えは、民主主義は深く反資本主義的で、革命的思想であるという考えに道を譲ってきた。

(5) 生産力の増大は社会主義建設の不可欠の前提条件であるという考えは、エコロジー用語でいう生産力主義 productivism の帰結や、生活の質および結果として生じた万物の商品化についての関心にとって代わられた。

(6)　ユートピア建設の礎石としての科学への信頼は、決定論と自由意志の間の、また秩序と混沌の間のより複合的な関係という観点から進んで考えるようになることによって、古典的科学や大衆的な科学主義に対する懐疑に道を譲った。進歩はもはや自明ではない。

わたしたちの前提に関するこうした六つの修正のいずれも、まったく新しいものというわけではない。しかし一九六八年の革命は、旧左翼の正統性を揺るがすことによって、一握りの人によって抱かれていた疑いを、はるかにより広範な修正主義、つまり真の「文化革命」に転化したのだった。これら六つの前提の修正は複合的であり、十分に練り上げられる余地があるだろう。それはここではできない。わたしは反システム的政治行動にとって、とりわけ「革命」の戦略と戦術にとって、これらの修正が含意するものを提起することができるだけである。

最初の最も根本的な含意は、「革命」――マルクス＝レーニン主義的運動で用いられた言葉としての――は、もはや実行可能な概念ではないということである。それは何の意味ももたないし、少なくとも今では何の意味ももっていない。「革命」とは、党による活動、党の国家権力獲得闘争、資本と労働の闘争における労働の旗手としての党の役割、単なる「ブルジョア的権利」としての民主主義に対する党の軽蔑、生産性増大への党の献身、科学的だという党の自己描写を説明するものとして考えられていた。この叙述に合致し、重要な影響を及ぼすほどの支持を得ている諸党派がまだ存在しているのか。たとえあるとしても、それほど多くはない。

そうしたものに代わる、二つのものがある。第一は、旧左翼諸党派である。彼らはしばしば名前を変え、折衷的な中道的綱領に基づいていることをそれほど強く自覚しないで、選挙で生き残ろうと闘っているが、彼らは〔フランス第三共和国の急進社会党が世俗性 laicity の伝統を具体化する際に用いたやり方による〕社会的公正に対する漠然とした心情を継承している。第二は、一九六八年革命の薄められた後継者であり、その立派な装いが絶えず変化している諸党派や運動の、つまり緑の党、フェミニスト運動、抑圧されたエスニック〔少数民族〕や人種のいわゆる少数派の運動、ゲイやレスビアンの運動、基礎共同体運動と称する運動である。

アメリカでは一九八〇年代にそのような運動の「虹の連合 Rainbow Coalition」〔小数党派連合〕の話し合いがあった。しかし結局、この考えからは何も生まれなかった。実際には、一九九〇年代に入るにつれて、世界の反システム運動にとっての二つの巨大な政治的ジレンマがみられる。

第一に、一九六八年革命から生まれた新しい反システム運動は、旧左翼を補強している前提を攻撃するのには非常に成功したが、しかしオールタナティヴな戦略の探求では、それ以来ずっともがき続けている。国家権力はなおも妥当なのかそうでもないのか、何が運動間の持続的同盟の基礎になりうるのか。時間がたつにつれて、その答えは、今や非常に折衷的になっている旧左翼運動の答えと、ますます類似してくるように見える。

第二に、一九九〇年代には一九八〇年代に始まった運動の広がりを、つまり人種主義的、ポピュリスト的運動の広がりを経験している。しかし非常にしばしば、それらは新しい反システム運動がすることと、部分的に重複するようなテーマを用い、かつ色調を帯びている。多様なタイプの政治的混乱が生まれるという、異常に大きな危険が存在する。

そこでまとめれば、旧左翼諸党派のくたびれた折衷的な外観、「革命 a revolution」という実行不可能な概念、力強いが明確な戦略的ヴィジョンのない反システム運動、力をつけている新たな人種主義的・ポピュリスト的運動があるということになる。なかんずく、包囲されている現存の資本主義世界システムの擁護者たちは、決して武装解除されないで、資本主義的生産様式から、ある新しいしかし以前と同じように不平等で非民主主義的な世界システムへと、彼ら自身のシステムの根本的な転換を追求できるときが来るまで待ちながら、諸矛盾を柔軟に延期させるという政策を追求している。

消滅した「革命」の戦略に代わるオールタナティヴな戦略を、ある明快さをもって定義する必要のあるときははるか昔に過ぎ去った。わたしはそのことについての再定義は、集団的で世界的な仕事であると思う。わたしはここでは、ただ、そのような戦略の要因となるかもしれない行動についての二、三の輪郭を示唆できるだけである。しかしそれはつまるところ全体の戦略を意味しないのである。

一　第一には、伝統的な戦術への復帰である。到るところで、あらゆる職場で、わたしたちはもっと要求すべきである。つまり――剰余価値のより多くが労働者階級によって保持されることを要求するということである。このことはかつてはたいへん明確なことと思われていたが、しかし種々の理由から、つまり労働組合主義や経済主義に対する党の恐れ、高賃金領域にいる労働者の保護主義的戦術、運動に支配された使用者の論理で行動する国家組織のせいで、軽視されるようになってきた。同時にわたしたちは、あらゆる企業による費用の完全な内部化を求めなければならない。地域レベルでそうした内部化への絶えざる圧力と、一層の――デトロイト、グダニスク、サンパウロ、フィジーではさらに――内部化の要求は、資本蓄積の型を深く揺り動かすことができる。

二　第二に、あらゆるレベルの、あらゆる政治組織の到るところで、一層の民主主義を求めることである。つまり、より大衆的な参加とより開かれた決定を求めることである。再度いえば、かつては明確だと思われていたことが、前衛主義の起源つまり大衆心理に対して左翼運動が抱く深い不信によって、制限されてきた。多分そのことは十九世紀に正統化されたが、しかしよりよい世界システムへの転換は、本当の深く動機づけられた大衆的支持がなければ不可能であろうし、それは今や一層の民主主義によって創造され、発展させられねばならない。

三　第三に、世界の左翼は普遍主義と自己中心主義 particularism の対抗に関するジレンマを受け入れるようにならなければならない。旧左翼によって好まれたナポレオンの帝国普遍主義にはなんのメリットもない。しかし、ますます小さくなる自己中心主義をはてしなく賛美するのも、またなんのメリットもない。わたしたちは想像上の原子的個人にではなく、無数の集団の建設に基礎をおく、新しい普遍主義の構築方法を探求する必要がある。しかしそれにはわたしたちが受け入れるのを渋っている、一種の地球的規模の社会的自由主義が必要である。こうしてわたしたちはサンゴール〔一九〇六年―。セネガルの初代大統領〕の言う「ギヴ・アンド・テイクの約束 rendez-vous de donnern et de receivoir」に、（単なるほめそやしではなく）作戦上の意味を与える必要がある。それは無数の地域レベルで行われるべきことである。

四　第四に、わたしたちは国家権力に投資したり、それを強化することなしに、できるときにはいつでも、また当面必要とするなら何に対してもそれを利用して、戦術としての国家権力について考える必要がある。とりわけわたしたちは、システムの運営をどのレベルでも避けなければならない。わたしたちはシステムの政治的行き詰まりが恐ろしいと思うのをやめねばならない。

以上のことで、システムは転換されるだろうか。わたしにはわからない。わたしはそれを、リベラルによっては決して意図されなかったこと、つまりリベラリズムのイデオロギー的スローガンを本気にすることで、システムに「過重な負担をかける」戦略として考える。たとえば人民 people の自由な運動以上に何が、システムに過重負担をかけられるだろうか。そしてそれは、システムに過重負担をかけることと並んで、「わたしたちの選択権を保持」し、すぐにでもよりよい方向へと向かい、現存の世界システムを運営する全責任をその受益者に任せ、地域的・世界的レベルでの新しい社会性の創造に集中するという戦略である。

要するにわたしたちは、わたしたちのユートピアを論じ、突進するような、仕事場での実践的で、重要で、志操堅固な作業者にならなければならない。次の五〇年間に現在の世界システムがわたしたちの上でがらがらと崩れるときには、わたしたちは集団的な創造物である、提供可能な実在のオールタナティヴを持っていなければならない。そのときにのみ、わたしたちは世界市民社会におけるグラムシ的ヘゲモニーを獲得するチャンスを持ち、そしてそれによって何も変化させないために、すべてを変化させようと努力している人達に対する闘争に勝利するチャンスをつかむだろう。

12 共産主義崩壊後のマルクス主義

「マルクス主義は……遅かれ早かれ必然的に消滅する。そしてそのことはまた理論としてのその形態にもあてはまる……。回想的には（そしてただ回想的にのみ）、その消滅の方法からマルクス主義がいかなる本質を持っていたのかを知ることは可能だろう。」

（本章末参考文献〔以下同〕、Balibar, 1991, p.154〔若森章孝他訳『人種・国民・階級』大村書店、一九九五年、二三二ページ〕）

マルクスはいつも死んだと宣告され、ちょうど同じくらい頻繁に復活させられてきた。彼のような才能をもったどんな思想家についても言えることだが、彼は主として今の現実の観点から再読する価値がある。今日、再度死につつあるマルクスのみならず、自らマルクス＝レーニン主義と称し、一般には崩壊しつつある一連の国家全体もまた再評価する価値がある。あるものは死滅や崩壊を幸せに感じ、あるものは悲しむが、しかしその経験の慎重で思慮深いバランスシートを作成しようと試みるものはほとんどいない。

はじめに忘れていけないのは、マルクス主義はマルクスの思想と著作の学問的集大成ではなく、むしろ、マルクスの論法によって疑いなく鼓舞されているが、一種のドグマと化した政治行動のための一連の理論、分析、方法からなっている。このマルクス主義の支配的なヴァージョンは、相前後して、連続しながら、一緒にではあるが、しかし相互の協力なしにそれを組み立てた、二つの歴史的政党、ドイツ社会民主党(とりわけ一九一四年以前の)と後にソ連共産党となったボルシェヴィキ党の産物であった。

この支配的な「マルクス主義」のヴァージョンは決して唯一のものではなかったが、その他のヴァージョンは少なくともかなり最近まで、非常に限定された聴衆しか持っていなかった。マルクス主義の「爆発」の真の起源は、ルフェーヴル(1980〔本章末参考文献参照〕)が書いたように、一九六八年の世界革命に見出されるべきである。この事件は多かれ少なかれ、ソ連におけるブレジネフ時代の不振の開始と、それに続くいわゆる社会主義圏内の混乱や分裂と同時に発生している。

この同時発生は分析に幾分混乱をもたらす。というのは、それは「諸党派のマルクス主義」(マルクス主義の支配的なヴァージョン)の議論——それは「現に存在する社会主義」の崩壊によって完全に否認されたわけではないが、強く傷つけられてきた——と、この歴史的経験に巻き込まれなかったか、少なくとも基本的には巻き込まれなかったマルクス自身の議論(あるいは少なくとも彼の思想とマルクス主義的実践のそのような側面）を区別するという困難な作業を試みるように、わたしたちに義務づけるからである。わたしの議論は至極単純なものとなるだろう。死んだのは、リベラリズムの近代性理論と並んで仕上げられ、実際にほとんどそれによって鼓舞された理論ともいえる、近代性の理論としてのマルクス主義である。まだ死んでいないのは、近代性の批判としての、また近代性の歴史的表現である資本主義世界経済の批判としてのマルクス主義である。死んだのは、改良主義的戦略としてのマルクス＝レーニン主義である。まだ死んでいないのは、現実の社会勢力を鼓舞する反システム的――民衆的で、言葉の上ではマルクス的 Marxian――な攻撃である。

マルクス＝レーニン主義となった支配的マルクス主義は、マルクス学者によってではなく、マルクス主義的闘士によって作られ、党の実践のなかで、年月を掛けて理解された五つの主要な命題に基礎をおいていたと思う。

❶人類の究極の目標である共産主義社会を達成するために、必要な第一歩は国家権力をできるだけ早くとることであった。これは革命を行うことでのみ可能であった。

この命題は、思われているほど自明ではない。「国家権力をとる」とは何を意味するのか。そして一層難しいのは、革命とは何かということである。このような戦術問題に関する党内論争はいつも白熱して、決して最終的な結論に到達しなかった。これは現実の政治的決定が多様で、いつも幾分日和見主義的に見えた理由である。

しかしながら、大衆的反乱か、あるいは選挙における圧倒的な勝利かという二つのイメージが支配的であった。そのどちらも、そこから引き返すことが不可能と思われるような、権力組織における根本的、持続的な変化を開始するものとして理解されていた。

権力外の諸党は、どのように可能な手段を使ってでも、そうした転換点に到達しようと努めた。(たとえ理論で予想されていない道筋によってであれ)権力を持った諸党は、どのような可能な手段によってでも権力に留まり、それによって「革命」は実際にそのような引き返しできない転換点にあることを証明しようと努めた。その意味で党の権力掌握は、キリストの降臨と類似したものと考えられた。それは時の終わりを意味しなかった——それとはほど遠いものであった——、しかし歴史が転換するときであった。もしも一九八九年から九一年の間の出来事が、とりわけマルクス＝レーニン主義者にとって、そのように全世界を揺るがすものであったとしたら、それは不可逆的歴史転換という概念が、そのなかで偽りを立証されたからである。この事件は、深い絶望ということより以上に、政治行動の基本的前提の崩壊を意味した。

❷国家権力を獲得し保持するためには、いわゆる進歩的勢力と／あるいは労働者階級が組織された普遍的な党を作ることが不可欠であった。

ドイツ社会民主党の言う大衆政党か、ボルシェヴィキの言う前衛党だったかどうかに拘わらず、第一に、党はその指導者とその構成員の精神的な家庭として行動するものと考えられたのであり、第二に、指導者と構成員は国家権力の獲得と維持のためにその全生活を捧げることを求められたのであった。

こうして党は、その構成員の生活の中心的（唯一でさえある）焦点になるものとして考えられた。他の組織とのどんなつながりも、党綱領外のどんな関心も、党の有効性に対する重大な脅威と考えられた。これは、原則的な無神論よりはるかに、宗教への大きな懐疑を生み出す起源となる。これは、党が民族主義的、エスニック的、フェミニスト的な、そしてその他の類似の運動に敵対するのと同じ理由である。

要するに、党は階級闘争は根元的で、その他の闘争は付帯現象であると主張したのだった。それゆえ党は、これらの他の闘争が一時的、副次的、戦術的理由のために現在の綱領に統合されない限り、中心的仕事からの逸脱であると繰り返し論じた。党がとりわけ恐れたことは、その構成員が党に常に忠実ではなくなることであった。権力にある党が、かつて真に全体主義的国家を作ったことを疑う人がいるかもしれないが、権力にある党が全体主義的な党を作ったことはほとんどなんの疑いもないように思える。

党の組織に関するこれら二つの命題の間には、根本的な矛盾があった。第二の命題は、権力獲得に必要な動員を想定し、それにはうまく適用されたようであったのに対し、いったん党が権力についたときには、それは原理としてはまったく役に立たなかった。権力にある党の役割は非常にあいまいだった。現実には、権力にある党は、いやしくもそれが機能する程度には、単に意思決定のための組織体にすぎなかった。そこでは小さな集団がそのときの論点のすべてを決定した。指導権力はまったく個人的であり、一種の共謀的な不透明さに取り巻かれていた。ほとんどの構成員にとって、党は日常生活で個人的に出世する道具以外のなにものでもなかった。

その時点で、党は精神的家庭以外の何ものかになってしまった。党外の人たちにとっては、それはたいへん正統性のない組織であるように見えたが、党内の人たちはそのことについて冷笑的になる傾向があった。党は現実として重視されねばならないが、誰もそれに献身的ではなかった。「革命」が不可逆的なものであることが判明しなかったとすれば、それは明らかにいったん権力を握った党の性質のせいである。共産主義政権の破壊に努めた人たちの主要な目標は、世界状況が変化してそれが可能になるや否や、この種の党を追放することであった。

❸資本主義から共産主義に移行するためには、プロレタリア独裁と呼ばれる一段階を、つまり権力をもっぱらそしてそっくり労働者階級に引き渡す段階を通ることが必要である。

独裁とプロレタリアートという、二つの鍵になる言葉はともに問題を提起した。もともと「独裁」に張り付いている意味に構わないでおけば、その現実的歴史的意味は、「リベラル」諸国家の議会制民主主義において（少なくとも部分的には）生み出されてきたいわゆるブルジョア的市民権のすべてを、この政権において、否認することであった。党によって管理されていないどんな組織も、自由な言論のみならず、存在する権利そのものまでも否定された。これは、党からの独立を主張しているどのような知的行動のセンターにとっても、同様に真実であった。

それにも拘わらず、たとえ公的な論争が一人芝居であったとしても、そのことは政治的議論がないとか不一致がないとかいうことにはならない。しかし論争は、厳密に個人的なものであり、一握りの人々に限られていた。住民のときおり起こる不満が、時々は政治的決定をいくらかは制限するが、それが大衆的な表現の唯一の形態であった。

独裁は、国家と党が労働者階級を「代表」しているという事実を理由にして、その正統性を主張した。現実はどうだったか。たしかに多くの指導者は、その青年時代には労働者であったし、それは世界システムにおけるその他の諸国家よりもずっと多数であったことは疑いない。しかしこれらの人々がいったん支配階級の構成員になると、彼らは「ブルジョア化」され、悪名高いノーメンクラツーラ〔党官僚を中心とした指導層〕を構成した。

普通の人々の間では、熟練労働者が、学校の教師あるいは平均的な「知的労働者」と変わらないか、それ以上にさえ稼ぐ傾向があった。これは通常の賃金階層制度の逆転であった。しかし賃金階層制度を逆転することと、廃止することとは異なる。

労働現場では、労働者は経営陣に対して、労働組合権を行使する方法を持っていなかった。事実、労働者は、非社会主義諸国におけるほども、圧力を加えることができなかった。労働者たちはそれにも拘わらず、社会的安全（特に仕事の保証）と低水準の生産性に対する暗黙の権利という、ひとつの大きな補償を得ていた。しかしこれらの社会的有利さは、実際は、総国家収入に依存していた。そして部分的には低水準の生産性のせいで国家が重大な財政危機に陥ったときには、社会的安全網は傷ついた。いわゆる社会主義諸国はその約束をもはや満たすことはできなかった。そしてこの結果は、社会的危機であった。この危機から「連帯」〔ポーランドの労働者組織〕やそれに続くあらゆる展開が生じた。

あらゆる公式の発言にも拘わらず、ほとんど誰も、自分たちが実際に労働者国家に生きていると思わなかった。せいぜい彼らは、自分たちは労働者の生活状態を改善しようと努めている政権の下に――言い換えれば改良主義国家に――住んでいると信じていた。これらの国家が提供しているわずかばかりの利点が減退したときに、政権はその社会的基礎を失った。

❹社会主義国家は共産主義的ユートピアに至る普遍的で正しい進歩の道筋における必然的な段階であった。

これは進歩の理論のレーニン主義的（あるいはもっと正確には、スターリン主義的）ヴァージョンであり、それ自体は、啓蒙思想からマルクス主義（同様にリベラリズムも）への遺産であるが、さらにはまた一種の止揚（否定）を通じる、キリスト教的終末論の世俗化されたヴァージョンであった。

進歩に対する不動の信念に基づいた段階論は、すべてのものを正当化した。党〈進歩の絶対確実な保障人〉が行うすべてのことは正しいと断言することで、この理論ははじめの三つの命題に対してのみならず、マルクス主義的伝統が設計した道からのどんな逸脱に対してもまた、道徳的・合理的土台を提供した。

それぞれの段階が、社会的進化の法則に従っているので、退歩は理論的にはあり得なかった。さらにこれらの歴史的諸段階は、党によって明確に述べられてきたので、各党員は当然のことに進歩の使徒となった。最後に、今や労働者が権力を持っているという事実があるので、国家は絶対確実に進歩しなければならず、失敗は許されなかった。進歩の理論は、新参の革命国家がより進んだ革命国家の保護下に入ることを許容し、実際にそれを要求した——これはマルクス＝レーニン主義国家〈あらゆる進歩的諸国家でさえも〉の一ファミリー内で普及するとみなされた年長者階層制システムである——。これを、ある人が帝国主義と呼び、他の人は当然の義務と呼んだ。世論が進歩の現実を信じる理由を持っていた限りでは、最強者のこの権利は、それほど不快とは思えなかった。しかし停滞は、潜在的争いを激化させ、ソ連に対する反帝国主義感情を引き起こした。こうしてそれは、マルクス＝レーニン主義国家の混乱のみならず、今ではなくなった地政学上の概念である社会主義国家の「世界」の崩壊までも引き起こした。

❺社会主義（権力にある党）の段階から共産主義の段階への移行のためには、「社会主義建設」が、つまり国民的発展の追求が不可欠であった。

共産主義諸党は主権のある、独立した（しかし包囲された）諸国家で権力に就いた。最初の革命は最も技術的に発展した諸国で起こると、マルクスが予言したのに、権力の掌握は、実際には、連続して世界経済の周辺と半周辺地域で起こった。

それによって「社会主義建設」は大きな変質を経験した。それは資本主義世界経済の半周辺（そして周辺）諸国家が、中核地域に追いつく過程となった。このプログラムには三つの根本的要因があった。

第一は、計画化であった。それは非常に大規模の官僚組織を必然的に伴った。これらの組織は「本源的蓄積」の間はかなり成功した。しかしインフラがより近代的になるにつれて、計画機構ははるかにより複雑な仕事を引き受けねばならなかった。そしてこれが党の役割によって制約された。計画とは、結局、現実の結果に合うように、休みなく計画を遡及的に改訂する高級経済官僚の間の一種の交渉過程となった。これは明らかに失敗のための処方箋であった。

社会主義建設における第二の要因は、できるかぎり自給自足的で、全面的な工業化であった。この目標は、工業化とは工場機械設備を建造する以上のことであるという事実を、つまりそれは収益性の考察を必要とすること、次には常に進化する世界的な技術の広がりに依存しているという事実を見過ごしていた。技術進歩が世界中に広がる(それ自体が大部分は「社会主義建設」によって促進された)につれて、社会主義諸国の工業は、実際に、次第に競争能力を失い、それゆえますます先進諸国に追いつくことに役立たなくなった。

第三の要因は、じつに皮肉というほかないほどに、商品化が抑制されなかったことであり、それは共産主義社会について話されるすべての言葉とは逆であった。それにも拘わらず、計画化と工業化とを支援するために、市場取引が厳密に中央によって管理されていたとしても、労働とその他のすべてが市場取引に従わなければならなかったのである。

はじめには国民的発展は、社会主義諸国の重要な成果であるように思えた。成長率は高く楽観主義が一般的風潮であった。しかし一九七〇年代と一九八〇年代の経済的停滞は、これらの諸国が、まさしく他の第三世界諸国同様に、周辺であり、半周辺であることを証明した。それはその急速な国民的発展を自慢していたこれらの諸国にとっては、とんでもない期待はずれであった。

要するに、諸党派のマルクス主義(現実に存在するマルクス主義)の五つの命題のそれぞれは、次から次へと、これらの政権を支えてきたまさにその人たちによって、懐疑的に考察されるようになった。マルクス＝レーニン主義を抜け出す中で、彼らは、自分たちはマルクスそのものから抜け出しつつあると考えた。しかしことはそれほど容易ではない。玄関口から投げ捨てられたマルクスは、窓からこっそり入る恐れがある。なぜならばマルクスはその政治的妥当性か、知的潜在性のどちらか一方を使い果たしていなかったからである(まったく逆である)。わたしたちが今から論じるのはこのことである。

マルクスの思想は、近代世界システムの分析にとって、なお有益で不可欠でさえあると思える四つの鍵となる考え（もっぱらマルクス的ではないとしても大部分がマルクス的である考え）を含んでいる。二十世紀におけるマルクス＝レーニン主義的な運動や国家のあらゆる否定的な経験にも拘わらず、これらの考えは、まだわたしたちがなさなければならない、政治的選択を照らしだしている。

階級闘争

「きわめて明白なのは、マルクス主義の独自性は、もっぱら階級と階級闘争の定義、その分析の意味と妥当性に依拠しているということである。この分析がなければマルクス主義ではない……」(Balibar, 1991, p.156〔若森章孝他訳『人種・国民・階級』大村書店、一九九五年、二三四ページ〕)。

なによりもまず、マルクス＝レーニン主義的な党＝国家に対する内部の反対の大部分は階級闘争の、つまり新しくいくぶん独特な種類のブルジョアジーであるノーメンクラツーラに対する普通の労働者の闘争の表現であった。（マルクスなら、一八四八年と一八五一年の間のフランスで階級闘争を分析したのと同様に、一九八〇年と一九八一年の間のポーランド情勢の中のノーメンクラツーラを分析するときを愉快に思ったことであろう）。

異なった階級は、異なった、実際には敵対的な利害を持っているという考えは、マルクスが考案した考えではない。それは、一七五〇年から一八五〇年までのあらゆる主要な議論において、西欧に広まっていたものであった。それはもともと左翼の概念ですらなかった。しかしマルクスとエンゲルスが『共産党宣言』において、それを広く周知のこととして以来、それは事実上、労働者運動を明確にする概念となってきた。

この概念に対して二つの主要な異議が提出された。第一は、道徳的な、それゆえに政治的な異議である。それは次のように進行する——たしかにあちこちに階級闘争はある、しかしそれは不可避的でも、望ましいものでもない。結局、階級闘争は単なる政治的選択（そしてそれゆえ自発的な選択）であり、それゆえにその道徳的で合理的な性格が議論の対象にされるべきであるというまでになる。このような議論をする人々（通常は政治的右翼の側にいる）は実際は、労働者階級に交渉と和解と協同の政策を説き奨めているのである。

そのような政策がいかに有効であったとしても、そのような勧告は、マルクス主義的分析とは無縁である。マルクスの著作には一定の特徴的な教化の色合いがあるのは否定できないけれども、マルクスは伝道者や予言者になることをいつも拒否した。むしろ彼は、分析者、それも科学的分析者であることを主張した。それゆえ、マルクスを論破しようと望む人は誰でも、同じ分析レベルに立たなければならない。マルクスは労働者に（あるいはその他の誰にも）、階級闘争を開始するように要求しなかった。彼は、労働者がしばしば完全にそのことに気づきさえしないで、階級闘争を遂行していると観察した。

マルクスは（普遍的にではないが）二つの広く受容されている約束事にその議論の基礎をおいた。第一は、すべての人々はその物質的諸条件を改善しようとし、それゆえ彼らを搾取するか、あるいは彼らの困難を利用する人々と闘おうと努めるということだった。この主張は強くて否定するのは困難である。搾取されるものは、しばしば弱く、甘んじて従い、恐れていて、強く決然とし大胆であることはめったにないという事実は、多分正しい。しかしそれは階級闘争の戦術的見込みに対する単なる論評であり、その存在を論駁するものではない。

マルクスがその議論の基礎にしている第二の約束事は、客観的に類似しているか、あるいはよく似た状況にいる人々は、よく似た方法で行動する傾向があるということである。もちろんいかなる集団も、それが絶えず完全に同質であるとかあるいは一枚岩であるわけではないけれども、その傾向の結果として、集団的反応（この場合は階級的反応）について話すことができるのである。その上に、わたしたちが社会集団の行動の分析を拒否するならば、社会的現実の説明が不可能になるのである。再度言えば、マルクスはただ階級闘争の歴史的実在を強調していただけだったのである。

この前提に反論するためには、わたしたちは、経験的にそのような闘争は起こらないということを示さなければならない。だがそうすることは、たしかにたいへん難しいことである。あるいは階級闘争の観察は正しいが、しかしおおげさであると多少なりとももっともらしく論じなければならない。この見解では、階級闘争の重要性は他の形の闘争が大きく立ち現れているために、マルクス主義者が示すほどではないということになる。これは右翼からだけではなく、しばしばある反対意見である。世界中の分析者たちは民族主義や人種、エスニック、宗教、ジェンダーの闘争の重要性を強調する。そのような闘争が存在し、重要であることは明白である。そしてマルクス主義者（マルクス自身を含む）が、長期にわたってそれらを顧みず、侮辱し、無視して、告発さえもする傾向があったことは認めなければならない。それはひとつの単純な理由による。彼らは労働者階級が分断される恐れにさいなまれ、そのためあらゆる方法で、そのような分断に打ち勝とうとしたのであった。この結果、彼らは、階級以外のどのような社会的対立の重要さについても、わざと控えめに述べるようになった。

民族主義者や人種、エスニック、ジェンダーの闘争に関するマルクス主義的分析の不十分さは、少なくとも今までの二〇年間の間に——つまり一九八九年の共産主義の崩壊のずっと前に——、広く注目されてきたことだった。しかしながら以上の理由から、わたしたちはこのような社会闘争のすべては、等しく重要であると結論づけていいだろうか。マルクス自身は『ブリュメール十八日』で、小自作農の闘争がどのようにして結局は労働者階級の闘争の一形態になるかを示そうとした。

階級闘争は不可避的、根本的であるという命題は、他の形態の闘争によっては少しも論駁されることはないのである。なぜならば、後者は前者の仮面をかぶった形であると論じることはいつでも可能だからである（Wallerstein, 1991a, 1991b 参照）。実際マルクスの命題は、多くの階級闘争が「民族 people」間の闘争というレッテルで行われると説得的に論じることができる程度には、大きく強化されている。もちろん、わたしたちは、なぜ、どうしてそのようになるのかを理解しなければならない。しかし一度そのように理解できたなら、わたしたちは近代史の起伏についてのより確固とした理解を持つことになるのである。しかしながら、いうまでもなくそのときには、単一のすべてを包括する組織された党の長所を賛美することは不可能となる。

両極化

マルクスは二つの意味で両極化現象を非常に重視した。一方で、マルクスは貧者はますます貧乏になり、富者はますます金持ちになることを意味する経済的両極化と窮乏化への傾向を主張した。他方で、彼はまた社会的両極化を分析しようと努めている。それによれば、誰もがブルジョア的かプロレタリア的になり、すべての中間的で分類困難な集団は消え去っていくというのである。

この窮乏化の命題は少なくとも一世紀の間、工業諸国の労働者階級の実質所得が上昇してきたという理由で、長い間、強い抵抗に直面してきた。引き出された結論は絶対的両極化はないし、相対的両極化でさえも、福祉国家の再分配のせいで衰退したというものだった。こうしてマルクスはまったくの誤りだった、と論じられた。

労働者階級（あるいはより正確には熟練労働者）の実質所得が上昇したのはたしかに正しい。その結果、ブルジョアジーとプロレタリアートの間の絶対的両極化は起きなかった（相対的両極化についてわたしたちの言えることはあまり明確ではないけれども）。しかし個々の工業国家を別々に取り上げることで、わたしたちは諸党派のマルクス主義者と古典的リベラルの双方によってなされた、同じ理論的誤りを犯そうとしている。現実にはそこで問題となっている諸国は、資本主義世界経済の重要部分であり、マルクスによって描かれた諸過程の起こっているのは、資本主義世界経済内部のことである。分析の単位として資本主義世界経済を取り上げれば、二つのことがわかる。

第一に、窮乏化は世界経済の水準では不変である。それは相対的である（世界銀行さえこれを受け入れる）のみならず、絶対的でもある（たとえば、周辺地域が、その住民のために十分な基本的食料を提供することがますます出来なくなることによって証明されるように）。

第二に、工業化諸国の労働者階級の実質的収入の上昇に関する観察は、あまりにも狭い観点によって歪められている。それらの諸国のすべてが（もとは主としてアメリカが、しかし今日ではそれらのすべてが）、周辺地域から一定の移民の流入を受けいれている移民の国であり、それらの移民はこのような実質的な収入上昇の受益者ではないということを、わたしたちは忘れがちである。これは「民族 peoples」の闘争に対する階級闘争の関係として、先に強調したことをわたしたちに思い出させるもう一つの方法である。

実質的な収入が上昇している「労働者階級」は、そのほとんどがその土地に「土着」の、すなわち支配的なエスニック集団からなっている。しかしより低い階層は、主として移民第一世代と第二世代の層であり、彼らにとって経済的両極化は現実に存続している。彼らは「その土地」の生まれでないために、階級闘争を人種とエスニシティの旗の下ですすめる傾向がある。（主として十九世紀の社会状勢を反映している）真のブルジョアジーとプロレタリアートというあまりにも狭すぎる定義を与えることによってのみ、この社会的両極化は否定できる。しかしながら、もしわたしたちがより有益な定義——両極化されている現在の所得によって基本的に生活している人々という定義——を用いるならば、そのときにはわたしたちはマルクスが完全に正しかったことがわかるのである。世界の人口のもっと大きな割合が、これらの範疇のなかのいずれかに分けられる。彼らはその財産や地代で生活しているのではなく、世界の現実的経済過程に現に関わることによって引き出す所得で生活しているのである。

イデオロギー

マルクスは唯物論者であった。彼は、思想はどこからも出てこないし、単なる知識人たちの沈思黙考の産物でもないと信じた。わたしたちの思想、わたしたちの科学はわたしたちの生活の社会的現実を反映しているのであり、この意味でわたしたちの思想のすべては、ある特定のイデオロギー的風潮から生成するのである、と彼は言った。多くの人は、この論理は、マルクス自身と、マルクスが労働者階級を普遍的階級と考えたときに特別の範疇に置いてしまった労働者階級とに、同様に適用されねばならないと指摘して楽しんだ。たしかにこの批判は妥当である。しかしそれは、マルクスの議論の通用する領域を広げるだけにすぎない。

今日、歴史と社会科学に関する十九世紀全体の知的遺産が再び議論され始めているこのときに、わたしたちの思想とわたしたちの思想家の社会的基盤について考察することはこれまで以上に必要に思える。たとえ思想の社会的決定という命題が、マルクスの世界観と結びつけられるようになってきたとしても、明らかにマルクスはその命題の創案者ではなかった。それは一般にはマルクス主義の命題であると考えられる。それゆえイデオロギー（マルクス主義を含む）の分析の重要さか、あるいはこの分析に対するマルクスの貢献の重要さかの、どちらかひとつを過小評価すべき何の理由もない。

疎　外

疎外という概念は、マルクス自身によってもそれほどしばしば利用されていないので、他の概念ほどのなじみはない。これはよくあることなので、ある分析者たちがこの概念を「若きマルクス」だけのせいにし、それゆえそれを放棄することになるのである。これは残念なことだといえよう。というのは、それはわたしにはマルクスの思想の本質的な概念に思えるからである。

疎外を資本主義的文明の悪の具現として見ることで、マルクスは疎外を葬ることが未来の共産主義社会の最大の成果であると考えていた。というのもマルクスによれば、疎外とはその主要な具象化——財産——において、人間の高潔さを破壊する疾病である。疎外と闘うことは、人々 people の尊厳を回復するために闘うことである。

この命題に異議を唱える唯一の方法は、疎外は不可避的な悪（一種の原罪）であり、時とともにその最も有害な表現を減らす以外に、それについてできることはないと論じることである。それにも拘わらず、わたしたちの時代の重要な社会的怒りの背後にあるのは疎外である、ということを否定するのは困難だろう。

マルクスはわたしたちに、他の種類の社会的秩序を想像する可能性を与えている。彼がそのユートピアを詳細に説明しなかったとして、しばしば非難されてきたのは疑いない。しかしこの場合、それをすることはわたしたちの責任である。彼の思想はそこにある。それを完全に無視することは、誰の、あるいは何の役に立つだろうか。

参考文献

BALIBAR, ETIENNE. 1991. "From Class Struggle to Classless Struggle ?" In *Race, Nation, Class*, ed. E. Balibar and I. Wallerstein. London: Verso. 153-84.（「階級闘争から階級なき闘争へ?」、若森章孝他訳『人種・国民・階級』大村書店、一九九五年、二三〇―七四ページ）

LEFEBVRE, HENRI. 1980. "Marxism exploded." *Review*. 4:19-32.

WALLERSTEIN, IMMANUEL. 1991a. "Class Conflict in the Capitalist World-Economy." E. Balibar and I. Wallerstein, op. cit., 115-24.（「資本主義世界経済における階級コンフリクト」同上邦訳、一七三―八六ページ）

——. 1991b. "Social Conflict in Post-Independece Black Africa: The Concepts of Race and Status-group Reconsidered." ibid., 187-203.（「独立後ブラックアフリカにおける社会的抗争」同上邦訳、二七七―三〇二ページ）

13 リベラリズムの崩壊

一九八九年から一九九一年の間は現代史の決定的な転回点である。そのことにはほとんど誰もが同意すると思われる。しかし、何から何への転回なのか。一九八九年は、いわゆる共産主義のいわゆる終焉の年である。一九九〇年から一九九一年はいわゆるペルシャ湾岸戦争の直接的な時間の境界をなしている。

密接につながっているこの二つの事件は、それにも拘わらず、まったく異なった特徴をもっている。共産主義の終焉は、一時代の終わりを記し、ペルシャ湾岸戦争は、一時代の始まりを記す。一方は閉じ、他方は開く。一方は再評価を必要とし、他方は評価を必要とする。一方は裏切られた希望の物語であり、他方は未完の不安の物語である。

ブローデルが思い出させるように、まだ「事件はちりのようなもの dust」である、それが大事件であるとしても。事件はそれを危機の周期性や長期持続 longuée durée の中におかなければ、何の意味も持たない。しかしそのときに、どの危機、どの組織が最も適切であるかを決定しなければならないので、これは思うほど容易にできることではない。

共産主義の終焉から始めよう。わたしはそれを一時代の終焉とみなした。しかしどんな時代の終焉なのか。わたしたちはそれを、一九四五年から一九八九年という戦後の時代の終わりとして、あるいは一九一七年から一九八九年という共産主義時代の終わりとして、あるいは一七八九年から一九八九年のフランス革命時代の終わりとして、あるいは一四五〇年から一九八九年の近代世界システムの上昇の時代の終わりとして分析したらいいのだろうか。これらのすべてが一時代として解釈可能である。

しかしながら、これらの解釈の最後のものはしばらく脇に置いておき、この時代を一七八九年から一九八九年という、一八四八年と一九六八年の二つの鍵になる世界革命運動を持つ時代の終わりとして分析することから始めよう。よく注意してほしいのは、さしあたり一九一七年の革命が問題ではないということである。この時代をどのように特徴づけられるだろうか。産業革命の時代なのか、ブルジョア革命の時代なのか、政治生活の民主化の時代なのか、近代性の時代なのか。これらの解釈のすべてが、月並みであり、そしてすべてがいくらかの（あるいは多くのと言ってもよい程の）もっともらしさを備えている。

これらのテーマに関する変種は、それは多分より明確と思える変種であるが、一七八九年から一九八九年をリベラル・イデオロギーの勝利と支配の時代とみなすことであるかもしれない。この場合には、いわゆる共産主義の終焉の年である一九八九年は、実際はイデオロギーとしてのリベラリズムの転落を表す。自由市場への信頼と人権の重要さの再興をみれば、それは突飛で信じ難いことだろうか。必ずしもそうとは言えないだろう。しかしこの議論を正しく理解するために、わたしたちは最初から始めなければならない。

一七八九年のフランスでは、わたしたちがフランス革命と呼ぶ政治的激動が起こった。それは政治的事件としては、不確実と混乱という初めの段階から、ジャコバンの段階に、そして総裁政府という合間を経てナポレオンの段階にと多くの段階を経過した。ある意味でそれは、一八三〇年から一八四八年、一八七〇年と続き、第二次世界大戦中のレジスタンスまで続いたということができる。そのすべてを通じて、フランス革命は「自由、平等、友愛」――そのあいまいさが見事に証明されてしまった近代世界の明るく響きわたる呼びかけ――をそのスローガンとしてもっていた。

フランス革命の収支決算は、フランス自体の観点では、非常にバラバラである。現実の変化として不可逆的な変化があった。そして何も変えることのない多くの見かけ上の変化があった。トクヴィルがずっと昔に示したように、革命過程を経由してアンシャン・レジームから連続しているものがあったし、決定的な断絶もあった。しかしながら、フランスにとってのこの収支決算は、ここでのわたしたちの関心事ではない。二百年記念と決まり文句はもう終わった。

わたしが探求したいと思っているテーマはむしろ、世界システム全体に対する(広く解釈されてきた）フランス革命の影響についてである。フランス革命は思考方法を転換し、近代世界の世界観としての「近代性」を確立した。近代性が意味することは、新しいことは良く、それが望ましいという観念である。なぜならば、わたしたちは存在のあらゆるレベルで進歩の世界に生きているからだというのである。特に政治的闘技場では、近代性とは、変化の「異常さ」つまり変化の一時的性格に対抗して、変化の「常態化」を受容することを意味する。ついには資本主義世界経済の組織に一致する気風が非常に広範に普及して、この気風を不快に感じる人たちでさえも、公的な言説ではそのことを考慮しなければならなくなったのである。

問題は、政治的闘技場における変化の「常態化」について何をなすべきかということになってきた。というのも権力から離れる人は、いつでもそれをいやいや引き渡すものだからである。変化の「常態化」をいかに扱うかということに関する種々の諸見解の中には、わたしたちが近代世界の「イデオロギー」とみなすようになったものが含まれる。この場面での最初のイデオロギーは「保守主義」であったが、それは変化を可能な限り妨害し、変化の機会を可能な限り邪魔すべきだという見解であった。しかし、いかにきまじめな保守主義的イデオローグでも、以前の時代なら主張できた完全な静止という見解を、けっして主張しなかったということに注目すべきである。

「保守主義」に対する対応が「リベラリズム」であったが、リベラリズムは、アンシャン・レジームとの断絶を決定的な政治的決裂であり、「不合理」な特権の時代の終わりと考えた。リベラル・イデオロギーによって具体化された政治綱領は、近代世界の制度をさらに「改良」するという手段によって、近代世界の完成をめざそうとしていた。

最後に登場したイデオロギーは「社会主義」であり、それはリベラル・イデオロギーの個人主義的信念を拒否して、社会的調和は、単に個々人を習慣というあらゆる束縛から解き放つことによっては実現しないと主張した。むしろ社会的調和は、社会的に建設されねばならず、ある社会主義者にとって、それは一層の歴史的発展と「革命」という大きな社会的闘争の後にはじめて建設されうるにすぎなかった。

これら三つのイデオロギーのすべては、一八四八年までに場所を得て、それ以来十九世紀と二十世紀とを通じて、相互に騒々しい闘いを行ってきた。表面上、これらのイデオロギー的立場を反映して、諸政党が到るところで作られた。たしかに、これらのイデオロギーのいずれについても、異議を唱える余地のない、決定的なヴァージョンというものはなかったし、そしてそれらの間の分割線をめぐってもまた、多くの混乱があった。しかし、学問的な政治的言説と大衆的な政治的言説のいずれにおいても、これらのイデオロギーは存在しており、三つの異なった「色調」を、つまり変化の常態化に関する三つの異なった政治スタイルを、つまり警戒と慎重さの政治、不断の合理的改革の政治、加速された転換の政治を表していると、一般に認められてきた。ときに、わたしたちはこれを、右派、中道派、左派の政治と呼ぶのである。

一八四八年以後の時代のイデオロギーに関しては、三つの注目すべきことがある。わたしは一八四八年以後と言おう。というのは、一八四八年の世界革命――それは政治的行為者としての意識的労働者運動の最初の出現と、「民族〔国家形成〕の春 springtime of the peoples」を結びつけた――は、続く一世紀半の政治的大目標を設定したからである。一八四八年の「失敗した」革命がはっきりと証明したことは、一方では、政治変化は加速を主張する人が望むほどには急速にはならず、他方では、しかし、慎重派が望むほどには緩やかではないということである。最も妥当な予言（予言であって望みではない）は不断の合理的改革であった。こうしてリベラルな中道が世界経済の中核地域で勝利した。

しかし誰がこのような改革を首尾よく成し遂げられるのか。これが取り組まれなければならない最初の不合理である。一七八九年と一八四八年の間の諸イデオロギーの最初の開花期には、この三つのイデオロギーのすべてが、国家と社会の二律背反のなかで、強固な反国家の立場を取った。政治思想におけるこの二律背反の中心にあるのは、等しくフランス革命の影響であった。保守主義者は、フランス革命を社会にとって基礎的だと考えられる制度――家族、共同体、教会、君主制、封建的秩序――を掘り崩し無効にする試みだと非難した。しかしリベラルもまた、個々人――社会の構成にとって基本であると考えられる行為者――それぞれが、ベンサムの「喜びと痛みの微積分 calculus of pleasure and pain」と呼ぶものにふさわしいと思う、彼あるいは彼女それぞれの利益を追求することを妨げる組織として、国家を非難した。そして社会主義者もまた、国家が社会の全体的意志よりはむしろ、特権者の意志を反映するという理由でそれを非難した。そこで三つのイデオロギーすべてにとって、「国家の力をしぼませる」ことは心から望ましい理想に思えた。

しかし――そしてこれがわたしたちが注目する不合理であるが――、この理論上一致して否定的な国家観にも拘わらず、実践的には(特に一八四八年以後)、三つのイデオロギーすべての主唱者が多様な方法で、国家組織を強化しようとした。保守主義者は、伝統的制度がもはや道徳的解体を抑制しえず、あるいは国家の警察機構の援助なしには抑制しえないという事実があるので、国家を道徳の解体と考えられるものを抑制する、代用機構と考えるようになった。リベラルは、国家を改良の速度を着実なものにし、正しい方向に導く唯一有効で合理的な機構と考えるようになった。一八四八年以後の社会主義者は、国家権力の獲得なしに社会の根本的転換に対する障害に打ち勝つことは決してできないと感じるようになった。

第二の大きな不合理は、誰もが三つの異なったイデオロギーがあるというのに、政治的実践ではそれぞれのイデオロギー政党が、他の二つのイデオロギーを基本的に同じだと主張して、政治舞台を二元的なものにしようと試みていることであった。保守主義者にとって、リベラルと社会主義者はともに、有機的な社会組織を操作するために国家を利用しようとする進歩の信奉者であった。社会主義者にとって、保守主義者とリベラルは、(古い貴族制と新しいブルジョアジーが結合して)現状維持と上級階層の特権を防衛する単なる変種を表すにすぎなかった。リベラルにとって、保守主義者と社会主義者とはともに、リベラルの理想である個々人の潜在能力すべての開花に敵対する権威主義者であった。三つのイデオロギーを二元性(しかし三つの異なったヴァージョンで)に帰するというのは、ある程度は、疑いなく、単に一時的な政治上の修辞であった。しかしより根本的なことは、それが政治的同盟の絶えざる再構築を反映していたことである。いずれにせよ一五〇年の過程の中で、以上の三つの組み合わせを二元性に帰することが繰り返されたことによって、これらのレッテルのすべての意味に関して驚くべき多くの政治的混乱が生み出された。

しかしこれらすべてのうちで最大の〔第三の〕不合理は、一八四八年以後一二〇年間に——つまり少なくとも一九六八年までは——、相互に闘う三つのイデオロギーという口実で、実際には、唯一の圧倒的に支配的なリベラリズムのイデオロギーがあったということである。このことを理解するためには、わたしたちは、全期間を通じて論争された具体的な問題がなんであったかを、つまり解決すべき根本的な社会的問題を考察しなければならない。

資本主義世界システムが政治的に安定的であり続けるためには、必要とされる重大な「改革」は、労働者階級を政治システムに統合し、そのことで単に権力と富とに基礎を置く支配を、同意の下での支配に転換することであった。この改革過程は、二つの主要な支柱を持っていた。第一は、すべての人が投票するけれども、結果としては相対的にほとんど制度的な変化が起こらないような方法で選挙権を与えることであった。第二は、地球の剰余価値の大部分が支配層の手に残り、そして蓄積のシステムがうまく残るような方法で、剰余価値の一部を労働者階級に移転することである。

そのような社会的「統合」が、最も緊急に必要な地政学上の地域は、資本主義世界経済の中核国家——とりわけイギリスとフランスであるが、しかしアメリカや西洋の他の国家および白人移民の国もまた——地域であった。この剰余価値の移転は、一八四八年から一九一四年の時代には着実に実行された。そして第一次世界大戦の時期までには、まだこれらすべての国で完全に実現されたわけではないとしても、普通選挙権（大部分の場所ではまだなお男性の選挙権にのみ限られていたにも拘わらず）と福祉国家の両者の原型が適所に配置された。

わたしたちはただ、リベラルなイデオロギーがその目標を実現したと言えるだけであって、そのことにはそれ以上触れないが、それだけでは十分言ったことにはならないだろう。わたしたちはまた、この過程で、保守主義者と社会主義者の両方に何が起こったかに注目しなければならない。指導的な保守的政治家は「啓蒙的保守主義者」に転換した、つまり労働者階級統合の過程で、事実上公式のリベラルの競争相手になった。ディズレーリ、ビスマルク、ナポレオン三世でさえもが、「リベラルな保守主義」とでもいえるこの保守主義の新しいヴァージョンの好例であるといえる。

同時に工業諸国の社会主義運動は、ドイツ社会民主党という最も戦闘的な例を含めて、リベラルな改革達成のための議会の指導的な代弁者となった。社会主義者は、その党と労働組合とを通じて、リベラルが望んでいるものを達成するために「大衆的な」圧力を行使した。ベルンシュタイン〔E. Bernstein、一八五〇—一九三二年。ドイツ社会民主党で修正主義の代表者〕のみならず、カウツキー〔K. Kautsky、一八五四—一九三八年。ドイツ社会民主党の理論的指導者、修正主義を批判した〕、ジョレス〔J. L. Jaurés、一八五九—一九一四年。フランスの社会主義者、改良主義を主張した〕やゲード〔J. Guesde、一八四五

―一九二二年。ジョレスと対立したフランスの社会主義者）もまた、そしてフェビアン主義者はいうまでもなく、「リベラルな社会主義者」とでも言えるものになった。

一九一四年までに工業諸国の政治的な仕事は、主として「リベラルな保守主義者」と「リベラルな社会主義者」の間で分けられた。この過程で純粋なリベラル諸党は消え始めたが、しかしそれはただ、すべての重要な諸党が、事実上、リベラル政党であったからである。イデオロギー的抗争という仮面の背後には、イデオロギー的同意という現実があった。

第一次世界大戦は、この同意を破壊しなかった。むしろそれは同意を確固なものにし、拡大した。一九一七年という年は、リベラルな同意の拡大の象徴であった。戦争は世界経済の周辺地域であるボスニア・ヘルツェゴビナにおける暗殺事件から始まった。中核諸国家が、自分たちの労働者階級を統合するという狭い目標を超えて、世界の労働者階級のより多数の部分、つまり世界システムの周辺と半周辺とに住んでいる人達の統合について考えるときが来た。今日の言葉で言えば、問題は、今や中核地域内の労働者階級を飼い慣らすのと等しい方法で、南側を飼い慣らすということになった。

南北問題を解決する方法には二つのヴァージョンがある。一つは、世界的規模でのリベラリズムの復活の先駆者であるウッドロー・ウィルソンによって唱えられた。ウィルソンは「民主主義を世界的に安全にするために」、第一次世界大戦へのアメリカの参戦を求めた。戦後彼は「民族自決権」を要求した。

ウィルソンはどの民族のことを言っていたのか。明らかに中核地域の諸国家の民族のことではない。フランスやイギリスでは、ベルギーやイタリアにおいてさえ、効果的で正当な国家機関の建設過程はずっと前に完成していた。ウィルソンはもちろん、解体過程にある三つの大きな帝国であるロシア、オーストリア・ハンガリー、オスマン・トルコ各帝国――この三つの帝国がすべて世界経済の周辺と半周辺地域を含んでいる――の民族 the nations、あるいは「人民 peoples」のことを話していたのである。要するに彼は、今日わたしたちが南側と呼ぶものについて話していた。第二次大戦後には、民族自決権の原則は――アフリカ、アジア、オセアニア、カリブ海の――残存植民地地域すべてに拡大することになった。

民族自決権の原則は、国家レベルでの普通選挙権の原則に対応する、世界レベルにおける組織上の類似の原則であった。それぞれの個人が政治的に平等で一票の投票権を持っているのとちょうど同じように、それぞれの国は主権者であり、したがって政治的に平等であり、それゆえに一票の投票権を持っているというのである（国連総会において、今日具体化されている原則である）。

ウィルソンのリベラリズムは、そこで止まらなかった。国家レベルでの選挙権に続く次の一歩は、福祉国家の制度、つまり政府の所得移転を経由する剰余価値の一部の再分配であった。自決権に続く世界レベルでの次の一歩は「国民的（経済）発展 national（economic）development」となる予定であった。それはルーズヴェルト、トルーマンや、彼らの第二次世界大戦後の後継者たちによって促進されたプログラムであった。

いうまでもなく保守主義的勢力は、地球的規模の改革というウィルソンの明確な要求に対していつもの慎重さと嫌悪とをもって反応した。そしてもちろん第二次世界大戦によって引き起こされた混乱の後に、保守主義者はこのリベラルなプログラムの中に長所を見出し始めた。そして一九四五年以後には、ウィルソン主義的リベラリズムが実際上は、リベラル保守主義的命題となったのである。

しかし、一九一七年はもちろん第二の意義を持っていた。それはロシア革命の年であった。ウィルソン主義が生まれるとすぐに、それは大きなイデオロギー的敵対者であるレーニン主義に直面した。レーニンとボルシェヴィキは、わたしがリベラルな社会主義と呼ぶもの（ベルンシュタインの修正主義と同じものであり、レーニンはカウツキーの立場も同じくそれに属するとみなした）へと社会主義イデオロギーが転換したことに主として抗議するために、政治的闘技場に現れたのであった。それゆえレーニン主義は、はじめは、第一次世界大戦への労働者の参加に反対し、次にはボルシェヴィキ党がロシアで国家権力を掌握することによって、戦闘的なオールタナティヴを提案しようとした。

周知のように、一九一七年には、ロシアを含むどこの社会主義者も、最初の社会主義革命はドイツで起こると予期していた。ボルシェヴィキは、数年の間、彼ら自身の革命がドイツの革命によって実現されるのを待った。わたしたちが知っているように、ドイツ革命は来ず、ボルシェヴィキは何をなすべきかを決定しなければならなかった。

彼らの決定したことは二重であった。一方で彼らは、「一国社会主義」建設を決定した。こうして彼らはひとつの道に入っていったが、そこでソヴィエト国家が世界システムに対して主として要求したのは、ソヴィエト国家を偉大な強国として、世界システムに政治的に統合することであり、そして急速な工業化によるその経済的発展であった。これはスターリンのプログラムであったが、しかしまたフルシチョフ、ブレジネフ、ゴルバチョフのプログラムでもあった。こうしてそのプログラムは実際には、世界的舞台での「平等の権利」をソヴィエト国家が要求するためのプログラムであった。

それでは世界革命についてはどうなのか。レーニンははじめに、第二インターナショナルが事実上断念した仕事を戦闘的方法で追求するために、表面上は、第三インターナショナルを創設した。しかしながら第三インターナショナルはやがてソ連の外交政策の単なる補助役に変わった。ソ連が決してしなかったことの一つは、労働者階級の反乱を激励することだった。そのかわりに、一九二一年に開かれたバクー東方民族会議の始まりによって、行動の焦点が移動した。レーニンはその会議に共産主義諸党のみならずあらゆる種類の民族主義者や民族解放運動を招待したのだった。

バクーから現れ、実際には世界共産主義運動のプログラムとなったのは、反帝国主義のプログラムであった。しかし反帝国主義とはなにか。それは民族自決権というウィルソン主義的プログラムが、より攻撃的で性急な言葉に翻訳されたものであった。第二次世界大戦後に、これらの民族解放運動が次々と権力に就いた時期に、彼らはどのようなプログラムを提出したのか。それは通常は、再び社会主義的発展というレッテルを貼られた、国民的（経済）発展のプログラムであった。国家レベルではリベラルな社会主義の最大の敵であるレーニン主義が、世界的レベルでは、リベラルな社会主義に似ていると疑わしげに見られはじめた。

一八四八年から一九一四年の時代には、リベラルなプログラムは、普通選挙権と福祉国家によって中核地域の労働者階級を飼い慣らすことを目的にしていた。一九一七年から一九八九年の時代には、世界的規模のリベラルのプログラムは南を飼い慣らそうとした。これも社会主義的闘志と洗練された保守主義的抜け目なさとの結合によって実行された。

一九六八年の第二の世界革命は、一八四八年の最初の世界革命とちょうど同じように、資本主義世界経済のイデオロギー戦略を転換させた。一八四八年革命が、その成功と失敗とを通じて、イデオロギーとしてのリベラリズムの勝利と二つのライヴァル――保守主義と社会主義――の単なる補助役への結果的な転換を保証したとするならば、一九六八年の革命は、その成功と失敗とを通じて、リベラルへの同意を無効にした。一九六八年の革命家たちはこの同意に対して、そしてとりわけ社会主義が、レーニン主義的社会主義ですらもが、リベラルな社会主義に歴史的に転換したことに対して、左からの抵抗を始めた。これは種々のアナーキスト的主題の復活という形をとったが、しかし、なによりも毛沢東主義の形をとったともいえる。

いわゆる新左翼が世界的なリベラルの同意を破棄したことに続いて、保守主義的イデオロギーもまた、一八四八年以来はじめて更新され、政治的には防衛的であるよりは再び攻撃的になった。そのプログラムが主として市場の規制を取り去り、それによって福祉国家による再分配を後退させるという、一世紀を経てはじめての非常に重要な後退をもたらすように計画したという事実に照らして、ときにはそれは新保守主義という名を与えられ、しかしときにはネオ・リベラリズムと呼ばれた。

一九六八年の世界革命と、イデオロギー戦略に対するその影響をどのように説明できるだろうか。世界システム全体の組織的観点からすれば、リベラリズムの政治——選挙権／主権と福祉国家／国民的発展によって労働者階級を飼い慣らすこと——は、その限界に達したということができる。これ以上の政治的権利の増大と経済的再分配は、蓄積のシステム自体を脅かすだろう。しかし世界の労働者階級のすべての部門が、小さいがしかし重要な利益の一部を与えられることによって事実上飼い慣らされる以前に、蓄積のシステムがその限界に達してしまった。

周辺と半周辺地域の人口の大多数がなおも、システムの働きから排除されていた。しかし中核地域の人口の内の非常に重要な少数者、つまりいわゆる内部の第三世界も排除されていた。付言すれば、世界の女性達は、あらゆる階級のレベルで真の政治的権利から深く永遠に排除されていると意識し、そのうえにそのほとんどが平等な経済的報酬からも深く永遠に排除されていると意識するようになった。

それゆえ一九六八年が表明したのは、世界の支配的階層が一八四八年以来大いなる勤勉さをもって創造し強化してきた文化的覇権の破棄の始まりであった。一九六八年から一九八九年までは、リベラルな同意として残されているものが着実に崩れ落ちていくのが見られた。右翼の側では、保守主義者が次第にリベラルな中道派を破壊しようと努めた。リチャード・ニクソンの声明――「わたしたちは今やみんながケインズ主義者である」――と、一九八八年のジョージ・ブッシュの「Lという言葉」（リベラルの頭文字の「L」）に反対するキャンペーンを比べてみればよい。イギリスの保守党における事実上のクーデターを見よ。そこでマーガレット・サッチャーは、ディズレーリを越えてさらに一八四〇年代のロバート・ピール卿にまで遡る、啓蒙的保守主義の伝統を終わらせた。

しかし、左翼の側の力の衰えはもっと大きかった。それは、リベラルな社会主義政権の解体という最も強烈な形を取った。周辺と半周辺地域でも同様に、これらの政権の中でも最も「進歩的」で言葉の上では戦闘的な政権が、明らかに重要な影響を及ぼすだけの国民的発展を達成できなくなった。それに応じて、民族解放闘争という栄光ある過去を持った政権が、次から次へとその大衆的正統性を喪失した。この過程の絶頂が、いわゆる共産主義の崩壊――ソ連におけるゴルバチョフ主義と中国における「経済特区」の出現、すべての東欧諸国における共産党一党体制の没落――であった。

一九六八年にリベラルへの同意に失望した人たちは、アナーキズムと／あるいは毛沢東主義の名の下でリベラルな社会主義イデオロギーに反抗した。一九八九年にはリベラルへの同意に失望した人たちは、自由市場の名の下に、リベラルな社会主義の精髄をなす代表者であるソヴィエト型政権に反抗した。いずれの場合にも、オールタナティヴな提案がまじめに取り上げられるようにはならなかった。一九六八年のオールタナティヴは無意味であることがすぐにわかった。一九八九年のオールタナティヴは同じ結果になりつつあるところである。しかし一九六八年と一九八九年の間に、リベラルへの同意と、それが多くの労働者階級に与えた漸進的改善への希望は、致命的に掘り崩された。しかしもしそうなら、そのときにはこのような労働者階級を飼い慣らすことはできないだろう。

共産主義崩壊の真の意味は、覇権的なイデオロギーとしてのリベラリズムの最終的な崩壊である。リベラリズムの約束に対するいくらかの信頼がなければ、資本主義世界システムに対して恒久的な正統性は与えられない。リベラリズムの約束に対する最後のまじめな信奉者は、以前の共産主義圏における古いスタイルの共産主義諸党であった。彼らがこの約束を論じ続けることがなくなったために、世界の支配層は、力による以外に、世界の労働者階級を管理する可能性を失った。同意は去った。それは収賄行為が去ってしまったために去ったのだった。わたしたちが、少なくともマキャヴェリ以来知っているように、力だけでは政治組織が非常に長く生き延びることを可能にすることなどできないのである。

こうしてわたしたちは、新時代の始まりであるペルシャ湾岸危機の意味を問うことになる。この時代、支配勢力の唯一効果的な武器は暴力となりつつある。ペルシャ湾岸戦争は二十世紀のその他のすべての南北衝突とは異なって、純粋にリアルポリティーク（現実政策）の実践であった。サダム・フセインはこのスタイルで戦争をはじめ、アメリカとアメリカが集めた同盟者はそれに同じスタイルで反応した。

もちろんリアルポリティークが、以前の抗争に欠けていたわけではなかった。それは一九二一年のバクー会議と一九四九年の中国共産党の上海入城を同じく彩っている。それは一九五五年のバンドン声明やヴェトナム戦争、一九六二年のキューバ紛争の重要部分であった。それは常に、反システム運動の戦略の不可欠の一部――毛沢東の処世訓である「政治権力は鉄砲の銃身から出てくる」を見よ――であったが、しかし暴力はいつでも、反システムイデオロギーの中心的な系統的主題にとっては補助者であった。南側、周辺地域、世界の労働者階級は、人民の権力への明確なアピールの込められているイデオロギーである転換と希望のイデオロギーの旗の下にその闘争を闘った。

わたしたちは、世界の反システム運動のイデオロギー闘争がとる形は、そう思われるか主張されているほど闘争的ではないと論じてきた。世界の反システム勢力は、ほとんど無意識に、実際にはシステムへの均質的な統合というリベラルのイデオロギー的目標を追求してきたのだと、わたしたちは言ってきた。しかしそうしながらも、彼らは、少なくとも希望を、誇張された希望さえも与えてきたし、これらの希望と約束を基礎とする彼らの理想に対する支持を求めたのであった。約束が最終的に満たされないとわかったときに、最初の根本的な反乱（一九六八年）があり、それから幻滅の怒りが起こった（一九八九年）。反乱と幻滅は、純粋の特別なリベラルに対してよりは、もっともらしい反システム的なリベラル社会主義者に向けられたのであった。しかしそれは重要なことではない。というのもリベラリズムはその目標を、これらのリベラルな社会主義者（なるほどリベラルな保守主義者も同様であるが）を通じて達成したからであり、いつでも単独では有効な力を出し得なかったからである。

サダム・フセインは、このリベラルなイデオロギー的甲殻の崩壊から、教訓を引き出したのである。彼の下した結論は、「国民的発展」はイラクのように石油で豊かな国にとってさえも囮《おとり》のようなものであり、不可能であるということだった。世界の権力のヒエラルキーを変える唯一の方法は、南側の大規模な軍事力構築を通じることであると、彼は決意した。彼は、自らを、いつかは出現する汎アラブ国家のビスマルクとみなした。クウェート侵入は、そうした過程の第一段階とされ、副次的利益としては、イラクの債務危機の即時の解決（主要な債権者を排除し、略奪された資本をたなぼたで獲得すること）になるはずであった。

これが純粋なリアルポリティークの実行であったならば、その計算の結果を考察しなければならない。サダム・フセインは、そのリスクと、それゆえその成功のチャンスとをどのように評価したのだろうか。わたしは、彼が計算違いをしたとは思わない。むしろわたしは、彼が次のように判断したと思う。（もしアメリカが反応することに躊躇したならば）イラクは短期的には五分五分の勝利のチャンスを持つだろう。しかし、もしイラクが動けば、アメリカは勝利のない状況に追い込まれ、中期的には一〇〇パーセントの敗北を喫するだろうというのである。リアルポリティークの演技者にとって、これなら勝つ公算は十分あるということになる。

サダム・フセインは短期の五分五分の賭けに負けた。アメリカはもてる最大の軍事力を使って反応し、もちろん打ち負かされることなどありえなかった。国としてのイラクは、アメリカが考えるほどではないとしても、戦争でずっと弱体化した。しかし中東の政治情勢は、緊張を鎮めるアメリカの政治能力が、大きな影響力をもつほどには増大しないのに、その政治的責任はかなり増大したということ以外には、一九八九年以来根本的に変っていない。短期的な発展はあっても、世界システムにおけるアメリカの中期的な政治的役割の持続的な衰退は、日本とEC（ヨーロッパ共同体）に対する世界市場でのアメリカの競争的立場が持続的に衰退することを考慮すれば、止まることなく進行するだろう。

長期的に未解決の問題は、北側でどんな展開があるのかという問題ではない。それを予言するのはかなり容易である。世界経済の次の長期的な上昇が起こるとき、可能性のある力の極は二つになるだろう。一方は日米枢軸であり、そこに中国が属するだろう。他方は汎ヨーロッパ枢軸であり、そこにロシアが属するだろう。中核強国の間の新たな拡大と新しい競合のなかで、それぞれの極がその主要な半周辺地域（一方の場合は中国で、他方の場合はロシアあるいは再建されたソ連）の発展に専念するのに、南側はあちこちの飛び地を除いて、一般にはさらに主流から排除されるだろう。

この新しい経済拡張の政治的帰結は、激烈な南北抗争であろう。しかしもし北側が状況をイデオロギー的に管理する武器を失うとしても、反システム勢力は——南側と南側を他の場所で支援する人々（つまり、古い言葉でいうと世界の労働者階級）の中で——自分たちの戦いのイデオロギー的地平を再び構築することができるだろうか。

過ぎし年のイデオロギー的テーマとして、社会主義と反帝国主義原則に体現されたテーマが使い尽くされたとき、三つの主要な闘争方法が現れた。そのそれぞれが、世界システムの支配階層に対しては巨大な直接的困難をもたらすものであった。しかしいずれも根本的なイデオロギー的挑戦を提起しているようにはみえない。第一は、わたしが新ビスマルク的挑戦と呼ぶものであり、サダム・フセインの攻撃はその一例であった。第二は、啓蒙的世界観の根本的拒否である。これはホメイニ師の率いる勢力のなかにみられる。第三は、個々人の社会・地理的移動の試みの道である。その主要な表現は南側から北側への大量の非公式の移民が進行することである。

これらの三つの闘争形態に関しては、二つのことが目立っている。第一には、それぞれが来るべき五〇年間に何重にもなって増加しそうであり、わたしたちの共通の政治的注意力を消耗させてしまうだろう。第二には、世界の左翼知識人はこれら三つの闘争形態のそれぞれに極端にあいまいなやりかたで反応した。それらが直接世界システムの支配階層に反抗し、この支配層を不快にさせているように見える限り、左翼知識人はこれらの闘争を支持しようと思った。それぞれがイデオロギー的意味を持たず、それゆえ中期的な政治的結果としては進歩的であるよりはむしろ潜在的に反動的である限り、左翼知識人はこれらの闘争から距離を、それもかなりの距離を置きさえしたのであった。

問題は、左翼勢力がどんな選択をするかということである。もし一九八九年が、一七八九年から一九八九年に至る文化時代の終わりをあらわすとすれば、何が現代の新しいイデオロギー的テーマとなるのか、またなりうるのだろうか。ひとつの可能な分析の道を示そう。近代性の諸テーマ、つまりちょうど過ぎ去ったばかりの時代の諸テーマは、新しいということが長所となり、政治的変化が常態となっていたのだった。これらのテーマは、わたしたちが立証しようと試みたように、着実に論理的にイデオロギーとしてのリベラリズムの勝利に行き着いた。つまり政治統一体の不可避的な完成を見込んだ意識的・合理的改革という政治戦略の勝利に行き着いたのである。資本主義世界経済の枠内には、政治的統一体を「完成」することに対して(認識されない)固有の制限があるので、このイデオロギーは(一九六八年と一九八九年に)その限界に達し、今ではその有効性を失ったのだった。

わたしたちは、今や新しい時代に、資本主義世界経済の崩壊の時代としてわたしが描くような時代に入っている。「新世界秩序」の創造に関するすべての話は、単に風の中の叫び声であり、ほとんど誰にも信じられていないし、いずれにしてもほとんど実現しそうにもない。

しかしもしわたしたちが、(通常の進歩的な変化という見通しに対抗して)崩壊という見通しに面と向き合うならば、どんなイデオロギーが存在できるだろうか。リベラリズムの英雄である個人は、重要な役割を果たさない。なぜならいかなる個人も、崩壊しつつある組織の中ではそれほど長くは生き延びられないからである。わたしたちが主体として選択するのは、抵抗力と避難の地域を開拓するのに十分な大きな集団を形成すること以外にありえない。したがって「集団のアイデンティティ」というテーマが、近代世界システムでこれまで知られていなかったほどに前面に登場してきたのは偶然ではない。

もし主体が集団であるならば、これらの集団は、実際には多数にのぼり、非常に複雑な方法で重なり合っている。わたしたちはみんな、おびただしい集団の構成員（非常に活動的ですらある構成員）である。しかしそれだけでは、主体としての集団のテーマを確認するのに十分ではない。一七八九年から一九八九年におよぶ時代には、保守主義者も社会主義者も、たとえ不成功でも、集団の社会的優位を構築しようと努めた。保守主義者は、ある伝統的な集団の優位を求めたし、社会主義者は単一集団としての集合体（人民）の優位を要求した。それに加えて、わたしたちは行為者としての集団の優位に基礎を置くイデオロギー（つまり政治綱領）を提案しなければならない。

この時点では、実際は、何も完全には構築されていないけれども、考えられる限りでは二つのイデオロギーしか構築できないように思える。ひとは「最適の」集団の「生き残り」が、長所であり正統性を持つと主張できる。このテーマは、新人種主義的テーマの擁護者の新たな攻撃性のなかに現れているようである。それはしばしば人種的純粋性という衣装よりは、むしろ能力主義の衣装を着ている。新しい要求は、もはや必ずしも古くて狭い集団（諸民族 the nations や肌の色の集団でさえ）に基礎を置くのではなく、むしろ戦利品にしがみつき、それを彼らの要塞地域内に保護する強力な集団（いかにその集団がその場限りのものであれ）の権利に基礎を置いている。

南側における、新ビスマルク的で反啓蒙主義的な攻撃に関する問題は、それらの攻撃が結局は北側におけるその仲間と合意に達するようになり、それによって単にもうひとつの強い集団の要塞地域になろうとしていることである。これは、過去一五年の中東の政治ではっきりわかることである。ホメイニによって代表される脅威に直面したサダム・フセインは、世界の支配階層のすべての部門によって支持され、強化された。そのサダム・フセインが戦利品の分け前をあまりにも多く横取りし始めたとき、これらの支配勢力は、彼に敵対し、ホメイニの後継者は幸運にも支配者の一味に再び加わった。このように容易に同盟者を変えることは、支配階層の政治（と人権への関心についての彼らの決まり文句の偽善と）について何かを語るものであるが、しかしそれはホメイニとその集団についても、そしてサダム・フセインの支配下にあるバース党についても同様に言えることなのである。

崩壊の時代における集団の優位という考えから出発すると、「最適」集団の「生き残り」というイデオロギーに対するオールタナティヴなイデオロギーがある。それは、再建された世界システムにおいて、すべての集団に、分け前に対する同等の権利を認め、それと同時に、集団を排除しないことを認めるイデオロギーである。集団のネットワークは複雑に入り組んで網目状に重なっている。ある黒人たちは、女性であるが、すべての黒人がそうではなく、あるイスラム教徒は黒人であるが、すべてのイスラム教徒がそうなのではないし、ある知識人たちはイスラム教徒であるが、……というような関係が無限に続くのである。集団のための現実の空間は、必然的に集団内の空間を意味する。すべての集団が部分的なアイデンティティを代表する。集団間の防御線は、集団内部に結果的に階層を生みだす傾向がある。そして今までのところ、なんらかの防御線がなければ、集団は存立できないのである。

それゆえに、わたしたちの生きている史的システムが崩壊する時代にあって新しい左翼のイデオロギーを創り出すことこそが、わたしたちの挑戦することである。それは容易な仕事ではないし、徹夜で完成できるようなものでもない。ポスト一七八九年の時代のイデオロギーを構築するのに何十年もかかったのだから。

システムが崩壊するときには、結果的に何かがそれにとって代わるので、リスクは高い。システムの分岐点〔バイファケーション〕について、わたしたちが今日知っていることは、(近代世界システムが一五〇〇年頃から最近まで享受した相対的安定期のように、大きなインプットが限定された結果を生む時代とは違って)ある点での小さな入力が大きな結果を生むことがあるので、転換が根底的に異なった方向に向かうことがあり得るということである。わたしたちは、たとえば二〇五〇年頃に、史的資本主義からある非常に不平等で階層的な新しいシステム(あるいは多様なシステム)を持ったものへと、過渡期から抜け出すかもしれないし、大部分が民主主義的で平等主義的なシステムを持ったものへと抜け出すかもしれない。それは、後者の結果を好む人々が、政治変化に関する意義ある戦略を組み立てる能力があるかどうかにかかっている。

わたしたちは今や、誰が誰を排除するのかという問題にとりかかることができる。資本主義世界経済ではシステムは、積み重ねられたヒエラルキーである労働システムのなかに世界の潜在的労働力を包摂することによって、大多数を（利潤から）排除するように作用した。この包摂による排除のシステムは、このような包摂による排除を正当化する支配的なリベラル・イデオロギーが十九世紀に普及したことによって、大いに強化され、世界の反システム勢力をこの包摂による排除という仕事に結びつけるように、巧みに操縦しさえもした。幸いにもこの時代は終わった。

今やわたしたちは非常に異なった世界システム、つまりすべての人が利益を得るようなシステムを創れるかどうか見極めなければならない。そして、そのことは、通常は、自分たち自身のことを強く意識する集団を作っていくときに必ず伴う、まさに排除そのものによってできるものであるが、それにもかかわらず集団が相互にそのつながりを認めることによって可能となるのかもしれない。崩壊の時代のための明確な反システム戦略を決定的に公式化するには、少なくとも二〇年はかかるだろう。今できることのすべては、すべての部分がどのように互いに適応するかどうか確信がもてないにしても、またそのリストは完全であると主張できないとしても、そのような戦略に入るかもしれないいくらかの要素を提案することである。

ある要素はきっと、国家権力を獲得して社会的転換を達成しようとする過去の戦略と決定的な断絶を生み出すに違いない。政府の権威が有益であると仮定しても、それはシステムの転換のためには、ほとんど利用などできない。国家権力の掌握は、超右翼の抑止的勢力を閉め出すために、特別の環境下で用いられる防衛に必要な戦術とみなされるべきである。しかし国家権力は、常に現存世界秩序を再正統化するという危険をもつ最後の手段とみなされるべきである。リベラル・イデオロギーとのこの断絶は、わたしが分析してきたようにそれが崩壊したにも拘わらず、反システム勢力にとっては疑いなく取るべき最も困難な一歩となるだろう。

過去の実践とのそうした断絶のなかに含意されていることは、システムの困難に対処するのは、まったく不本意であるという気持ちである。ますます強くなるシステムの矛盾によって支配階層が負わされる政治的ジレンマを解決するのは、反システム勢力の役目ではない。大衆的勢力の自助は組織内での改良の交渉とまったく違うものと考えられねばならない。実際、反システム勢力は、最も戦闘的なものでさえも、リベラル・イデオロギーの時代には、この罠にはまったのである。

反システム勢力が、その代わりに集中すべきことは、あらゆる種類と多様性を持った共同体レベルでの現実の社会的集団を拡張し、それらを統一的でない形で、より高いレベルで集団化（そして絶えざる再集団化）することである。これまでの時代における反システム勢力の根本的失敗は、組織はより統一されればされるほど、それだけ一層有効になると信じたことであった。なるほど、国家権力を征服することが優先的な戦略であるときには、この政策は論理的で見かけは有益であった。それはまた、社会主義イデオロギーをリベラルな社会主義イデオロギーに変えたものでもあった。民主的中央集権制というのは、必要とされるものとはまさに正反対のものである。より高いレベル（国家、地域、世界）での多様な現実の集団の連帯の基礎は、微妙で、より柔軟で、より有機的でなければならない。反システム勢力の一群 family は、戦術上の優先順位を常に繰り返し考えるために、様々な速さで対応しなくてはならない。

そのように結束して、画一化されていない諸勢力の集団 family は、それぞれの構成集団が複合的で、内部的に民主的な組織であるときにのみ妥当なものになりうる。そしてこのことは今度は、わたしたちが共同的レベルで、闘争には戦略的優先権がないと認めたときにのみ可能となりうる。一集団のための一組の権利は、別の集団のための別の権利より重要だということはない。優先権をめぐる論争は、衰弱し、逸脱して、最終的には単一の統一された運動に合流する統一集団の小道に舞い戻ってしまう。転換のための闘いは、すべての戦線において同時にのみ、闘われることができる。

それぞれが複合的で内部的に民主的な、そういう集団の多様性による多方面戦略は、現状の擁護者を圧倒するような、自由に使える戦術的な武器を持つことだろう。それは古いリベラル・イデオロギーを文字どおり受け入れ、その普遍的実現を求めるような武器である。たとえば、南側から北側への大規模な非合法移民という状勢に直面した場合、適切な戦術は無制限の自由市場の原則——来たいと思う人すべてに国境を開くこと——ではないだろうか。そうした要求に直面しても、リベラルなイデオローグたちは、人権についての彼ら特有の決まり文句を振り回すことしかできず、また自分たちは移民が自由に入ってきてもよいとは思っていないのだから、移民が自由に出て行ってもよいとは本心では思っていないのだと言うことしかできない。

同様に、わたしたちはあらゆる戦線で、意思決定に関する民主化の増大を、非公式で承認されていない特権のポケットすべてを除去するのと同じように、要求することができる。わたしがここで話していることは、支配的勢力がその取り扱いを望んでいる以上に権利と要求とをより真剣に取り上げることによって、システムに過重な負担をかけるようにするという戦術である。これはまさしく、システムの困難を処理する戦術とは反対のものである。

こうしたことのすべてで十分だろうか。それを知ることは難しいし、多分それだけでは十分ではないだろう。しかしそのことは、支配勢力をますます政治的な窮地に、それゆえにより絶望的な対抗戦術に追い込むだろう。それでも反システム勢力がそのユートピア論 utopistics ――彼らが建てたいと望んでいる民主的で平等主義的な秩序の現実的ジレンマに関する意見と論争――を展開できない限り、結果はまだ不確かであろう。この前の時代にはユートピア論は、まず国家権力を、次いで国民的発展を獲得するという優先事項からはずれるものとして、眉をひそめられた。その正味の結果として、ロマンチックな幻想に基礎を置く運動が生まれた。したがってそれは幻滅して怒りやすいのである。ユートピア論はユートピア的な空想ではなく、困難の冷静な予想とオールタナティヴな制度上の組立に関する率直な想像なのである。ユートピア論は分裂する傾向があると考えられてきた。しかしもし、反システム勢力が画一化されないで複合的であろうとするならば、そのときには可能な将来のオールタナティヴな理想像を示すことは、そのための一部をなすのである。

一九八九年は時代の苦闘する終末を象徴した。いわゆる反システム勢力の敗北は、実際には大きな解放であった。それは、資本主義世界経済に対するリベラルな社会主義的正当化を一掃し、そうして支配的なリベラル・イデオロギーが崩壊したことを象徴した。

わたしたちが入った新しい時代は、それにもかかわらず、より一層あてにならないものである。わたしたちは海図にない海を航海しているのである。わたしたちは近い将来の危険についてよりは、過去の誤りについて多くを知っている。転換に関する明快な戦略を展開するには、巨大な共同の努力がいるであろう。そうこうするうちに、システムの解体がすみやかに進み、階層と特権の擁護者は「何も変えないためにすべてを変えるような」解決策と成果とをすぐに見つけようとするだろう。(ラーンペドゥーザがガリバルディ主義者の革命を判定してこのように述べたことを思い出そう。)

楽観主義か悲観主義かのいずれかに賛成する理由は見つからない。すべては可能である、しかしすべてが不確かである。わたしたちはその古い戦略を脱思考 unthink しなければならない。わたしたちは古い分析についても脱思考 unthink しなければならない。それらはすべてあまりにも、資本主義世界経済の支配的なイデオロギーによって刻印されすぎている。わたしたちは、疑いもなく有機的知識人としてこのことをなさねばならない。しかもそれぞれが、それ自身の組織において複合的であるような多様な集団からなる、非画一的で世界的な一群 family に属する、有機的知識人として、このことをなさねばならない。

14

リベラリズムの苦悶
——どのような希望が進歩に結びつくのか[1]——

わたしたちは三重の記念日、つまり、一九六八年創立の京都精華大学二五周年と、一九六八年世界革命の二五周年、および日本連合艦隊による真珠湾攻撃の正確に（少なくともアメリカのカレンダーでは）五二周年の記念日に向かい合っている。はじめに、これらの記念日それぞれが持つと思われる意味を示してみよう。

京都精華大学の創立は、一九五〇年代と一九六〇年代における大学組織数の途方もない増大を示すという意味で、わたしたちの近代世界システムの歴史における主要な発展の一象徴である。[2] ある意味でこの時代は、教育を通じて進歩するという啓蒙思想の約束が果たされた絶頂期であった。そのこと自体はすばらしいことであり、それゆえわたしたちは今日ここでそれを祝っているわけである。しかし多くのすばらしいことに関しては紛糾の種とコストが付き物である。ひとつの困難は高等教育の拡大が多数の卒業生を生み出して、彼らがその地位に見合う職業と所得を要求していることとであり、少なくともその要求に迅速かつ十分に応えるにはかなりの困難が生じてきたことである。コストとは高等教育を拡大する社会的コストのことであるが、それは、世界システムで著しく増大した中間階層に、全般的に社会福祉を提供するコストの一部にすぎない。この社会福祉のコストの増大は、国庫にとって重い負担になり始めているといえよう。そして一九九三年には世界中で国家財政の危機が論じられているのである。

第二の記念日である一九六八年の世界革命はどうだろうか。この世界革命はほとんどの国では(すべてではないが)大学内で始まった。発火点となったのは疑いなく将来の卒業生が職業の見通しについて突然不安になったことである。しかし、もちろん、この狭量で利己的な要因が、革命的爆発の主要な焦点ではなかった。むしろそれは、包括的な問題——進歩という啓蒙主義的シナリオに含まれている約束が、つまり表面上は一九四五年以後の時代に実現されてきたように見える約束の全部が、現実にはどのような内容であったかという問題——を明らかにするもう一つの兆候にすぎなかった。

このことが第三の記念日である真珠湾攻撃につながる。アメリカを第二次世界大戦に公式に参戦させたのはこの攻撃であった。しかし実際には、この戦争では日本とアメリカとの間の戦争が主ではなかった。日本は、そう言わせて貰えるならば、この地球的規模のドラマでは第二級の役者であり、その攻撃は長期に及ぶ闘争過程の小さな幕間劇であった。この戦争ではドイツとアメリカの間の戦争が主であり、それは事実上一九一四年から続いていた。それは世界システムにおける覇権強国としてイギリスの継承をねらった二つの主要なライヴァル同士の「三十年戦争」であった。周知のようにアメリカは、この戦争に勝って覇権を握り、その結果として啓蒙主義的約束の世界的なうわべだけの勝利を統括する覇権国になろうとした。

いまからわたしは、これらの記念日によって実際に示したい一連のテーマについて述べようと思う。まず一七八九年から一九四五年まで続く啓蒙主義的理想のための希望と闘争の時代を論じよう。次に啓蒙主義的希望が実現されはしたが、誤って実現された時代である一九四五年から一九八九年を分析することにしよう。第三には現代を、つまり一九八九年に始まり多分半世紀は続くであろう「暗黒時代」について述べよう。最後には、今日そして近いうちにも、わたしたちが迫られる選択について話そう。

啓蒙思想の最初の重要な政治的表現は、全体にあいまいさを伴っているが、もちろんフランス革命であった。フランス革命が何についての革命であるかということ自体が、わたしたちの時代のきわめてあいまいなものの一つとなっている。一九八九年のフランス革命二百年祭は、長らく支配的であったが今では時代遅れだと主張されているフランス革命の「社会的解釈」に代えて、新しい解釈に置き換えようとする大変重要な試みの機会であった(3)。

フランス革命はそれ自体が、フランスにおいてだけでなく、史的システムとしての資本主義世界経済全体のなかで生じた長期的過程の最終点であった。というのも、一七八九年までには地球のかなりの部分が、三世紀続いたこの史的システム内にすでに取り込まれていたからである。そしてこの三世紀の間に、主要な諸制度のほとんどが創設され強化されてきたのである。つまり周辺地域から中核地域への剰余価値の大量の移動を伴う基軸的分業、果てしなき資本蓄積のために働く人に対する報酬の優先、いわゆる主権国家からなる国家間システムがある。しかしこれらの主権国家は、国家間システムの枠組みとその「ルール」に制約されていた。さらにこの世界システムの不断に強まる両極化があるが、それは単に経済的だけではなく、社会的両極化でもあったし、今ではまた人口動態上の両極化になりつつあったのである。

しかしながら、史的資本主義というこの世界システムになお欠けていたものは、正統化のための地政文化 geoculture であった。基本的な原則は十八世紀（あるいはそれ以前から）の啓蒙主義的理論家によって案出されていたが、フランス革命によってはじめて社会的に制度化されることができたのである。というのもフランス革命がなしたことは、政治的変化は常態であり例外的なものではなく、主権は君主にではなく「人民」に存在するという二つの新しい世界観の受容へと公衆の支持を、実際には要求の叫びといっていいものを、解き放ったことであった。一八一五年には、フランス革命の後継者であり世界的な主唱者であったナポレオンが敗北し、フランス（他のどこであれアンシャン・レジームが追放されていた所）ではそれにつけ込んで「王政復古」が登場した。しかし王政復古は、これらの世界観が広範に受容された状況を実際に覆すことはなかったし、もはや覆すこともできなかった。こうした新しい状況に対応するために、保守主義、リベラリズム、社会主義という三つ組みの十九世紀イデオロギーが登場し、それ以後資本主義世界経済内で、続く政治論争のための言葉を提供するようになった。

しかしながら、このシステムの最初の世界革命と考えられた一八四八年の革命と同時期に、勝利して現れたのは、三つのイデオロギーのうちのリベラリズムだった。[4] なぜならば、資本主義世界経済に適応した地政文化を最もよく提供できるのはリベラリズムであり、システムの中核集団から見ても、人口の大多数であるいわゆる一般大衆から見てもかなりの程度に、他の諸制度を正統化するのはリベラリズムであったからである。

政治的変化が常態であり、原則的に人民が主権(つまり政治的変化の決定者であること)を有するのだという考えに人民がいったん到達するや、何事でも起こりうる。そしてもちろん、これこそが資本主義世界経済の枠内で、力と特権とを持つ人たちが明らかに直面した問題であった。彼らが恐れた直接の対象は、ある程度までは、都市の工業労働者という今は小さいが増大しつつある集団であった。しかしフランス革命が十分示したように、有力で特権を持つ人たちから見れば、農村の非工業労働者も、非常にやっかいで恐ろしい人々でありえたのである。これらの「危険な諸階級」がこの新しい規範をあまりにも真剣に受けとめて、その結果、システムの基本構造を掘り崩して、資本蓄積の過程を妨げるようになることをいかに防ぐか。これこそが、十九世紀の前半に支配階級に厳しく突きつけられた政治的ジレンマであった。

それに対する一つの明らかな答えは抑圧であった。そして抑圧は十分に行われた。しかし一八四八年の世界革命の教訓によれば、単純な抑圧は結局のところ、ほとんど有効ではなく、危険な諸階級を沈静化するどころか感情を悪化させて、刺激して怒らせてしまうものであった。抑圧が有効であるためには、譲歩と結びつけられねばならないということが理解されるようになった。他方で、十九世紀前半の革命家といわれている人たちもまた教訓から学んだのだった。つまり自然発生的な反乱は、多かれ少なかれ容易に鎮圧されるので、それほど有効ではなかったということ。また大衆的な暴動の持つ威嚇は、それによって重大な変化を加速しようとするならば、意識的で長期的な政治組織と結合しなければならないということだった。

実際にリベラリズムは、右翼と左翼双方の政治的困難を、直接解決するものとして登場した。それは右翼に対しては譲歩を説き、左翼に対しては政治組織の必要性を説いた。そしてこの両者にたいしては忍耐を説き、長い目で見れば中道を行くことによって（誰にとっても）より多くのものが獲得できるだろうと説いた。リベラリズムは中道主義の化身であって、その訴えにはうっとりさせられるものがあった。というのも、それが説くのは単なる受け身の中道主義ではなくて、積極的な戦略であったからである。リベラルは啓蒙思想の重要な前提を信用した。それは、合理的な思想と行動とは救済への、すなわち進歩への道であること、また人間（そのなかに女性が含まれるかどうかということはほとんど問題にならなかった）は生来合理的であり、潜在的に合理的であり、究極的に合理的になるという考え方であった。

その結果、「政治的変化の常態化」は、最も合理的な人々——つまり最も高い教育を受け、最も熟練した、それゆえ最も賢明な人々——によって指し示された道を歩むべきだということになった。これらの人々は、政治的変化を追求する最良の道を設計することができる、つまり実行と法制化に必要な改革を指示できるというのである。合理的改良主義は、リベラルが体系づけてきた概念であったが、それゆえにそれは、国家と個人の関係について、見かけ上一貫しないリベラルの立場を規定することになったのである。リベラルは、一方では個人は国家の（集団的な）命令に制約されるべきではないと論じ、同時に他方では、国家の行動は個人に対する不正義を最小限にするために必要であると論じた。こうして彼らは、レッセフェールと工場法に同時に賛成できたのである。それというのも、リベラルにとって問題だったのは、レッセフェールでも工場法それ自体でもなくて、良き社会に向けて慎重によく考えられた進歩であったからである。そしてそれは、合理的改良主義によって、多分それによってのみ、最もよく達成できると考えられていたのである。

この合理的改良主義の原則は、実際にはきわめて魅力的であることがわかった。それはすべての人の要求に応えるように思われた。保守主義的傾向の人たちにとって、それは危険な諸階級の革命的本能を挫く方法であるかもしれないと思えた。ここではいくらかの参政権を与え、あちらでは少しの福祉国家的制度を用意して、それに加えて共通の国民的アイデンティティの下に諸階級をある程度統合すること——これらすべてをあわせて、十九世紀の終わりまでには、資本主義システムの不可欠な要素は維持しながら、労働者階級をなだめるための処方箋ができたのだった。有力で特権を持った人たちは、自分たちにとって根本的に重要なものはなにも失うことなく、今まで以上に安心して眠れるようになった(窓辺を窺う革命家が減ったのである)。

急進主義的傾向を持つ人々にとって、合理的改良主義は有益な妥協点を提供するように思えた。それは、後々のより根本的な変化への希望と期待とをなくすことなく、今ここである程度の根本的な変化をもたらしたからである。なによりもそれは生きている人の一生涯の間になにかをもたらしたのであった。そうして、これらの人々は以前よりもやすらかに眠れるようになった(窓辺を窺う警官の数が減ったのである)。

わたしは一五〇年あるいはそれ以上続いてきた政治闘争——そのうちあるものは暴力的で、多くは熱狂的で、そのほとんどは重大であり、そのほとんどすべては深刻なものであった——を軽視したくない。しかしながら、わたしはこうした闘争をある展望の中で捉えたいと思う。結局は、この闘争はリベラル・イデオロギーによって打ち立てられたルールの内部で闘われたのだった。このルールを根本的に拒否したファシストが現れたとき、このルールは打破され、除去された。それは疑いなく困難なことであったが、しかし打破されたのだった。

リベラリズムについてもう一つ述べなければならない。リベラリズムは、合理的改良主義を現実に優先させるので、根本的には反国家主義ではないとわたしたちは主張してきた。しかし、たとえ反国家主義ではないとしても、リベラリズムは根本的には反民主主義的であった。リベラリズムは常に貴族主義的な原則であった。それは「最良のものによる支配」を説いた。たしかにリベラルは「最良のもの」を、主として生まれた階層によってではなく、むしろ教育的達成によって定義した。したがって「最良のもの」は世襲的な貴族ではなく、能力社会の受益者であった。しかし最良のものはいつでも、人民全体の中ではより小さい集団であった。リベラルは明らかに、人民全体による支配——民主主義——をさせないために、最良のもの——貴族——による支配を望んだのだった。民主主義は、急進主義者の目的ではあっても、リベラルの目的ではなかった。あるいは少なくともそれは、本当に急進的で本当に反システム的な人々の目標であったといえるのである。リベラリズムがイデオロギーとして推奨されたのは、この集団がはびこるのを防ぐためであった。そしてリベラルが、改良の提案に抵抗する保守主義的傾向の人々に話すときには、合理的改良主義だけが、民主主義の到来を妨げると主張し、その意見は最終的に聡明な保守主義者のすべてから共感をもって受けとめられたのだった。

最後にわたしたちは十九世紀後半と二十世紀前半との著しい相違について記さなければならない。十九世紀の後半には、北アメリカとヨーロッパの都市工業労働者はまだ危険な諸階級の要求の主要な唱道者であった。リベラルの大目標は彼らに対してうまく機能した。彼らは普通(男性のみの)選挙権を与えられ、福祉国家が始まり、国民的アイデンティティを与えられた。しかし誰に対する国民的アイデンティティであったのか。たしかにその隣国に対するものであっただろうが、しかしもっと重要で深い意味を持つのは、非白人世界に対抗していたということである。帝国主義と人種主義とは、リベラルによって「合理的改良主義」の偽りの外観の下で、ヨーロッパ／北アメリカの労働者階級に提供されたパッケージの一部であった。

しかしながらそうこうするうちに、非ヨーロッパ世界の「危険な諸階級」が政治的に——メキシコからアフガニスタンにかけて、エジプトから中国に、ペルシャからインドへと——動き出していた。一九〇五年の日露戦争で、日本がロシアに勝利したとき、その勝利はこれらの地域全体でヨーロッパの拡張が「逆転」し始めたものとみなされた。それはリベラルにとって、もちろん主としてヨーロッパと北アメリカのリベラルにとって大きな警告となった。いまや「政治的変化の常態化」と「主権」は、ただヨーロッパの労働者階級によってだけではなく、全世界の人民によって要求されるようになったのである。

このためにリベラルは、合理的改良主義の概念を世界システム全体のレベルにまで拡大することに注意を払うようになった。これがウッドロー・ウィルソンのメッセージであり、彼の「民族自決権」の主張であったが、それは普通選挙権と同等のものが地球的規模で実現されたものといってよいだろう。これはまたフランクリン・ルーズヴェルトのメッセージであり、第二次世界大戦中に戦争目的として声明された「四つの自由」であった。それは後に、トルーマン大統領の「ポイント・フォー」に変わり、一九四五年以後の「低開発諸国の経済開発」のプロジェクトの、つまり世界的規模で福祉国家と同等のものを実現するという原則の開始の合図となった。(5)

しかしながら、リベラリズムと民主主義の目標は再び対立した。十九世紀に宣言されたリベラリズムの普遍主義は、人種主義と両立できるようになっていたが、それは普遍主義的理想の事実上の受益者である「市民」を「内部化」しながら、人種主義の対象を「外部化」する（それらを「国」の境界外に追い出す）ことによって可能だったのである。問題は、ヨーロッパと北アメリカの国家レベルのリベラリズムが、国内の「危険な諸階級」を包摂してきたのと同じように、二十世紀の地球的規模のリベラリズムが、第三世界や南側と呼ばれるようになった地域の「危険な諸階級」を包摂するのに成功しうるかどうかということである。問題はもちろん、世界的レベルでは人種主義を「外部化」できる場所がないということであった。リベラリズムの矛盾がめぐりめぐって自分に跳ね返ってきたのだった。

一九四五年にはまだこのことはほとんど明らかになっていなかった。枢軸国に対する連合国の勝利は、地球的規模の（ソ連と同盟した）リベラリズムのファシストの挑戦に対する勝利であるように思われていた。この戦争の最後の行為は、アメリカが唯一の非白人枢軸国である日本に、二発の原子爆弾を投下したことだったという事実は、アメリカにおいては（もちろんヨーロッパでも）ほとんど論じられなかった。しかしこれはおそらくリベラリズムのある種の矛盾を反映していたのである。いうまでもなく日本での反応は違っていた。しかし日本は敗戦国であり、その声は、当時では、真剣に取り上げられなかった。

こうしてアメリカは、世界経済において疑いようのない最強の経済力を持つようになった。さらにアメリカは、ソ連の大きな兵力があるにも拘わらず、核兵器を持つことで最強の軍事力を持つことになった。アメリカは五年の内には、以下の四つのプログラムによって、世界システムを政治的に組織できるようになった。(a) ソ連がその支配地域に留まることを条件に、その地域支配を保証するというソ連との間の取り決め（もちろん言葉の上だけではなく、実際の政策によって）、(b) 軍事的目的とならんで、経済および政治目的や説得力をもたせるための西欧および日本との同盟システム、(c) 植民地帝国の「脱植民地化」をもたらすための調整的で穏健なプログラム、(d) 現実にはアメリカ市民権の種類を拡大しながら、反共イデオロギーの統合による国内封鎖によって、アメリカ国内を統合するというプログラム、がその四つのプログラムである。

　このプログラムはうまくいき、ちょうどわたしのいう一九六八年の転換点までの二五年間は実によく機能した。それでは、わたしたちは、一九四五年から一九六八年というこの並外れた時代をどのように評価したらよいのだろうか。それは進歩の時代であり、またリベラルな価値観が勝利した時代であったのか。これに対する答えは多くの賛成があり、しかし反対も同じく多くあるというものに違いない。「進歩」を示す最もはっきりした指標は物質的なものであった。世界経済の経済的拡張は並々ならぬものであり、資本主義システムの歴史上最大のものだった。そしてそのことは——東側と西側、北側と南側——どこにおいても生じたことであるように思えた。たしかに南側よりは北により大きな利益があり、多くの分野でその格差は（絶対的、相対的に）拡大した[6]。しかしほとんどの所で、実質的な成長と高い雇用が確保されたので、この時代はバラ色に光り輝く時代であった。すでに述べたように教育と健康への特別支出の増大と並んで、福祉への支出の非常な増大があったので、それだけ一層そのようにいえるのだった。

第二に、ヨーロッパは再び平和になった。ヨーロッパは平和であったが、もちろんアジアはそうではなく、そこでは、朝鮮半島とインドシナで、二つの長期にわたる消耗戦が闘われたし、非ヨーロッパ世界の多くの地域でも戦争が行われた。しかし朝鮮とヴェトナムの紛争は異なった性格を持っていた。朝鮮の紛争はむしろ、ベルリン封鎖と一対のものであり、この二つの出来事は、事実上、ほとんど相互に関連するものであった。ドイツと朝鮮半島の一九四五年の分割はともに重要な事件であった。それによって、それぞれの国の半分は一方ではアメリカの、他方ではソ連の政治的、軍事的領域に属することになった。ヤルタ会談の趣旨としては、分割線はドイツや朝鮮半島の人々の民族主義的（そしてイデオロギー的）感情がどうであっても、不変のものと考えられていた。

一九四九年から一九五二年の間に、この分割線の強固さが試されることになった。非常な緊張（朝鮮の場合には莫大な人命の犠牲）が起こった後、その結果として、多少の変動はあっても、境界の現状が維持されるということになった。こうしてベルリン封鎖と朝鮮戦争は、現実的な意味では、ヤルタ体制の構築を完成させたのであった。これら二つの紛争の第二の結果は、両陣営がさらに社会的に統合されたことであって、それは一方ではNATOと日米安保条約という、また他方ではワルシャワ条約と中ソの協定という強力な同盟システムの構築によって制度化されたのであった。

さらにこの二つの紛争は、そこで軍事費が大量に投入されたことにより、世界経済の大拡張を直接刺激した。ヨーロッパの復興と日本の成長は、この拡張からの直接的で主要な受益の結果であった。

ヴェトナム戦争と朝鮮戦争とはまったく異なったタイプであった。それは非ヨーロッパ世界における民族解放運動という闘争の、象徴的な位置(しかしとうてい唯一とは言えないが)を占めていた。朝鮮戦争とベルリン封鎖が世界の冷戦体制の一部をなしていたのに対し、ヴェトナム人の闘いは(アルジェリアやその他の多くと同様に)、この世界の冷戦体制の束縛と構造に対する抵抗であった。したがって、その抵抗は基本的かつ直接的な意味で反システム運動の産物であった。これらの闘争は、ドイツや朝鮮半島の争いとはまったく違ったものであった。ドイツや朝鮮半島では、両陣営は決して和平を結んだのではなく、ただ停戦していただけであった。つまりそれぞれにとって平和はしかたなくしているだけのものであった。これに反して民族解放の戦争は一方的であった。どのような民族解放運動もヨーロッパ/北アメリカとの戦争を望まなかった。それらは自らの道を進むがままにさせてほしかっただけであった。ついにあきらめざるをえなくなるまでそれらを放っておこうとしなかったのは、ヨーロッパあるいは北アメリカであった。こうして民族解放運動は強国に対して抵抗したが、しかしそれらは、民族の自決権と低開発諸国の経済開発というリベラルの大目標を実行するという名目で行われたのであった。

ここで一九四五年から一九六八年という並外れた時代の、第三の重要な成果である反システム勢力の世界的勝利に話を移そう。一八四八年から一九四五年の時代に、反システム運動として形成されてきた構造と戦略を持ったすべての運動が権力に就いたときはまた、アメリカの覇権がまさに世界システムにおいて頂点に立ち、リベラル・イデオロギーの地球的規模での正統性が認められたときであった。これはパラドックスであるとしても、見かけだけのパラドックスにすぎない。——共産主義、社会民主主義、民族解放運動という——三つの歴史的変種を持ついわゆる旧左翼は、そのそれぞれが異なった地域において国家権力を獲得した。共産党はエルベ河から鴨緑江までの世界の三分の一を支配した。民族解放運動はアジア、アフリカ、カリブ海（そしてラテンアメリカや中東の多くの部分で同様に）のほとんどで権力に就いた。あるいは社会民主主義（それと同等のもの）は西欧、北アメリカ、南洋州の大部分で、少なくとも政権交代によって、権力に到達した。日本は多分この旧左翼の地球的規模の勝利の唯一重要な例外であった。

これはパラドックスだったのだろうか。これは社会的進歩の不可抗力の結果であり、民衆の力の不可避的な勝利であったのか。あるいはこれは、これら民衆の力がしっかりと取り込まれたということなのか。そして知的、政治的にこれら二つの見方を識別する方法はあるのか。これらが一九六〇年代に不安をもたらし始めていた問題であった。世界中の生活水準を明らかに上げる経済拡大、世界のかなりの地域における相対的な平和、見かけ上の民衆運動の勝利、これらすべてが、世界発展に肯定的で楽観的評価を下すことに適応していたが、しかし現実の状勢をより詳細に検討すれば大きな否定面が明らかになったのである。

世界の冷戦体制は、人間の自由の拡張ではなくて、すべての国家による重大な内部抑圧の体制であったが、それは地政学上の緊張を大変うまく演出して、見せかけの深刻さを創り出すことで正当化されたものであった。共産主義世界には、粛正裁判と強制収容所、鉄のカーテンがあった。第三世界では、一党独裁が行われ、反対者は投獄されるか亡命することになっていた。そしてマッカーシズム（そしてOECD〔経済協力開発機構〕諸国におけるマッカーシズムと同等のもの）は、表面上は残酷ではなかったとしても、必要ならば服従を強制して、職業を奪うという点では、まったく同じように有効であった。公的な発言はどこでも、明らかに定められた限界内でのみ許容されたのだった。

さらに物質的な面でいうと、世界の冷戦体制は国際的、国内的に不平等が拡大する体制であった。そして反システム運動は、しばしば古くからの不平等に抗して行動してきたのに、新しい不平等を生み出すことをためらわなかった。共産主義政権のノーメンクラツーラと同様のものは、第三世界にもOECD諸国の社会民主主義政権にも存在した。

それに加えて、これらの不平等がでまかせに広まってきたわけではないことは、非常にはっきりしていた。それらは特定階層の集団（それが人種、宗教、エスニシティとどんな記号を付けられるにせよ）と関係づけられたのであり、そのような特定の関係は、世界的レベルおよびすべての国家の内部で生じたのであった。そしてそのような関係はもちろん、ジェンダーや年齢層、その他の多数の社会的特徴によっても同様に生み出されたのであった。要するに取り残された集団、それも多数のそうした集団があって、合計すれば世界の人口の半分をはるかに越えるような数になったのである。

こうして積年の希望が、一九四五年から一九六八年の間に実現されたのであったが、しかしそれは誤って実現された希望であると考えられるようになってきたのであり、その考えが一九六八年の世界革命を基礎づけて、その生起した理由を明らかにすることになるのである。この革命はとりもなおさず、史的システム全体に向けられた——それはこのシステムの覇権国であるアメリカに対して、またこのシステムの支柱をなしている経済的・軍事的組織に対してむけられたのであった。しかしこの革命は、システムに対して向けられた以上にではなくとも、同等程度には、旧左翼に対して——反システムとしては不十分と考えられた反システム運動に対しても、うわべはイデオロギー上の敵であるアメリカとパートナーとしてなれ合うソ連に対しても、主として特定の地位にある集団の利益のみを守ろうとする狭い経済主義的な労働組合やその他の労働者組織に対しても——向けられたのだった。

そのうちに現存組織の擁護者は、一九六八年の革命に関して反合理主義とみなすものを非難した。しかし実際には、リベラル・イデオロギーは自縄自縛に陥った。彼らは、一世紀以上もの間、社会科学の機能は合理的分析(合理的改良主義の不可欠な前提として)の限界を広げることだと主張してきて、この上なくうまく成功した。フレデリック・ジェイムソンは次のように指摘している。

現在の理論あるいは哲学の多くは……わたしたちが合理的あるいは意味のある行為と考えるものを驚くほどに拡張することに没頭した。とりわけ精神分析が普及した後に、しかもまた縮小する世界とメディアで充満した社会の中で、「他者」が徐々に消滅していくにつれて、「理解不可能……」という旧来の意味では「非合理的」と考えることのできるものは、ほとんど何も残っていない、とわたしは理解する。このように異常なまでに拡大された「理性」の概念は、その敵対者である非合理的なものが事実上存在しなくなるまでに縮小してしまった状況下では、それでも何らかの規範的価値を持っているのかどうか……、これがもう一つの興味ある疑問である。(7)もしも実質的にすべてのものが合理的になってしまうならば、既成の社会科学の特別のパラダイムに、もはやどんな特別な正統性があるのだろうか。支配的エリートの特定の政治綱領にどんな特別のメリットがあるのか。そして最も困惑させられることであるが、専門家は一般の人が持っていないどんな特別の能力を提供でき、支配集団は被抑圧者の持っていないどんな特別の能力を持っているのかということである。一九六八年の革命家たちは、リベラルなイデオローグの防衛的鎧にあるこの論理的な欠陥(公式のマルクス主義イデオロギーというリベラル・イデオロギーとそれほど違わない変種にもある欠陥)をつきとめて、その城壁を破った。

一九六八年の世界革命は、政治的運動としては、局地的なものにすぎなかった。それは急激に燃え広がり、そしてそれから(三年以内に)消し止められた。その残り火は——多様で競い合う毛沢東主義まがいのセクトの形で——その後五年から一〇年は生き残ったが、一九七〇年代の終わりまでにはこれらの集団は、すべて目につかない歴史の片隅に名を残すだけの存在になってしまった。それにも拘わらず、一九六八年革命の地政学上の影響は決定的であった。というのも一九六八年の世界革命は、一時代の終わりを告げたからである。つまりリベラリズムが支配的な世界イデオロギーとしてだけでなく、絶えず合理的になり、そのゆえに科学的に正当であると主張できる唯一のイデオロギーとして、自動的に中心に収まる時代は終わったことが明らかになったからである。一九六八年の世界革命は、リベラリズムをそれが一八一五年から一八四八年の間にそうであった位置に、つまり多くのものの中で競いあう単なる一つの政治戦略という位置に押し戻した。この意味で保守主義も急進主義／社会主義もともに、一八四八年から一九六八年まで縛り付けられてきたリベラリズムの磁場の力から解放されたのであった。

リベラリズムを地政文化の規範から、地球的規模の思想の市場の単なる競争者に引きずり降ろす過程は、一九六八年に続く二〇年の間に完成した。一九四五年から一九六八年の間の物質的な輝かしい成果は、コンドラチェフ波のB局面という長い下降期間に消滅した。しかし、すべての人が同じように被害を受けたというわけではない。第三世界の諸国が真っ先に、しかも最もひどい被害を受けたのである。OPEC（石油輸出国機構）の石油価格値上げはこの被害を限定しようとする最初の方策であった。世界の余剰のかなりの部分が産油諸国を通じてOECD諸国の銀行に流れ込んだ。この直接の受益者といえるのは次の三つの集団である。第一に、地代を獲得した産油諸国、第二は、国際収支を均衡させるためにOECDの銀行から借款を受けた（第三世界と共産主義圏の）諸国であり、第三は、それによって輸出を続行したOECD諸国である。この最初の試みは、一九八〇年までに、いわゆる債務危機のなかで崩壊した。被害を限定する第二の方策は、レーガンの軍事的なケインズ主義的政策であり、それは一九八〇年代にアメリカの投機ブームをあおり立てた。

これは一九八〇年代後半には失敗して、ソ連を引きずり降ろす結果になった。第三には、コンドラチェフ波のB局面において、必然的かつ不可避的に生じる生産再配置から利益を得ようとする、日本と東アジアの龍《ドラゴン》と呼ばれる諸国およびその周辺の幾らかの諸国の試みがあった。わたしたちは一九九〇年代の初期の今、この試みに限界があることを目にしているところである。

この二五年間の経済的奮闘の最終的な結果は、地球的規模でリベラリズムの提供したもののうちでもその要石である開発主義の約束事に、世界中が幻滅したことであった。たしかに東アジアと東南アジアは、この幻滅の感覚を持つにはこれまでのところほど遠かったが、しかし、それも単に時間の問題にすぎないだろう。しかしその他の地域では、この結果の持つ意味は重大で、特に旧左翼――第一には民族解放運動に、次には共産主義諸党に対して（一九八九年の東欧における共産主義政権の崩壊にまでつながるほどに）、最後に社会民主主義政党――に対して否定的に作用した。リベラルはこれらの崩壊を自分たちの勝利として祝ったのだった。しかしそれはむしろ彼らの墓場であった。というのはリベラルは民主主義への強い要求――それも議会制度、複数政党制、基本的人権という限定されたセットよりはるかに多くの要求――があった一八四八年以前の状況に戻っているからであり、今度は実質的なもの、つまり真に平等な権力の分配が求められているからである。そしてこの後者の要求は歴史的には、リベラリズムの悩みの種であり、それに対抗するためにリベラリズムは未来についての魅力ある楽観主義と結びついた限定的な妥協のセットを提供したのだった。今日もはや、国家の行動を通じた合理的改良主義に対する広範な信頼がないほどにまで、リベラリズムは、危険な諸階級に対する主な政治的・文化的防壁を失ったのである。

こうしてわたしたちは現在にまでたどり着いたのだが、現在わたしたちの前にあるのは暗黒時代であるとわたしは思う。この時代は一九八九年(一九六八年の延長線上に(8))に象徴的に始まり、今後少なくとも二五年から五〇年は続くだろう。

わたしはこれまで、「危険な諸階級」が一七八九年以後に強硬に唱えてきた要求に対して、支配勢力が構築したイデオロギー的な盾の意味を強調してきた。わたしの考えでは、この盾がリベラル・イデオロギーであり、この盾は直接にも機能したが、さらにそれは、社会主義/進歩主義の反システム的要求の本質が限定的な価値を持った代替品にとって代わり、その結果、毒気を抜かれた変種になったのを利用して、それ以上に巧妙に機能したのである。そして最後に述べたいのは、このイデオロギー的盾が一九六八年の世界革命によって大きく破壊され、その最終場面が一九八九年の共産主義の崩壊であったということである。

しかしなぜこのイデオロギー的盾は、一五〇年もの間そのように有効に機能した後になって崩壊したのか。この疑問に対する答えは、抑圧された人々がイデオロギー的要求の虚偽性に突然気づいたということではない。リベラリズムが見かけ倒しであることは初めから知られていたし、十九世紀と二十世紀とを通じてしばしば力強く主張されてきたことであった。それにも拘わらず、社会主義的伝統に立つ諸運動は、言葉上のリベラリズム批判はしても、それと合致する方法で行動しなかったのである。たいていの場合、全く逆の行動をしたのであった。

その理由を挙げるのは難しいことではない。これらの社会主義運動――そのすべてが人類の大多数の名のもとに厳かに話しているのだと公言する運動であったが――の社会的基盤は、実際には世界の人口のうちの狭い一群であり、およそ一七五〇年から一九五〇年の間に構築された世界経済の「近代主義者」層の中のあまり裕福ではない部分であった。その中には、世界の熟練、半熟練の都市労働者や知識人が含まれ、資本主義世界経済の機能がより身近に見える田園地帯の、より熟練し教育を受けた集団も含まれていた。これらを合計すればかなりの数になったが、しかし世界の人口の大多数を占めるとはとてもいえなかった。

旧左翼は少数派によって支持された世界的な運動であった。それは強力な少数派であり、抑圧された少数派であったが、世界の人口の数の上でもやはり少数派であった。そしてこの人口動態上の現実が現実の政治的な選択肢を制限したのだった。旧左翼はこの環境下でできるだけのことをしたのだった。それは合理的改良主義というリベラルのプログラムを加速する拍車となることを選び、その点では大成功をおさめた。それがその主唱者にもたらした利益は、たとえ部分的ではあっても、本物であった。しかし一九六八年の革命家たちが宣言したように、多くの人は平等から取り残されたままであった。旧左翼は普遍的な解放の言葉を語ったが、実行したのは特定の人々のための政策であった。

一九六八年から一九八九年にかけて、見せかけの普遍主義というイデオロギー的な目隠しが投げ捨てられた理由は、基礎をなす社会的現実が変化したからであった。資本主義世界経済はとめどない資本蓄積というその論理をあくことなく追求して、その理論的な理想状態である万物の商品化に接近した。わたしたちは、このことが多様な新しい社会学的現実に反映していることを知ることができる。つまりそれは生産の機械化の広がり、商品や情報の交換における空間的制限の除去、世界の脱田園化、生態系の近い将来の枯渇、労働過程の高度な貨幣化 monetization〔労働過程が外部委託などによって賄われること〕、コンシューマリズム（つまり消費するという行為自体が商品化されて、それが法外に拡大されること）などであった。(9)

これらの発展はすべてよく知られていて、たしかに世界中でとぎれなく議論のテーマになっている。しかし留まることのない資本蓄積という観点から、その発展が意味することを考えてみなければならない。それらはまず、そのほとんどが資本が蓄積される割合には巨大な制限があるということを意味している。そしてこの理由は、根本的には社会政治的なものである。そこには三つの中心的な要因がある。

第一は、分析家によって長い間認識されていた要因であるが、しかしそれが十分に理解されたのは、最近になってのことにすぎない。世界の都市化および教育とコミュニケーションの増大は、ある程度の世界的な政治的自覚を生みだして、それは政治的動員を容易にし、また社会経済的不平等の程度と、それを維持しようとする政府の役割を覆い隠すことを困難にした。そのような政治的自覚は、合理的拠り所を持たない権威が正統性をなくしたことによって強化された。要するに、いままでよりも多くの人々が報酬の平等化を求め、資本蓄積の基礎条件である労働に対する低い報酬に堪え忍ぶことを拒否したのである。このことは、「歴史的な」賃金水準の世界的に著しい上昇と、政府に対する基本的な福祉（とりわけ健康と教育）の再配分と、安定した所得の保障への要求が非常に高く、しかもなお増え続けていることの中に現れているのである。

第二の要因は、企業に費用の外部化を許しながら、同時にインフラストラクチュアの建設を通じて企業に利益補助をすることで、政府の支出が非常に増大したことである。これはジャーナリストが、環境の危機、医療費上昇による危機、巨大科学に大きな経費を要することによる危機などとして言及するものである。国家はまったく同時に、民間企業の助成金を増やし、また一般市民に対する福祉予算を拡大し続けることはできない。いずれか一方を重視しなければならない。自覚した市民が多くなるにつれて、本質的には階級闘争といえるこの問題は、記念碑的重要さを持つことを約束されているのである。

第三の緊張要因は、政治的自覚が今や世界的な広がりをもつようになったという事実の結果としてでてきたものである。人種的、エスニック的、宗教的な不平等は、地球的規模でもまた国家レベルでもあちこちに広がっている。それゆえ政治的自覚と国家の財政危機とが結びつけば、その結果として、地球的規模でも国家的レベルにおいても、内乱の形をとるような大規模な衝突が生じるだろう。

システムの上に生じる多様な緊張の最初の犠牲になるのは、国家組織の正統性とその秩序維持能力であろう。国家がその能力を失えば、経済と安全のための費用が生じ、それは今度はより鋭い緊張を生み、そのことが国家組織の正統性をさらに弱めることになるのである。これは将来のことではなく、今まさに問題になっていることである。過去一〇年から一五年の間に何倍にも増えた安全が脅かされているという思い——犯罪についての心配、行き当たりばったりの暴力への心配、裁判制度において公正が守られないのではないかという心配、警察力の蛮行への心配など——が、ますます大きくなっているのはそのせいである。わたしは、これらの現象が新しいものであるとか、以前より必ずや、さらに大きく広がっていくだろうと主張する気はない。しかし大多数の人々は、それらが新しく、より悪化していると思い、しかも間違いなくはるかに広がっていると思っているのである。大多数の人がそのように思っていることの主要な結果として、国家組織の正統性は失われていくのである。

エスカレートし、自ずから強まっていくこの種の無秩序が、いつまでも続くことはあり得ない。それはシステムの安全弁が極度に疲労したために、言い換えれば、システムの通常の機能を回復するメカニズムがもはや有効に働かないようなところまでシステムの矛盾が行き着いてしまったという事実のせいで、引き起こされたシステムにおける混沌の一形態である。

このような混沌から、新しい秩序が出てくるだろう。そこでわたしたちは最後の問題に、つまり――今も、またすぐにも――わたしたちが直面する選択の問題に突き当たる。混沌の時代であるために、続く二五年から五〇年にかけて、資本主義世界経済の主要な基本的過程が機能しないとは言えないのである。人々や企業は手慣れた方法で、資本蓄積を追求し続けるだろう。資本家はこれまで同様に、国家組織の援助を求めようとするだろう。国家は、資本蓄積の主要な地位を占めようと他の国家と競いあうだろう。資本主義世界経済はおそらく、新しい拡張期に入るだろうし、それは世界中の経済過程をさらに商品化して、報酬の実際の分配をさらに両極化させるだろう。

次の二五年から五〇年にかけて、世界市場の機能の変化は、世界の政治的、文化的組織の機能の変化に比べて、はるかに少ないだろう。基本的に国家は、絶え間なくその正統性を失うだろうし、国内あるいは国家間での最低の安全を保障するのも困難になるだろう。地政文化の舞台では、支配的な共通の言説がなくなり、文化的論争の形式ですら議論の対象になるだろう。何が合理的な、あるいは受容可能な行為なのかについての一致点はほとんどなくなるだろう。しかし混乱が生じるだろうということが、目的ある行為がないということを意味するわけではない。実際に、明確で限定された目的を達成しようと努力している多様な集団ができて、それらの多くは相互に鋭く直接に衝突するだろう。そしてオールタナティヴな社会秩序の建設方法について、長期的な考えを持った小数の集団が現れるかもしれない。たとえこれらの考えが実際には、有益で問題発見的な行動指針として役立つという可能性をほとんど持たないとしても、そうなるだろう。要するに、すべての人が、自分ではそう思わないにしても、幾分やみくもに行動することになるだろう。

それにも拘わらず、わたしたちは行動することを運命づけられている。したがって、わたしたちがまず明確にしなければならないのは、わたしたちの近代世界システムにおいて何が欠けていたのか、何が世界の人口のかなり大きな割合を占める人たちを怒らせたのか、あるいは少なくともその社会的長所に対して矛盾する感情を持つようにさせたのかという問題である。主要な不満がこのシステムの不平等に対して、つまり民主主義の欠如に対して向けられたということは、わたしにはあまりにも明らかなことに思える。疑いなく、このことは、史的システム以前に知られている、事実上すべてのシステムにあてはまることだった。資本主義になって違ってきたことは、資本主義が物質的生産の創造者として成功したまさにそのことによって、物質的であれ、政治的であれ、社会的であれ、いずれにせよ不平等を正当化するあらゆる根拠が除去されるように思えたことである。こうした不平等はすべてより悪いものと思われるようになった。というのも、それは非常に小さい集団をその他の誰からも隔てるのみならず、世界の人口の五分の一あるいは七分の一ほどの人々をその他のすべての人々から隔てるからである。この二つの事実——総体的な物質的富の増大という事実と、ほんの一握りの人々というには多すぎるが、大多数というにはほど遠い人たちだけがよい生活ができたという事実——が取り残された人々の感情を非常にいらだたせてきたのだった。

相対的に平等主義的で、完全に民主的な史的システムだけが好ましいのだということをはっきりさせない限り、この世界システムの最終的なカオスに対する望ましい解決法のために、わたしたちの貢献できることは何もない。具体的にいえば、わたしたちは幾つかの最前線で積極的かつ直ちに行動しなければならない。一つは、これまで少なくとも二世紀にわたって地政文化に浸透してきたヨーロッパ中心主義的諸前提を積極的に取り除いていかなければならない。ヨーロッパ人はわたしたち人類共通の事業に対し、大きな文化的貢献をなしてきた。しかし一万年以上にわたって、彼らが他の諸文明以上にずっと大きな貢献をしてきたというわけではないし、来るべき一千年間に集団的英知を集める中心地が減ると仮定する理由は見あたらない。より冷静でバランスのとれた歴史観によって、今のヨーロッパ中心主義的偏向を積極的に元に戻し、その文化的評価を下すためには、鋭く絶えることのない政治的・文化的闘争が必要になるだろう。それは新しい狂信的行為ではなくて、集団的でそして個人的な厳しい知的活動を必要とするのである。

付言すれば、わたしたちは人権概念を受け入れ、そしてそれが「わたしたち」にも「彼ら」にも、市民にも外国人にも平等に適用されるようにするために、大変熱心に働く必要がある。文化的遺産を守る地域社会の権利は、その地域の特権を守る権利ではない。移民の権利は主要な論議の的となるであろう。わたしが次の二五年から五〇年にかけて起こると予見したように、もし実際に北アメリカ、ヨーロッパ、もちろん日本に非常に多くの少数派住民がいるとすれば、彼らは実際は最近移民になった人たちかその移民の子どもたちであるが（移民が合法的かどうかは別として）、そのときにはわたしたちすべては、そのような移民が、その移民した地域における経済的、社会的な、もちろん政治的な権利を真に平等に持てることを確実にするために闘う必要がある。

これに対しては、文化的純粋性や蓄積された財産の権利を根拠にして、かなり大きな政治的抵抗が起こるだろうと思う。北側の政治家はすでに、北側は全世界の経済的重荷を負うことはできないと論じ始めている。しかしなぜできないのだろうか。北側の富の非常に大きな部分は南側からの剰余価値の移転の結果であった。数百年たって、システムに危機が訪れたのは、まさしくこの事実のせいである。それは救済的な慈善の問題ではなく、合理的な再構築を要する問題である。

これらの闘いは政治的闘いではあるが、必ずしも国家のレベルの闘いではない。実際、明らかに国家が正統性を失っていく過程が進むので、これらの闘いの多くは（多分そのほとんどが）より地域的レベルで、わたしたちが再組織される諸集団の間で行われるであろう。そしてこれらの闘いは地域的なものとなり、多様な集団の間で複雑になるので、提携のための複雑で柔軟な戦略が必要になるだろうが、その戦略はわたしたちが念頭に平等主義的目的を持ち続けないかぎり、うまくはいかないであろう。

最後にこの闘いは知的な闘いとなるだろう。それは科学的規範を再び概念化し、より全体論的で洗練された方法論を探求して、科学的思考の価値中立性に関する見せかけの虚偽的な決まり文句から抜け出す試みである。合理性とは、どちらかといえば、それ自身がひとつの価値判断であり、人間の社会組織に関する最も広く最も包括的な文脈において考察されないならば、合理的なものは存在しないし、合理的になることもできない。

わたしが、今後二五年から五〇年にかけての思慮深い社会的、政治的行動のために概説したこのプログラムはあまりにも漠然としていると思われるかもしれない。しかしそれは渦巻きのまっただ中に巻き込まれている今としては、できる限り具体的に述べたものである。わたしは渦巻きの中の生活について基本的に二つのことについて話してきた。第一には、どの岸に泳ぎ着きたいのかを知ること。そして第二には、直接的な努力の結果として、その方向に動いてるように見えるかどうか確認することである。もしそれ以上にはっきりしたことを望んでも、見つけることはできないだろうし、それを探している間に溺れてしまうだろう。

原注

2 平和、安定、正統性

（1）Immanuel Wallerstein, "The Three Instances of Hegemony in the History of the Capitalist World-Economy," in *The Politics of the World-Economy: The States, the Movements, and the Civilizations* (Cambridge: Cambridge University Press, 1984), 37-46 参照。（ウォーラーステイン「資本主義世界経済の歴史における覇権の三つの事例」、田中治男・伊豫谷登士翁・内藤俊雄訳『世界経済の政治学――国家・運動・文明』同文館、一九九一年所収）

（2）ここで簡潔に要約された諸論点は、過去一五年以上にわたって執筆した多くの小論において、より詳細に述べられている。それらをよくとりまとめたのは以下の本である。

Immanuel Wallerstein, *Geopolitics and Geoculture: Essays in a Changing World-System* (Cambridge: Cambridge University Press, 1991).（丸山勝訳『ポスト・アメリカ』藤原書店、一九九一年）

（3）なかんずく W. Brian Arthur, "Competing Technologies, Increasing Returns, and Lock-in by Historical Events," *Economic Journal* XLIX, no.394 (Mar.1989), 116-131; and W. Brian Arthur, Yu. M. Ermoliev and M. Kaniovski, "Path-Dependent Processes and the Emergence of Macro-Structure," *European journal of Operations Research* XXX (1987), 292-303 を参照。

（4）この努力とそれが失敗したことのより詳細な説明は、本書の第六章と第一三章の二つの章において詳説される。

4　三つのイデオロギーか一つのイデオロギーか

（1）イデオロギーは対抗するための三つの方法の一つであるに過ぎなかった。他の二つとは社会科学と、反システム運動であった。わたしは以下の論文でこのことを詳細に論じ、三つの方法の間の相互関連を明細に述べるように努めた。

“The French revolution as world-historical event,” in *Unthinking social science: The limits of nineteenth-century paradigms* (Cambridge: Polity Press, 1991), 7-22.（本多健吉・高橋章監訳『脱＝社会科学』藤原書店、一九九三年）.

（2）ルイ十八世の宣言は、彼の「復活」にとって政治的に決定的であった。サン・ウァン St. Ouen における声明において未来の王は、リベラルな憲法を採用する決意であると明らかにした。彼はそれを「憲章」と呼んだ。バスティード Bastid は自分の本（1953, 163-4）の中で、「以前は憲章という言葉の意味が多様で雑多であったが、今はとりわけ共同社会の自由という記憶をよみがえらせるものとなっている」と述べ、さらに「リベラルな傾向を持つ人たちにとって、それはごく自然に一二一五年のイギリスのマグナ・カルタを思い起こさせる」と彼は述べている。バスティードによれば「ルイ十八世は、自由への切望を何らかの方法で充足しなかったならば、大衆の同意を得られなかっただろう」。ついで一八三〇年にルイ・フィリップもまた憲章を公布したが、それは今度は王によって「授けられる」（*octroyée*）ものであるよりは、「同意」（*consentie*）されるものでなければならなかった。

（3）「リベラルが、ほとんど例外なく、話しかけたのは、人類全体に対してである」（Manning, 1976, 80）。

（4）『パルマの修道院』（*The Charterhouse of Parma*）で,革命家フェランテ・パラ Ferrante Palla は常に自分のことを「自由人」“free man”として自己紹介した。

（5）プラメナッツ Plamenatz（1952, 47 およびその他のページ）によれば、「左翼」において、後には一八四八年革命の支持者となる七月王政への敵対者の中には四つの党派があったけれども、それらの人々全体を表す言葉は、「社会主義者」ではなくて「共和主義者」であった。

（6）ツーデスク Tudesq（1964, 235）の言及するところによれば、「七月王政に対する正統主義者の反対は、既成の権威に対する名士達の反対であった……」。正統主義者は、このようにすることで、「社会の真の性質とは……社会すなわち公共の社会が現在なんであるかということである」というボナール Bonald の格言に矛盾しなかったのか。

（7）ニスベット Nisbet（1944, 318-9）の著書の中にあるボナール Bonald の見解をめぐる議論を参照。ニスベットは「コーポレーション」という語を「職業や専門職を基礎においたアソシエイション」の意味で用いている。

（8）「サン・シモン主義も経済的リベラリズムも共に、今日経済的合理主義と呼ばれる方向に進化した。」（Mason, 1931, 681）。

（9）アレヴィ Halévy（1950, 178, fn. 10）は、一八三五年四月に *Quarterly Review*（vol.LIII, 265）に発表された、"Sir Robert Peel's Address" という論文を以下のように引用している。「首相はそれ以前のいつ、公職に就くことのみならず、原則や作成する対策の詳細についてすら人民に知らせ、そして王が選ぶ大臣を実際には、暗黙に信頼するのではなく、公正に試せるかぎりで、王のその特権の維持を支持するようにと、議会にではなく人民に要請することが適切だと考えたのか」。

（10）レーニン主義が、組織された労働者階級による政府の革命的転覆のためのプログラムから、国民的発展（もちろん社会主義的発展）につながる民族解放 national liberation というプログラムに再編成されたときには、それは事実上はウィルソン主義と同方向の道をたどっていたのであり、それはリベラル・イデオロギーの公式のヴァージョンであった。本書第五章を参照。

5　リベラリズムと国民国家の正統化

（1）最も詳しくは "The French Revolution as a World-Historical Event," in *Unthinking Social Science* (Cambridge: Polity Press, 1991), 7-22（「世界史的事件としてのフランス革命」、本多健吉・高橋章監訳『脱＝社会科学』藤原書店、一九九三年所収）を参照。

（2）「一八三〇年代までは、空想的な革命家はほとんど型どおりに人民 *le peuple, das Volk, il popolo, lud* を人類史における一種の再生力を持った生命力として語ってきた。一八三〇年の革命後に権力に就いた新しい君主ルイ・フィリップとレオポルド一世は、フランスとベルギーの王としてよりはむしろ『フランス人』と『ベルギー人』の王として『人民』の承認を求めた。反動的な皇帝であるニコライ一世でさえも、一八三〇年から一八三一年のポーランド蜂起を押しつぶした後は、自らの権威は（独裁権や正統性と並んで）「民族性 nationality」に基づいていると宣言した。そして彼の言葉である、『人民の精神』をも意味するナロードノスチ *narodnost* はポーランド語のナロードヴォシチ *narodowosc* からコピーされたものであった。」James H. Billington, Fire in the Minds of Men: Origins of Revolutionary Faith (London: Temple Smith, 1980), 160.

（3）フランスの七月王政の範囲のあいまいさに関する優れた議論は、John Plamenatz, *The Revolutionary Movement in France, 1815-1879* (London: Longman Green, 1952), 35-62 においてみられる。

（4）「一八四〇年までの工業化に特徴的な社会的問題――新しいプロレタリアート、管理されない無謀な都市化の恐怖――は、西欧における真剣な議論の対象としてありふれたものであり、政治家や行政官にとっては悪夢のような出来事であった。」Eric J. Hobsbawm, *The Age of Revolution, 1789-1848* (New York: World, 1962), 207.（水田洋他訳『市民革命と産業革命』岩波書店、一九六八年）

（5）このことについては本書の第四章でもっと詳細に説明した。

（6）「七月王政に対する正統主義者の反対は、既成の権威に対する名士たちの反対であった……。」André-Jean Tudesq, *Les grands notables en France (1840-1849)* (Paris: Presses Univ. de France, 1964), 1, 235.

（7）Lord Hugh Cecil, *Conservatism* (London: Williams and Northgate, 1911), 192.

（8）フィリップ・ベネトーン Philippe Beneton は、このジレンマを明確に把握していた。「伝統主義は事実上、保守主義の最大の弱点であった。保守主義者は自己の防衛する伝統が長期間中断して、そして／あるいは他の（非保守主義的）伝統に道を譲っているときにはいつでも、矛盾と直面していた……。これらの諸矛盾は運命主義と急進的改良主義との間での、また制限された国家の規則と強国の要求の間での……保守主義的政治思想のある種の動揺を説明する。」*Le conservatisme* (Paris: Presses Univ. de France, 1988), 115-6.

（9）ベンサムのように一貫したリベラルはほとんどいないけれども、ブレブナー Brebner は、人々が個人主義的反国家の立場から、どのようにして集権主義者の立場に到達できるのかを示している。難問は、どのようにして社会は個々人の利益の総体を知るかということである。ブレブナーが言うように、ベンサムにとっての答えは、「個々人の利益は、『最大多数の最大幸福』という幸福をもたらす計算法を用いることによって、全能の立法者によって人為的に同一化され、作られたものでなければならないということであった」。こうしてブレブナーの結論によれば、「フェビアン主義者は、現代のベンサム主義者以外のなにものでもない」ということであった。J. Bartlett Brebner, "Laissez-Faire and State Intervention in Nineteenth-Century Britain," *The Tasks of Economic History* (Supplement VIII, 1948), 61, 66.

（10）L. T. Hobhouse, *Liberalism* (London: Oxford University Press, 1911), 146. なぜロナルド・レーガンは一方では、事実上、リベラル・イデオロギーの一つのヴァージョンを主張しながら、他方で「リベラリズム」を非難するのかを説明するのは、ベンサム的／ホブハウス的なリベラル・イデオロギーについての結論である。ベンサムとホブハウスの結論は典型的なものなのか。彼らは他のリベラル・イデオローグよりはリベラルの実践により近いところにいる。ワトスン Watson が言うように、「十九世紀イングランドのいかなる政党も（夜警国家の原則——著者）を信じたり、それを実行しようと試みたものはないのである。」George Watson, *The English Ideology : Studies in the Language of Victorian Politics* (London : Allan Lane, 1973), 68-9.

（11） J. Salwyn Schapiro, *Liberalism and the Challenge of Fascism* (New York : McGraw Hill, 1949), vii.

（12） この問題についてわたしは、いくぶん詳しく次の論文 "The National and the Universal : Can There Be Such a Thing as World Culture ?" in *Geopolitics and Geoculture* (Cambridge : Cambridge Univ. Press, 1991), 184-99（「民族性と普遍性」、丸山勝訳『ポスト・アメリカ』藤原書店、一九九一年所収）で論じた。

（13） この例については、G. Arrighi, T. K. Hopkins, and I. Wallerstein, "1989 : The Continuation of 1968," *Review* 15, no.2 (Spring 1992), 221-42 で論じられている。

6　国民的発展の概念　一九一七—一九八九年

（1） Sir W. Ivor Jennings, *The Approach to Self-Government* (Cambridge : At the University Press, 1956), 56.

（2） これに関する文献はたくさんある。概観のための二冊として、Joseph L. Love, "Theorizing Underdevelopment : Latin America and Romania, 1860-1950," *Review* 11, no.4 (Fall 1988), 453-96 と Bipan Chandra, "Colonial India : British versus Indian Views of Development," *Review* 14, no.1 (Winter 1991), 81-167 を参照。

（3） 一九六八年の意義に関する議論は、以下の論文でより詳細に述べられている。"1968, Revolution in the World-System," in *Geopolitics and Geoculture : Essays in the Changing World-System* (Cambridge :

Cambridge Univ. Press, 1991), 65-83.（「一九六八年」、丸山勝訳『ポスト・アメリカ』藤原書店、一九九一年所収）

7　どの近代性の終焉なのか

（1）より詳細な議論は、わたしの次の論文で展開されている。"The French Revolution as a World-Historical Event," in *Unthinking Social Science: the Limit of Nineteenth-Century Paradigms*（Cambridge: Polity Press, 1991), 7-22（「世界史的事件としてのフランス革命」、本多健吉・高橋章監訳『脱＝社会科学』藤原書店、一九九三年所収）を参照。

（2）この議論は本書の第五章で詳しく述べられている。

（3）Benjamin Disraeli, Earl of Beaconsfield, *Sybil, or the Two Nations*（1845; reprint, London: John Lane, The Bodley Head, 1972).

（4）Benjamin Disraeli 前掲、六四一ページ。

（5）本書第六章を参照。

（6）一九六八年世界革命のより完全な分析に関しては、"1968, Revolution in the World-System," in *Geopolitics and Geoculture: Essays in the Changing World-System*（Cambridge: Cambridge Univ. Press, 1991), 65-83（「一九六八年」、丸山勝訳『ポスト・アメリカ』藤原書店、一九九一年所収）を参照。

（7）これに関する素晴らしい記述として、Jerry L. Avorn et al., *Up Against the Ivy Wall: A History of the Columbia Crisis*（New York: Atheneum, 1968）を参照。

（8）第五章注（13）を参照。

（9）これに関するより長い解説については、本書第一三章を参照。

(10) R. Kasaba and F. Tabak, "The Restructuring of World Agriculture, 1876-1990," in *Food and Agricultural Systems in the World-Economy,* ed. P. McMichael (Westport, CT : Greenwood Press, 1994), 79-93 を参照。

(11) これが社会分析にとって持つ意味については、以下の特別号の論文 "The 'New Science' and the Historical Social Sciences," *Review* 15, no.1 (Winter, 1992) を参照。

8 リベラリズムの克服不可能な諸矛盾

(1) このテキストの採用をめぐる論争については、Marcel Gauchet, "Rights of Man," in *A Critical Dictionary of the French Revolution,* ed. F. Furet and M. Ozouf (Cambridge : Harvard Univ. Press, Belknap Press, 1989), 818-28 を参照。オリジナルなテキストについては、J. Tulard et al., *Histoire et dictionnaire de la Révolution française, 1789-1799* (Paris : Robert Laffont, 1987), 770-1 を参照。英語テキストについては、以下のリプリント版がある。I. Brownlie, ed., *Basic Documents on Human Rights* (Oxford : Clarendon Press, 1971), 8-10. しかしこれには序文がない。

(2) 「国連総会決議　U.N.General Assembly Resolution」217 A(III).

(3) 「国連総会決議　U.N.General Assembly Resolution」1514(XV). ポスト一九四五年の世界システムにおける「脱植民地化の規範」の展開については、G. Goertz and P. F. Diehl, "Towards-a Theory of International Norms," *Journal of Conflict Resolution* 26, no.4 (Dec. 1992) : 648-51 の簡潔なコメントを見よ。

(4) J. Tulard et al. 前掲七七〇ページの項目「国民の権利 Droit des gens」を参照。

(5) この議論については以前に詳述したので、ここでは繰り返さない。政治的変化の常態化については、"The French Revolution as a World-Historical Event," in *Unthinking Social Science* (Cambridge : Polity

Press, 1991), 7-22(「世界史的事件としてのフランス革命」、本多健吉・高橋章監訳『脱＝社会科学』藤原書店、一九九三年所収)を参照。人民の主権については、"Liberalism and the Legitimation of Nation-States: An Historical Interpretation," *Social Justice* 19, no.1 (Spring 1992): 22-33 を参照。

(6) *The Modern World-System,* vol.3, *The Second Era of Great Expansion of the Capitalist World-Economy, 1730-1840s* (San Diego: Academic Press, 1989), 52.

(7) Arthur Schlesinger, Jr., *The Vital Center: The Politics of Freedom* (Boston: Houghton Mifflin, 1949) を参照。

(8) これら二つのテーマについても他のところで、詳細に論じた。最も詳しいものとしては、本書第四章を参照。ここでは、以上の内容を、わたしの目下のテーマ――近代世界の政治における人権思想と民族 people の権利の役割――を論じるために、最も簡潔に要約しただけである。

(9) 関連文献は多数ある。たとえば、Raphael Samuel, ed., *Patriotism: The Making and Unmaking of British National Identity,* 3vols. (London: Routledge, 1989); Eugen Weber, *Peasants into Frenchmen: The Modernization of Rural France, 1870-1914* (Stanford, CA: Stanford Univ. Press, 1976); Seymour Martin Lipset, *The First New Nation: The United States in Historical and Comparative Perspective* (New York: Basic Books, 1963) を参照。

(10) William McNeill, "Introductory Historical Commentary," in *The Fall of Great Powers: Peace, Stability, and Legitimacy,* ed. Geir Lundestad (Oslo: Scandinavian Univ. Press, 1994), 6-7.

(11) Edward Said, *Orientalism* (New York: Pantheon, 1978), 207, 254.

(12) *The Congress of the Peoples of the East,* translated and annotated by Brian Pearce (London: New Park Publishers, 1977)を参照。

(13) 第六章注(3)を参照。

(14) 実際に一九九三年現在、Médecins du Mondeは *Ingérances : Le Désir d'Humanitaire* と題する政治雑誌を刊行している。

9 開発の地政文化か、地政文化の転換か

(1) わたしの論文 "Development : Lodestar or Illusion?" in *Unthinking Social Science* (Cambridge : Polity Press, 1991), 104-24 (「発展――指導原理か幻想か」、本多健吉・高橋章監訳『脱＝社会科学』藤原書店、一九九三年所収) を参照。

(2) ちなみに、七人の編集グループと一八人のアドヴァイザリー委員会（何人かは重複していた）は、わたしの理解する限り、例外なくアメリカの研究者からなっていた――これは一九五三年の世界の社会科学についての一論評である――ということを記しておく価値はあるだろう。

(3) この問題について、詳しくは次の論文を参照。"Culture as the Ideological Battleground of the Modern World System," in *Geopolitics and Geoculture* (Cambridge : Cambridge Univ. Press, 1991), 158-83. (「一九六八年」、丸山勝訳『ポスト・アメリカ』藤原書店、一九九一年所収)

11 転換の戦略・戦術としての革命

(1) V. G. Kiernan, "Revolution," in *A Dictionary of Marxist Thought*, 2nd rev. ed., ed. T. Bottomore (Oxford : Blackwell, 1991), 476.

14　リベラリズムの苦悶

（1）一九九三年十二月七日、京都国際会議ホールにおける京都精華大学創立二五周年記念講演から（朝日新聞の共催）。

（2）John W. Meyer et al., "The World Educational Revolution, 1950-1970," in *National Development and the World System: Educational Economic, and Political Change, 1950-1970*, ed. J. W. Meyer and M. T. Hannan (Chicago: Univ. of Chicago Press, 1979), 37-55 を参照。

（3）フランスの革命二百年祭をめぐる知的論争に関する、立派で非常に詳細な叙述については、Steven Kaplall, *Adieu 89* (Paris: Fayard,1993) を参照。

（4）リベラリズムが舞台の中央に立ち、二つの競争相手である保守主義と社会主義とを敵にしないで、事実上の助手にした過程については、本書第四章で論じられている。

（5）リベラリズムによって世界レベルでなされた約束の性質と、地球的規模のリベラリズムに対するレーニン主義の反応のあいまいさについては、本書第六章において探求されている。

（6）John T. Passé-Smith, "The Persistence of the Gap: Taking Stock of Economic Growth in the Post-World War II Era," in *Development and Underdevelopment: The Political Economy of Inequality*, ed. M. A. Seligson and J. T. Passé-Smith (Boulder, CO: Lynne Reiner, 1993), 15-30 の資料の概略を参照。

（7）*Postmodernism, or the Cultural Logic of Late Capitalism* (Durham, NC: Duke Univ. Press, 1991), 268.

（8）第五章注（13）参照。

（9）これらの点は本書第二章において詳しく述べられている。

訳者あとがき

本書は、Immanuel Wallerstein, *After Liberalism,* The New Press, New York, 1995 の全訳である。リベラリズム全盛と思われる時代にあって、アフター・リベラリズムを論じるのはなぜか。そういう疑問を抱かれる読者も多いことだろう。著者ウォーラーステインもそのことをよく意識して、本書の目的は、ベルリンの壁やソ連の崩壊が、リベラリズムの最終的な勝利を意味するのではなく、むしろリベラリズム崩壊の始まりであることを証明することにあると強調している。

時期的にみて、本書は、一九九〇年から一九九三年までに執筆された諸論文を集成したものであり、湾岸戦争や、原理主義の台頭、アメリカの現状など冷戦後の現代社会を解明した現代社会論という側面をもっている。

この冷戦後の社会構造の考察において、ウォーラーステインの社会認識の方法が、重要な役割を果たしており、そのことが本書の特徴となっている。彼の社会認識の方法の特徴のひとつは、未来に言及するために深く過去と現代とを分析するということである。本書全体が、現代を認識し、過去に遡り、翻って未来を洞察するという構成をとっているが、これは各章内でもほぼ同様である。例えばアメリカ論（第一〇章）は、現在つまり一九四五年から一九九〇年におけるアメリカの覇権の時代とその危機を描く。続いて一七九一年に遡って、アメリカにおける権利の章典採用や、ヴァーモントの一三州国家連合加入の経緯を描写して、アメリカにおける自由の意味を問う。いわばアメリカにおける、リベラリズムの概念と実態との解明の作業が続く。そして最後にアメリカの未来についての興味深い考察が示される。このような社会認識の方法は、リベラリズムの勝利として現代をとらえ、それを「歴史のおわり」とみなすことに対するひとつのアンチ・テーゼの提示を可能にしたものである。

それでは、過去を知ることがなぜ未来を洞察することにつながるのだろうか。それは、近代世界が社会的なシステムとして存在しているからだと、ウォーラーステインは答えるだろう。そしてこれがウォーラーステインの社会認識の二つ目の特徴なのである。そのことは、リベラリズムを、啓蒙思想からポストモダンに至るリベラリズムの生成―発展―没落の単なる通史として論じるのではなく、近代世界システムの生成―発展―没落を実質的に体現しているという観点から論じることを可能にしている。

したがって、ここでウォーラーステインの世界システム論との関係に注目しなければならない（ウォーラーステインの世界システム論については、さしあたり川北稔訳『近代世界システム』I・II、岩波書店、一九八一年、および『近代世界システム一六〇〇―一七五〇』名古屋大学出版会、一九九三年を参照）。彼の世界システム論は、もともと資本主義世界経済分析の理論的な枠組みとして登場し、さらに国家間システムに注目することで世界政治の分析にまでその理論的射程を延ばしてきた。そして最近ではシステム論における地政文化のもつ重要性にも随所で触れられている（例えば、丸山勝訳『ポスト・アメリカ』藤原書店、一九九一年や、本書の最終章をその一部に含む京都精華大学出版会編『リベラリズムの苦悶』阿吽社、一九九四年を参照）。ところが、これまでのウォーラーステインの議論では、そうした地政文化が近代世界システムにおいて大きな役割を与えられている割には、その固有の分析が十分になされていなかった。そういう意味で、本書は近代世界システムの地政文化であるリベラリズムを真正面から取り上げたイデオロギー的側面からの近代世界分析であるといってよく、本書を読むことによって、これまでのウォーラーステインの近代把握が立体的に浮かび上がってくるものとなるだろう。

ここでさらに、地政文化としてのリベラリズムと近代世界システムとの関係に、別の側面からも注意を払っておきたい。これまで、ウォーラーステインの近代世界システム論が、システムというその性格上、またコンドラチェフ波循環のような長期的な趨勢に言及することから、しばしば経済決定論ではないかという批判をうけてきた。ところがリベラリズムがこのシステムの地政文化となる経緯の描写は、地政文化形成の努力が、いかに人間意志の産物であるかを示すものとなっている。そしてこの地政文化としてのリベラリズムの役割が終わった時点、つまり混沌の時代において、新しいシステム形成に果たす実践の重要性が、プリゴジン等の複雑系の思考を援用して再び語られている。そういう意味で、リベラリズム論と分岐（バイファケーション）論とは、ウォーラーステインの近代世界システム論における人間の意志の役割を改めて強調したものといってよく、ウォーラーステインは恐らく、これによって経済決定論という批判に答えようとしたのではないだろうか。これが成功しているかどうかは、もちろん読者の判断に委ねたいが、わたしには本書の持つ意味の重要性が、そこにもあると思えるのである。

本書におけるリベラリズム概念についても、一言しておきたい。辞書をひもとけば、リベラリズムは自由主義と訳され、その中心的な意味は、個人の自由の尊重、国家からの自由として理念化されている。しかしリベラリズムは、それだけでは表現できない歴史的な変遷を伴う概念であった。それは自由になるためには国家による干渉を受け入れるというそれ自体が一見矛盾する理念にもなりえたからである。また日本やアメリカの政治世界で語られるリベラリズムが必ずしも同一のものではなく、論者によって異なったイメージで語られていることも周知のことであろう。その意味で、リベラリズム自体の歴史を問うことこそが、リベラリズムを理解する鍵なのである。ウォーラーステインは「リベラリズムはゴムのような概念」つまり変幻自在の概念だと言っているが、その真意は、リベラリズムを歴史の場に置き、その変遷の中にリベラリズムの本質を探るべきだという考えがあるからである。そのように理解してはじめて、先述した地政文化としてのリベラリズムの意義もよく解明されるのである。

さらに言及しておきたいもう一つの点は、リベラリズムの終焉を論じた著者にとって、「一九六八年」の持つ重要性である。一九六八年というのは、日本では学生運動などで知られているが、フランスやアメリカ、中国や社会主義諸国など世界的にも体制に対する異議申し立て——ウォーラーステインのいう反システム運動（ウォーラーステイン他著、太田仁樹訳『反システム運動』大村書店、一九九二年を参照）——が行われた年であった。ウォーラーステインは、この年にリベラリズムの限界が決定的に認識されたとみるのである。その結果として、著者のリベラリズムに関する認識も確立したのである。つまり、ウォーラーステインは、フランス革命に象徴的に示されるリベラリズムの生誕から、興隆、没落にいたる過程的展開としてリベラリズムを把握し、また近代世界システムを支えてきたイデオロギーとしてリベラリズムを確認したのである。一九六八年を軸にして、一七八九年のフランス革命、一八四八年革命、一九一七年ロシア革命、二つの世界大戦、一九八九年東欧革命などに独自の意義を与えているのも、本書の特徴だといっていいだろう。

なお南側および社会主義圏における国家を通じた経済発展の分析（第六章）や、社会主義とマルクス主義の分析（第一二章）も、リベラリズム論の一部として位置づけられている。わたしが共感するのは、著者が、マルクスや社会主義国家七〇年の再評価が、いまほど重要なときはないのに、十分な解明が不足していると述べていることである。近代における国家や社会主義の持つ重要性を考えると、これらの分析はリベラリズムの分析にとっても不可欠のことに思えるからである。

最後に、本書が、リベラリズム後の社会形成に関して、一つの実践的な問題提起を試みていることに注目したい。ウォーラーステインは小さな力が大きな変革につながる「分岐」を想定し、多様性と諸集団の運動の持つ可能性に注目している。しかし彼は、多様な集団を含む新しいシステム形成上の困難を認めるために、必ずしも楽観的ではない。しかしまた、近代は少なくとも人間解放の可能性を開いた（第七章）と認識するために、必ずしも絶望的ではない。そこでこの「解放の近代性」を引き継ぐために、彼が提起したことが、認識論的な大転回なのではないだろうか。それが、例えば、『社会科学をひらく』（ウォーラーステイン著、山田鋭夫訳、藤原書店、一九九六年）に込められている提言なのではないだろうか。こういう意味で、本書には著者の最新の世界認識が示されている。

訳文については、最善を尽くしたつもりであるが、思わぬ誤りがあるかもしれない。率直なご批判をお願いしたいと思う。お忙しい中を校正刷りに目を通し、的確で貴重なご意見を頂いたアメリカ史特に近代奴隷制の研究で知られる池本幸三先生、訳語上の質問に気軽に答えていただいた大学の同僚の近藤久雄氏、内容に関する質問に即座に応答頂いた著者のウォーラーステイン氏に心から感謝したい。また本訳書の企画をすすめて頂いた藤原書店の藤原良雄社長、迅速かつ丁寧な仕事で訳者を励ましていただいた編集部の刈屋琢氏にもこの場を借りて厚くお礼申し上げたい。

松岡利道

一九九七年初夏

出版社への謝辞（初出一覧）

わたしは既出論文の本書への収録を認めて、親切なご協力を頂いた各出版社に対して感謝の意を表したいと思います。なお既出論文の発表雑誌等は以下の通りです。

"The Cold War and the Third World: The Good Old Days?": *Economic and Political Weekly*, April 27, 1991.

"Peace Stability and Legitimacy 1990-2025/2050": G. Lundestad ed., *The Fall of Great Powers* (Oslo' Scandinavian University Press 1994)

"What Hope Africa? What Hope the World?": A. O. Olukoshi & L. Wohlgemuth, eds., *A Road to Development: Africa in the 21st Century* (Uppsala: Nordiska Afrikainstitutet, 1995).

"Liberalism and the Legitimation of Nation-States: An Historical Interpretation": *Social Justice*, Vol.19, No.1, Spring 1992.

"The Concept of National Development, 1917-1989: Elegy and Requiem": *American Behavioral Scientist*, Vol.35, No.4/5, Mar./June 1992. Reprinted by permission of Sage Publications, Inc.

"The End of What Modernity?": *Theory and Society*, Vol. 24, 1995.

"The Insurmountable Contradictions of Liberalism: Human Rights and the Rights of Peoples in the Geoculture of the Modern World-System": *South Atlantic Quarterly* Vol.9 No.4, Fall 1995.

"The Geoculture of Development, or the Transformation of Our Geoculture?": *Asian Perspective*, Vol.17, No.2, Fall-Winter 1993.

"America and the World: Today, Yesterday and Tomorrow": *Theory and Society*, Vol.21, 1, Feb. 1992.

"Revolution as Strategy and Tactics of Transformation": A. Callari et al., eds., *Marxism in the Postmodern Age* (New York: Guilford Press, 1994).

"Marxism after the Collapse the Communisms": *Economic Review, Economic and Political Weekly*, Feb.-March 1992.

"The Collapse of Liberalism": R. Miliband and L. Panitch, ed., *Socialist Register 1992* (London: Merlin Press, 1992).

"The Agonies of Liberalism: What Hope Progress?": *New Left Review*, No.204, Mar.-April 1994.

略称一覧

ANC（アフリカ国民会議）	38, 105, 318
CARE（対外アメリカ援助物資発送協会）	269
EC（ヨーロッパ共同体）	37, 51, 54-6, 60, 62, 72, 367
EEC（ヨーロッパ経済共同体）	36
EFTA（ヨーロッパ自由貿易連合）	54
IMF（国際通貨基金）	11, 96, 98, 186
NAFTA（北大西洋自由貿易地域）	54
NATO（北大西洋条約機構）	84, 269
NFL（ヴェトナム民族解放戦線）	43
NICs（新興工業諸国）	32
OECD（経済協力開発機構）	15, 176, 185, 250, 281, 393, 396
OPEC（石油輸出国機構）	30, 32, 89-90, 94-5, 183-4, 282, 284, 286, 396
PLO（パレスチナ解放機構）	34, 287, 289

わ　行

や　行

ら　行

ま 行

は　行

な　行

た　行

さ 行

か　行

索　引

（人名・事項・地名を合わせて，50音順に配列した。名は，判明する限り頭文字を掲載するようにした。→は参照項目を示す。）

あ　行

訳者紹介

松岡利道（まつおか・としみち）

1944年生まれ。大阪市立大学大学院経済学研究科博士課程単位修得。経済学博士。現在，龍谷大学経済学部教授。専攻，理論経済学・現代資本主義論。
著書に『ローザ・ルクセンブルク』（1988年，新評論），共著に『帝国主義研究II』（1977年，御茶の水書房），『社会思想史(2)』（1979年，有斐閣），『近代世界における労働と移住』（1992年，阿吽社），『経済学史』（1997年，八千代出版）『介護・家事労働者の国際移動』（2007年，日本評論社）がある。

アフター・リベラリズム

近代世界システムを支えたイデオロギーの終焉〔新版〕

1997年10月5日　初版第1刷発行
1998年10月30日　初版第3刷発行
2000年5月31日　新版第1刷発行©
2007年7月30日　新版第3刷発行

訳　者　松　岡　利　道

発行者　藤　原　良　雄

発行所　株式会社　藤　原　書　店

〒162-0041　東京都新宿区早稲田鶴巻町523
電話　03(5272)0301
FAX　03(5272)0450
振替　00160-4-17013

印刷・製本　中央精版

落丁本・乱丁本はお取替えいたします　Printed in Japan
定価はカバーに表示してあります　ISBN978-4-89434-177-7

五〇人の識者による多面的読解

『地中海』を読む

I・ウォーラーステイン、網野善彦、川勝平太、榊原英資、山内昌之ほか

各分野の第一線でいま活躍する五〇人の多彩な執筆陣が、今世紀最高の歴史書『地中海』の魅力を余すところなく浮き彫りにする。アカデミズムにとどまらず、各界の「現場」で二一世紀を切り開くための知恵に満ちた、『地中海』の全体像が見渡せる待望の一書。

A5並製　二四〇頁　二八〇〇円
（一九九九年一二月刊）
◇4-89434-159-X

世界初の『地中海』案内！

ブローデル『地中海』入門

浜名優美

現実を見ぬく確かな眼を与えてくれる最高の書『地中海』をやさしく解説。引用を随所に示し解説を加え、大著の読解を道案内。全巻完訳を果した訳者でこそ書きえた『地中海』入門書の決定版。付録――『地中海』関連書誌、初版・第二版目次対照表ほか多数。

四六上製　三〇四頁　二八〇〇円
（二〇〇〇年一月刊）
◇4-89434-162-X

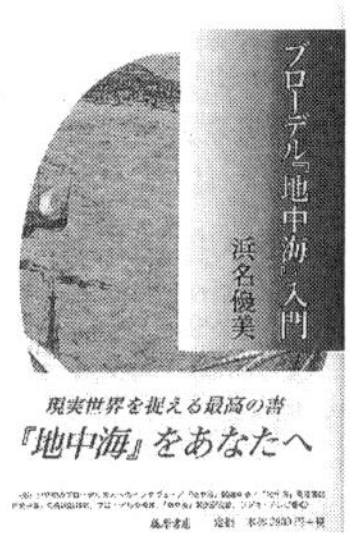

陸中心史観を覆す歴史観革命

海から見た歴史

（ブローデル『地中海』を読む）

川勝平太編

陸中心史観に基づく従来の世界史を根底的に塗り替え、国家をこえる海洋ネットワークが形成した世界史の真のダイナミズムに迫る、第一級の論客の熱論。**網野善彦／石井米雄／ウォーラーステイン／川勝平太／鈴木董／二宮宏之／浜下武志／家島彦一／山内昌之**

四六上製　二八〇頁　二八〇〇円
（一九九六年三月刊）
◇4-89434-033-X

人文・社会科学の一大帝国

ブローデル帝国

フランソワ・ドス編
浜名優美監訳

『地中海』と「社会科学高等研究院第6部門」「人間科学館」の設立・運営を通しブローデルが築き上げた「人文社会科学の帝国」とは？　**フェロー、ル＝ゴフ、アグリエッタ、ウォーラーステイン、リピエッツ**他、歴史、経済、地理学者が「帝国」の全貌に迫る。

A5上製　二九六頁　三八〇〇円
（二〇〇〇年五月刊）
◇4-89434-176-X

BRAUDEL DANS TOUS SES ÉTATS
EspaceTemps 34/35